Determinanten regionaler Lohn- und Gehaltsniveaus in Süddeutschland

Europäische Hochschulschriften

Publications Universitaires Européennes
European University Studies

Reihe V
Volks- und Betriebswirtschaft

Série V Series V
Sciences économiques, gestion d'entreprise
Economics and Management

Bd./Vol. 1997

PETER LANG
Frankfurt am Main · Berlin · Bern · New York · Paris · Wien

Reinhard Elkmann

Determinanten regionaler Lohn- und Gehaltsniveaus in Süddeutschland

– eine quantitative Analyse unter Berücksichtigung räumlicher Autokorrelation

PETER LANG
Europäischer Verlag der Wissenschaften

Die Deutsche Bibliothek - CIP-Einheitsaufnahme

Elkmann, Reinhard:

Determinanten regionaler Lohn- und Gehaltsniveaus in Süddeutschland : eine quantitative Analyse unter Berücksichtigung räumlicher Autokorrelation / Reinhard Elkmann. - Frankfurt am Main ; Berlin ; Bern ; New York ; Paris ; Wien : Lang, 1996
(Europäische Hochschulschriften : Reihe 5, Volks- und Betriebswirtschaft ; Bd. 1997)
Zugl.: Mainz, Univ., Diss., 1996
ISBN 3-631-30902-3

NE: Europäische Hochschulschriften / 05

D 77
ISSN 0531-7339
ISBN 3-631-30902-3

Printed in Germany 1 2 3 4 6 7

Meinen Eltern

Vorwort

Der Autor dankt Herrn Prof. Dr. P. M. Schulze für die Betreuung der Arbeit sowie Frau Prof. DDr. I. Kubin für ihre Bereitschaft, das Amt des Zweitgutachters zu übernehmen. Frau Dipl. Volkswirtin Annette Förster, Frau Dipl. Volkswirtin Elisabeth Herke und Herr Dipl. Volkswirt Armin Seher übernahmen die kritische Durchsicht von Teilen des Manuskripts. Auch Ihnen sei hiermit herzlich gedankt.

Reinhard Elkmann

Mainz, im Juli 1996

GLIEDERUNG

Symbol- und Abkürzungsverzeichnis XI
Tabellenverzeichnis XIII
Abbildungsverzeichnis XIV
Gliederung des Anhangs XV

1 Einleitung 1

2 Definition des Begriffs "Region" 4
2.1 Zur problemorientierten Abgrenzung geographischer Untersuchungsräume 4
2.2 Die Abgrenzung der Regionen und der Regionentypen in der empirischen Untersuchung 8

3 Regionale Lohn- und Gehaltsniveaus in den Jahren 1970 und 1987 12
3.1 Bundesländer 14
3.2 Arbeitsmarktregionen 15

4 Zur räumlichen Autokorrelation regionaler Lohn- und Gehaltsniveaus 17
4.1 Probleme der Messung räumlicher Autokorrelation 18
4.2 Die räumliche Autokorrelation regionaler Lohn- und Gehaltsniveaus der Arbeitsmarktregionen in den Jahren 1970 und 1987 22

5 Ausgewählte theoretische Erklärungsansätze 30
5.1 Humankapitaltheorie 32
5.2 Effizienzlohntheorie 33
5.3 Insider-Outsider-Theorie 36
5.4 Segmentationstheorie 39

6 Operationalisierung der Variablen 41
6.1 Regionale Struktur des Arbeitsmarktes 43
6.1.1 Dichtevariablen 43
6.1.2 Angestelltenquote 47
6.1.3 Facharbeiterquote 49
6.1.4 Qualifikationsstruktur 50

6.1.5 Erwerbslosenquote 51
6.1.6 Anteil weiblicher Arbeitnehmer 53
6.1.7 Anteil ausländischer Arbeitnehmer 55
6.1.8 Teilzeitbeschäftigtenquote 57
6.1.9 Branchenstruktur 58
6.1.9.1 Kapitalintensität 59
6.1.9.2 Wachstumsstärke 62
6.1.9.3 Sektorale Konzentration 64
6.1.9.4 Gewerkschaftlicher Organisationsgrad 66
6.1.10 Unternehmens- und betriebsspezifische Einflußgrößen 70
6.1.10.1 Betriebsgröße 72
6.1.10.2 Ein- und Mehrbetriebsunternehmen 75
6.2 Regionales Arbeitsproduktivitätsniveau 78
6.3 Regionales Preisniveau 82
6.4 Regionales Infrastrukturniveau 85

7 Das Schätzmodell 89

8 Empirische Untersuchung 100
8.1 Step-backward-Regressionen 100
8.1.1 Die Spezifikation von Scully 101
8.1.2 Die Spezifikation von Bellmann 115
8.1.3 Die Spezifikation von Kuh 121
8.2 Step-Forward-Spezifikationen 125
8.2.1 Step-forward-Spezifikation für den gesamten Untersuchungsraum 126
8.2.2 Step-forward-Spezifikation für den Regionentyp I 132
8.2.3 Step-forward-Spezifikation für den Regionentyp II 135

9 Fazit 136

Anhang 143

Literatur- und Quellenverzeichnis 169

SYMBOL- UND ABKÜRZUNGSVERZEICHNIS

adj.	adjustiert
AQ	Angestellte und Beamte/Arbeitnehmer gesamt
ARND	Arbeitnehmer pro Quadratkilometer
ABSDUM	Absolutgliedsdummy
BEINZ	Beschäftigte in Einbetriebsunternehmen/Beschäftigte gesamt
BHV	Beschäftigte in Hauptniederlassungen von Mehrbetriebsunternehmen/Beschäftigte gesamt
BTSD	Beschäftigte in Betrieben mit über 1000 Beschäftigten/ Beschäftigte gesamt
BWS	Bruttowertschöpfung zu Faktorkosten 1986/Beschäftigte gesamt
BZN	Beschäftigte in Zweigniederlassungen/Beschäftigte gesamt
c. p.	ceteris paribus
DM	Deutsche Mark
EWLQ	Erwerbslose/Erwerbspersonen
FAQ	Facharbeiter/Arbeitnehmer gesamt
(F)HQ	Erwerbstätige mit Fachhochschulabschluß oder Hochschulabschluß/Erwerbstätige gesamt
LGA	Lohn- und Gehaltssumme 1986/Arbeitnehmer gesamt
GKQ	Gewichtetes Kleinst-Quadrat-Verfahren
GS	Gesamter Untersuchungsraum
GSTQ	Ausländische Arbeitnehmer/Arbeitnehmer gesamt
GW	Arbeitnehmer in gewerkschaftlich hoch organisierten Branchen/ Arbeitnehmer gesamt
HAQ	Erwerbstätige mit Volksschulabschluß/Erwerbstätige gesamt
KAP	Arbeitnehmer in Branchen mit hoher Kapitalintensität/ Arbeitnehmer gesamt
KAPMIN	Arbeitnehmer in Branchen mit geringer Kapitalintensität/ Arbeitnehmer gesamt
KONZ	Arbeitnehmer in hochkonzentrierten Branchen/Arbeitnehmer gesamt
KQ-Verfahren	Kleinst-Quadrat-Verfahren
LGA	Lohn- und Gehaltssumme/Arbeitnehmer gesamt
LNBWS	natürlicher Logarithmus der Variablen BWS

LN(1/EWLQ)	natürlicher Logarithmus der reziproken Variable EWLQ
LNLGA	natürlicher Logarithmus des durchschnittlichen regionalen Lohnniveaus
MBU	Beschäftigte in Mehrbetriebsunternehmen (Haupt- und Zweigniederlassungen)/Beschäftigte gesamt
QMJ	durchschnittlicher Quadratmetermietpreis pro Jahr
RTYP I	Regionen des Regionentyp I (infrastrukturell gut ausgestattete Regionen)
RTYP II	Regionen des Regionentyps II (infrastrukturell schlecht ausgestattete Regionen)
SSE	Summe der Residuenquadrate
STBWS	Steigungsdummy der Variablen BWS (die Variable nimmt für Regionen des Regionentyps I Werte größer Null an)
ST(F)HQ	Steigungsdummy der Variablen (F)HQ (die Variable nimmt für Regionen des Regionentyps I Werte größer Null an)
STKAP	Steigungsdummy der Variablen KAP (die Variable nimmt für Regionen des Regionentyps I Werte größer Null an)
STKAPMIN	Steigungsdummy der Variablen KAPMIN (die Variable nimmt für Regionen des Regionentyps I Werte größer Null an)
stnd.	Berechnung auf Grundlage einer standardisierten Gewichtungsmatrix
Tsd.	Tausend
TZQ	Teilzeitbeschäftigte/Beschäftigte gesamt
WACBR	Arbeitnehmer in Branchen mit überdurchschnittlich gewachsener Wertschöpfung/Arbeitnehmer gesamt
WBLQ	Weibliche Arbeitnehmer/Arbeitnehmer gesamt
WZ	Wirtschaftszweig
z. B.	zum Beispiel

TABELLENVERZEICHNIS

Tabelle 1: Test auf räumliche Autokorrelation erster Ordnung der regionalen Lohn- und Gehaltsniveaus (binäre Gewichtungsmatrix) 25

Tabelle 2: Test auf räumliche Autokorrelation erster Ordnung der regionalen Lohn- und Gehaltsniveaus (standardisierte Gewichtungsmatrix) 26

Tabelle 3: KQ-Schätzungen der Spezifikation nach Scully 104

Tabelle 4: GKQ-Schätzungen der Spezifikation nach Scully 106

Tabelle 5: KQ-Schätzungen der Spezifikation nach Scully für die Regionentypen 110

Tabelle 6: GKQ-Schätzung einer Dummyspezifikation nach Scully 113

Tabelle 7: KQ-Schätzungen der Spezifikation nach Bellmann 116

Tabelle 8: KQ-Schätzung der nach (25) transformierten Variablen für die Schätzung (2.2) 120

Tabelle 9: KQ-Schätzungen der Spezifikation nach Kuh 122

Tabelle 10: KQ-Schätzungen einer Step-forward-Spezifikation für den gesamten Untersuchungsraum 127

Tabelle 11: KQ-Schätzungen einer Step-forward-Spezifikation für den Regionentyp I 133

Tabelle 12: KQ-Schätzungen einer Step-forward-Spezifikation für den Regionentyp II 137

Tabelle 13: Streikaktivitäten nach Wirtschaftszweigen 144

Tabelle 14: Organisationsgrad der Gewerkschaften 145

ABBILDUNGSVERZEICHNIS

Abbildung 1: Regionale Lohn- und Gehaltsniveaus der Arbeitsmarktregionen in Süddeutschland im Jahr 1970 (geographische Abgrenzung der Arbeitsmarktregionen aus dem Jahr 1987) 27

Abbildung 2: Regionale Lohn- und Gehaltsniveaus der Arbeitsmarktregionen in Süddeutschland 1987 28

Abbildung 3: Residuenquadratsummen der Spezifikation nach Bellmann (Schätzung (2.2)) in Abhängigkeit von dem Parameter ρ 120

GLIEDERUNG DES ANHANGS

Anhang 1: Binäre Gewichtungsmatrix der Arbeitsmarktregionen des Untersuchungsraums 143

Anhang 2: Tabellen zum gewerkschaftlichen Organisationsgrad der Branchen 144

Anhang 3: Korrelationsmatrizen für die Spezifikation von Scully 146
- 3.A. Arbeitsmarktregionen 146
  - 3.A.1 Korrelationsmatrizen der Regressionsschätzungen 146
    - 3.A.1.1 Untersuchungsraum gesamt 146
    - 3.A.1.2 Regionentyp I 146
    - 3.A.1.3 Regionentyp II 146
  - 3.A.2 Alternative Abgrenzungen der Regionentypen nach Infrastrukturniveaus 146
    - 3.A.2.1 Infrastrukturniveaus 1-2 146
    - 3.A.2.2 Infrastrukturniveaus 3-5 147
    - 3.A.2.3 Infrastrukturniveaus 1-4 147
    - 3.A.2.4 Infrastrukturniveau 5 147
- 3.B. Kreisfreie Städte und Landkreise 147
  - 3.B.1 Untersuchungsraum gesamt 147
  - 3.B.2 Regionentyp I 148
  - 3.B.3 Regionentyp II 148
- 3.C. Bundesländer 148

Anhang 4: Korrelationsmatrizen für die Spezifikation von Bellmann 149
- 4.A. Arbeitsmarktregionen 149
  - 4.A.1 Korrelationsmatrizen der Regressionsschätzungen 149
    - 4.A.1.1 Untersuchungsraum gesamt 149
    - 4.A.1.2 Regionentyp I 149
    - 4.A.1.3 Regionentyp II 149
  - 4.A.2 Alternative Abgrenzungen der Regionentypen nach Infrastrukturniveaus 149
    - 4.A.2.1 Infrastrukturniveaus 1-2 149
    - 4.A.2.2 Infrastrukturniveaus 3-5 149
    - 4.A.2.3 Infrastrukturniveaus 1-4 149
    - 4.A.2.4 Infrastrukturniveau 5 150
- 4.B. Kreisfreie Städte und Landkreise 150
  - 4.B.1 Untersuchungsraum gesamt 150
  - 4.B.2 Regionentyp I 150
  - 4.B.3 Regionentyp II 150

4.C. Bundesländer 150

Anhang 5: Korrelationsmatrizen für die Spezifikation von Kuh 151
5.A. Arbeitsmarktregionen 151
5.A.1 Korrelationsmatrizen der Regressionsschätzungen 151
5.A.1.1 Untersuchungsraum gesamt 151
5.A.1.2 Regionentyp I 151
5.A.1.3 Regionentyp II 151
5.A.2 Alternative Abgrenzungen der Regionentypen nach Infrastrukturniveaus 151
5.A.2.1 Infrastrukturniveaus 1-2 151
5.A.2.2 Infrastrukturniveaus 3-5 151
5.A.2.3 Infrastrukturniveaus 1-4 151
5.A.2.4 Infrastrukturniveau 5 152
5.B. Kreisfreie Städte und Landkreise 152
5.B.1 Untersuchungsraum gesamt 152
5.B.2 Regionentyp I 152
5.B.3 Regionentyp II 152
5.C. Bundesländer 152

Anhang 6: Korrelationsmatrizen der Step-forward-Regression für den gesamten Untersuchungsraum 153
6.A. Arbeitsmarktregionen 153
6.A.1 Korrelationsmatrizen der Regressionsschätzungen 153
6.A.1.1 Untersuchungsraum gesamt 153
6.A.1.2 Regionentyp I 153
6.A.1.3 Regionentyp II 154
6.A.2 Alternative Abgrenzungen der Regionentypen nach Infrastrukturniveaus 154
6.A.2.1 Infrastrukturniveaus 1-2 154
6.A.2.2 Infrastrukturniveaus 3-5 155
6.A.2.3 Infrastrukturniveaus 1-4 155
6.A.2.4 Infrastrukturniveau 5 156
6.B. Kreisfreie Städte und Landkreise 156
6.B.1 Untersuchungsraum gesamt 157
6.B.2 Regionentyp I 157
6.B.3 Regionentyp II 157
6.C. Bundesländer 157

Anhang 7: Korrelationsmatrizen der Step-forward-Regression für den Regionentyp I 158
7.A. Arbeitsmarktregionen 158
7.A.1 Korrelationsmatrizen der Regressionsschätzungen 158
7.A.1.1 Untersuchungsraum gesamt 158
7.A.1.2 Regionentyp I 158
7.A.1.3 Regionentyp II 159
7.A.2 Alternative Abgrenzungen der Regionentypen nach Infrastrukturniveaus 159
7.A.2.1 Infrastrukturniveaus 1-2 159
7.A.2.2 Infrastrukturniveaus 3-5 160
7.A.2.3 Infrastrukturniveaus 1-4 160
7.A.2.4 Infrastrukturniveau 5 161
7.B. Kreisfreie Städte und Landkreise 161
7.B.1 Untersuchungsraum gesamt 162
7.B.2 Regionentyp I 162
7.B.3 Regionentyp II 162
7.C. Bundesländer 162

Anhang 8: Korrelationsmatrizen der Step-forward-Regression für den Regionentyp II 163
8.A. Arbeitsmarktregionen 163
8.A.1 Korrelationsmatrizen der Regressionsschätzungen 163
8.A.1.1 Untersuchungsraum gesamt 163
8.A.1.2 Regionentyp I 163
8.A.1.3 Regionentyp II 164
8.A.2 Alternative Abgrenzungen der Regionentypen nach Infrastrukturniveaus 164
8.A.2.1 Infrastrukturniveaus 1-2 164
8.A.2.2 Infrastrukturniveaus 3-5 165
8.A.2.3 Infrastrukturniveaus 1-4 165
8.A.2.4 Infrastrukturniveau 5 166
8.B. Kreisfreie Städte und Landkreise 166
8.B.1 Untersuchungsraum gesamt 166
8.B.2 Regionentyp I 167
8.B.3 Regionentyp II 167
8.C. Bundesländer 167

Anhang 9: Richtwerte zur Beurteilung der Signifikanz von Korrelationen 168

1 Einleitung

Durch den Vollzug der deutschen Einheit und die fortschreitende europäische Integration sind regional variierende ökonomische Größen wieder verstärkt in das Blickfeld des Interesses gerückt. Ein oft diskutierter Unterschied sind regional unterschiedliche Entlohnungen bzw. Lohnniveaus. Diese Größen stellen Ergebnisse des Zusammenspiels von Angebot und Nachfrage auf Arbeitsmärkten dar. In keinem realen Wirtschaftssystem ist der Arbeitsmarkt ein reiner Wettbewerbsmarkt gemäß einfacher klassischer Vorstellungen[1]. Vielmehr kann davon ausgegangen werden, daß die realen Zusammenhänge erheblich komplexer sind als sie durch ein einzelnes theoretisches Modell abgebildet werden können. So ist z. B. zu erwarten, daß individuelle Entlohnungen und Lohnniveaus durch eine Vielzahl von Einflußgrößen beeinflußt werden. Antworten auf die Frage, welche Einflußgrößen relevant sein können, geben theoretische Überlegungen zur Funktionsweise des Arbeitsmarktes. Auf Basis dieser Überlegungen erlauben dann empirische Untersuchungen eine Beurteilung, ob und inwieweit plausibel erscheinende Zusammenhänge reale Phänomene erklären können. Ziel dieser Untersuchung ist eine solche empirisch fundierte Antwort auf die Frage, welche auf Basis theoretischer Überlegungen plausiblen Determinanten regionaler Lohn- und Gehaltsniveaus tatsächlich von Bedeutung sind.

In einer marktwirtschaftlich organisierten Volkswirtschaft gilt der Produktivitätsbeitrag als wesentliche Einflußgröße der Faktoreinkommen. Da aber Angaben über individuelle Produktivität von Beschäftigten nicht verfügbar sind und für viele Berufsgruppen auch kaum exakt ermittelbar sein dürften, werden in dieser Untersuchung aggregierte Größen analysiert. Die empirische Analyse beruht auf Querschnittsdaten, die weitgehend der Arbeitsstätten- und der Volkszählung 1987 entnommen werden. Die Analyse von Daten dieses Jahres ist dadurch begründet, daß in diesem Jahr die bislang letzten amtlichen Arbeitsstätten- und Volkszählungen durchgeführt wurden. Die umfangreiche Datengrundlage erlaubt die Analyse von ökonomischen Zusammenhängen, die in einer Zeitreihenanalyse aufgrund nicht verfügbarer Daten nicht analysierbar sind. Da gleichzeitig realisierte Merkmalsausprägungen betrachtet werden, analysiert die Untersuchung ökonomische Strukturen als Momentaufnahme. Veränderungen im Zeitablauf bezüglich der Intensität von Zusammenhängen oder der Stärke von Einflüssen sind zu vermuten, dürften sich aber nur langsam vollziehen. Angesichts empirischer Beobachtungen, die eine nur langsame Veränderung

---

[1] Vgl. Soltwedel, R. (1988): Employment problems in West Germany - The role of institutions, labor law, and government intervention, in: Brunner, K., Meltzer, A. H. (eds.): Stabilization policies and labor markets, Amsterdam, S. 171ff.; Thurow, L. (1976): Generating inequality, New York, S. 68; Thaler, R. (1989): Interindustry wage differentials, in: Journal of economic perspectives, Vol. 3, S. 182

regionaler Lohn- und Gehaltsstrukturen im Zeitablauf[2] zeigen, sind Ergebnisse aus einer Querschnittsbetrachtung nicht nur wirtschaftshistorisch, sondern, mit abnehmender Bedeutung über Jahrzehnte, auch wirtschaftspolitisch für spätere Zeitpunkte relevant. Konkrete Aussagen zu Veränderungen bezüglich der Relevanz von Einflußfaktoren bedürfen aber immer einer empirischen Fundierung.

Um valide Schätzergebnisse zu gewährleisten, liegt ein Schwerpunkt der Untersuchung in der Überprüfung auf Einhaltung der statistischen Modellannahmen. Da für einige norddeutsche Regionen keine regionalen Lohn- und Gehaltsniveaus ausgewiesen werden[3] und dadurch Verzerrungen in der Überprüfung von Modellannahmen zu erwarten sind, beschränkt sich die empirische Analyse auf den Untersuchungsaum Süddeutschland. Dieser geographische Raum umfaßt in der vorliegenden Untersuchung die Bundesländer Baden-Württemberg, Bayern, Hessen, Rheinland-Pfalz und Saarland. Überprüfungen der Schätzungen unter dem Aspekt unterschiedlicher Funktionsweisen regionaler Arbeitsmärkte[4] durch Strukturbruchtests sichern die Gültigkeit der empirischen Ergebnisse für alle analysierten Regionen.

Zur Analyse der ökonomischen Abhängigkeiten dient das Regressionsverfahren unter Verwendung der Statistikprogramme SPSS (Version 6.0) und NCSS (Version 5.02). Zur Erstellung der Abbildungen werden die Programme Paintbrush (Version 3.1) und Harvard Graphics (Version 3.0) eingesetzt.

Als Ausgangsüberlegung interessiert die Frage, welche Regionenabgrenzung der Fragestellung angemessen ist. Während regionale empirische Untersuchungen für die Bundesrepublik Deutschland aus Gründen der Datenverfügbarkeit oft nur auf der räumlichen Ebene der Bundesländer durchgeführt werden können, sollen hier kleinflächigere Raumeinheiten Gegenstand der Analyse sein. Dadurch können problembezogene Grenzziehungen realisiert und aggregationsbedingte Verzerrungen weitgehend vermieden werden. Die Probleme der Abgrenzung von Regionen werden in Kapitel 2 erörtert und die Wahl der im Hinblick auf die empirische Untersuchung angemessenen Abgrenzung begründet.

---

2 Vgl. Eberts, R. W./ Stone, J. A. (1992): Wage and employment adjustment in local labor markets, Kalamazoo Michigan, S. 63ff. Bade vergleicht die Geschwindigkeit von Richtungsänderungen regionaler Entwicklungstrends mit der Trägheit von Tankern (vgl. Bade, F.-J. (1994): Die Beschäftigungsentwicklung bis zum Jahr 2000 in den Regionen der Bundesrepublik Deutschland, in: Mitteilungen aus der Arbeitsmarkt- und Berufsforschung, Vol. 27, S. 138).

3 Vgl. Statistisches Bundesamt (Hrsg.) (1990a): Unternehmen und Arbeitsstätten. Arbeitsstättenzählung vom 25. Mai 1987, Fachserie 2, Heft 6: Arbeitsstätten und Beschäftigung nach Kreisen, Wiesbaden, S. 41ff.

4 Vgl. Buttler, F./Gerlach, K. (1978): Die regionalwirtschaftliche Bedeutung interner Arbeitsmärkte, in: Raumforschung und Raumordnung, 36. Jg., S. 219

Kapitel 3 nennt zunächst einige Einschränkungen, die bei einer Interpretation der hier verwendeten Variable "regionales Lohn- und Gehaltsniveau" als Indikator für den materiellen Wohlstand in der Region beachtet werden sollten. Die Merkmalsausprägungen der zu analysierenden regionalen Lohn- und Gehaltsniveaus im Jahres 1987 werden in den Kapiteln 3.1 und 3.2 auf der räumlichen Ebene der Bundesländer und der Arbeitsmarktregionen des Untersuchungsraums dargestellt. Die zusätzliche Berücksichtigung von Angaben der Arbeitsstättenzählung 1970 ermöglicht den interessanten Vergleich der Entwicklung regionaler Lohn- und Gehaltsniveaus im Zeitablauf.

Unterschiede zwischen den Dimensionen Zeit und Raum führen in der statistischen Analyse von Autokorrelationen zu Problemen. Dies zeigt in Kapitel 4.1 ein Vergleich des Vorgehens zur Messung zeitlicher und räumlicher Autokorrelation. Wie räumliche Autokorrelation gemessen werden kann, wird in Kapitel 4.2 geschildert und am Beispiel regionaler Lohn- und Gehaltsniveaus für die Jahre 1970 und 1987 demonstriert.

Gegenstand des Kapitels 5 ist ein Überblick zu verschiedenen Theorien, die einen Beitrag zur Erklärung regionaler Lohn- und Gehaltsniveaus liefern können. Die Kapitel 5.1 bis 5.4 bieten einzelne theoretische Ansätze, deren regionalwissenschaftliche Anwendung noch wenig verbreitet ist, deren Grundgedanken aber, aufgrund der Heterogenität regionaler Wirtschaftsstrukturen, auch zur Erarbeitung regionalwirtschaftlicher Probleme geeignet erscheinen.

In Kapitel 6 werden auf Basis theoretischer Überlegungen plausible ökonomische Größen zur Erklärung regionaler Lohn- und Gehaltsniveaus erörtert und die Formulierung der Variablen beschrieben. Die Vielzahl der einbezogenen Variablen erlaubt einen weitreichenden Einblick in die Funktionsweise regionaler Arbeitsmärkte und die Trennung wesentlicher von weniger wesentlichen Einflußgrößen.

Das verwendete Schätzmodell und die angewendeten Testverfahren auf Einhaltung der Annahmen des Schätzverfahrens werden in Kapitel 7 dargestellt.

Kapitel 8 beinhaltet die Ergebnisse der Schätzungen sowie deren Interpretation. Die Schätzungen beruhen ausschließlich auf Angaben für das Jahr 1987. Die Schätzungen in Kapitel 8.1 basieren auf ausgewählten Spezifikationen, die der Literatur entnommen werden, die Schätzungen in Kapitel 8.2 auf Step-Forward-Spezifikationen.

2 Definition des Begriffs "Region"

Gegenstand dieses Kapitels ist das Problem der Regionenabgrenzung. Kapitel 2.1 enthält einige Überlegungen zur Raumbezogenheit ökonomischer Vorgänge, aus denen Forderungen an Gestalt und Größe der zu analysierenden Regionen abgeleitet werden können. Die Darstellung der resultierenden geographischen Abgrenzung der Regionen in der vorliegenden Untersuchung und die Gruppierung nach Regionentypen ist Gegenstand des Kapitels 2.2.

2.1 Zur problemorientierten Abgrenzung geographischer Untersuchungsräume

Wirtschaftliche Vorgänge finden in den Dimensionen Zeit und geographischer Raum statt. Schwerpunkt empirischer Forschung zu ökonomischen Fragestellungen ist die Analyse von Zeitreihendaten, in der ein Bezug auf den menschlichen Lebens- und Aktionsraum durch vorgefundene politische Grenzen hergestellt wird. Diese Grenzen können in Abhängigkeit von der politischen Ausgestaltung und der Größe der Fläche ökonomische Grenzen in geeigneter Weise repräsentieren. Erfolgt die Analyse unter der Annahme, wirtschaftliches Handeln fände in einem Raumpunkt statt[5], besteht aber die Gefahr, daß die Erklärung primär regionaler Vorgänge durch räumliche Aggregation erschwert wird.

Der Begriff "Raumpunkt" beschreibt den paradoxen Fall einer Fläche ohne räumliche Dimension, eine Vorstellung, die schon Christaller kritisierte. Er betonte, daß "jede ökonomische Beziehung und jeder ökonomische Vorgang ausnahmslos raumbehaftet ist, daß die Raumbezogenheit also ein konstitutives Element dieser Beziehungen oder Vorgänge ist, welche schlechterdings nicht ohne eine solche Raumbezogenheit vorzustellen sind"[6]. Gegenüber dem nun über 60 Jahre zurückliegenden Beitrag Christallers kann heute zwar zumindest auf den Kapitalmärkten aufgrund aufwendiger Kommunikationseinrichtungen weitgehend ohne räumliche Restriktionen agiert werden, auf Güter- und Arbeitsmärkten orientiert sich ökonomisches Handeln aber auch heute noch an geographischen Aktionsräumen, wie z. B. im Fall

---

5 Diese Abstraktion ist ein Bestandteil der Kritik von Isard, die klassische ökonomische Theorie in der angelsächsischen Literatur agiere weitgehend in einem "wonderland of no spatial dimensions" (Isard, W. (1972): Location and space economy, Cambridge (Mass.), S. 25f.).

6 Vgl. Christaller, W. (1968): Die zentralen Orte in Süddeutschland, 2. unveränderte Auflage, Darmstadt, S. 18

des Gütermarktes durch Gliederungen der geographischen Fläche in regionale Absatzmärkte beobachtet werden kann.

Auch auf Arbeitsmärkten sind Aktionsräume von großer Bedeutung, da weder Arbeitsanbieter noch Arbeitsnachfrager permanent unbeschränkt mobil sind. Die reale Relevanz räumlich begrenzter Arbeitsmärkte wird deutlich, wenn zwei Formen von Mobilität, die Pendel- und die Wohnortmobilität unterschieden werden. Pendelmobilität ist die Mobilität des Produktionsfaktors Arbeit zur Überwindung der räumlichen Entfernung zwischen Wohn- und Arbeitsort. Der Aktionsraum der Arbeitsanbieter bestimmt sich durch eine maximale Pendelzeit um den Wohnort. Die Pendelmobilität kann als sehr hoch angenommen werden, d. h. Arbeit wird innerhalb eines Aktionsraums dort angeboten, wo die höchste Entlohnung realisiert werden kann. Der Begriff der Wohnortmobilität beschreibt interregionale Mobilität, die sich in der räumlichen Verlagerung des Wohnortes und damit des individuellen Aktionsraums zeigt. Im Unterschied zur Pendelmobilität kann angenommen werden, daß die Bereitschaft zur Wohnortmobilität als Voraussetzung einer Realisierung höherer Löhne eher gering ist. Nur bei sehr großen regionalen Lohnunterschieden, die z. B. auch durch Arbeitslosigkeit bei Verbleib in einer Region bedingt sein können, werden Arbeitsanbieter zur Verlagerung ihres Aktionsraums bereit sein. Die geringe Bereitschaft der Arbeitsanbieter zur Nutzung geringer regionaler Nominallohnunterschiede läßt sich wie folgt begründen:

- Regionale unterschiedliche Preisniveaus können regionale nominale Lohnunterschiede real kompensieren[7]. Nominallohninduzierte interregionale Wanderungen stellen dann kein rationales Verhalten dar[8]. Insbesondere regionale Preisunterschiede für das lokale Gut "Wohnung" scheinen die Bereitschaft zum Wohnortwechsel zu vermindern. Hier sind nicht primär regional divergierende durchschnittliche Preise auf dem Wohnungsmarkt relevant, sondern vor allem regionale Preisunterschiede für neu abzuschließende Mietverträge bzw. zu

---

7 So ermittelt Götzinger den realen Ausgleich nominaler Lohn- und Gehaltsniveauunterschiede zwischen dem Saarland und dem Bundesgebiet durch Preisniveauunterschiede (vgl. Götzinger, H. J. H. (1981): Die Bedeutung von Preisniveauunterschieden für die regionale Wirtschaftspolitik, in: Raumforschung und Raumordnung, 39. Jg., S. 112f.). Für 31 Städte des Bundesgebietes zeigen die Ergebnisse von Jakoby sogar, daß höhere Löhne nicht ausreichen, "um die höheren Preise voll zu kompensieren" (Jakoby, H. (1990): Regionale Lohnstrukturen, Frankfurt/Main-New York, S. 137). Eine weitgehende, aber nicht vollständige Kompensation nominaler regionaler Lohnniveauunterschiede durch regionale Preisniveauunterschiede ermittelten Struff/Wilamowitz-Moellendorf (vgl. Struff, R./von Wilamowitz-Moellendorf, U. (1983): Räumliche Einkommens-, Preis- und Verbrauchsunterschiede in der Bundesrepublik Deutschland, Bonn, S. 220ff.).

8 Vgl. Schmidt, K.-D. (1992): Lohnstruktur und Arbeitsmärkte - internationale Erfahrungen: Kann eine größere regionale und sektorale Lohndifferenzierung Arbeitslosigkeit abbauen?, in: IHK für München und Oberbayern (Hrsg.): Regionale Arbeitsmärkte im Umbruch, München, S. 40f.

erwerbendes Wohneigentum. Es ist zu erwarten, daß auf die Nutzung regionaler Lohnunterschiede durch Verlagerung des Wohnsitzes dann verzichtet wird, wenn "die Wahrscheinlichkeit, daß mit dem Umzug höhere Wohnungskosten in Kauf genommen werden müssen, ... sehr hoch ist[9].

- Steigender Wohlstand ist von einer sinkenden Bereitschaft zur interregionalen Verlagerung des Wohnortes begleitet. Der Grenznutzen einer höheren Entlohnung nimmt ab, während die Bedeutung sozialer Aspekte zunimmt. "Die Bevölkerung wird heimatverbundener, sie kann sich das jetzt leisten"[10].
- Steigende Quantität und Qualität der Verkehrsinfrastruktur verschafft Arbeitsanbietern bei zeitlich konstanter Pendelentfernung einen größeren individuellen Aktionsraum, der eine größere Zahl potentieller Arbeitsnachfrager und so bessere Möglichkeiten einer optimalen Verwertung von Qualifikationen bei unverändertem Wohnort bietet.

In Anlehnung an diese Überlegungen ist auch die Bereitschaft der Arbeitsnachfrager zur interregionalen Verlagerung von Standorten gering, wenn ein anderer Standort nicht deutlich niedrigere Produktionskosten ermöglicht, die wirtschaftliche Lage des Unternehmens einen Standortwechsel nicht erfordert oder ein anderer Standort aufgrund unzureichender Infrastrukturausstattung bzw. veränderter Lieferanten- und Kundenstruktur keine konkurrenzfähige Produktion erlaubt.

Aufgrund der Überlegungen zu den Mobilitätsrestriktionen der Akteure auf dem Arbeitsmarkt kann die Existenz individueller Aktionsräume als zutreffende Beschreibung realer Vorgänge gelten. Die Analyse einer aggregierten Größe wie dem hier betrachteten regionalen Lohn- und Gehaltsniveau zwingt zur Analyse aggregierter individueller Aktionsräume. Die Regionenabgrenzung sollte die wirtschaftlichen Beziehungsgefüge miteinander verknüpfter Orte[11] umspannen und dadurch die Relevanz interregionaler Zusammenhänge minimieren[12]. Diese Regionen werden im folgenden Arbeitsmärkte genannt.

Die regionale Begrenzung von Arbeitsmärkten führt zur Frage, wie die Abgrenzung der Regionen vorgenommen werden sollte. Empirische Überprüfungen theoretischer

9 Vgl. Mieth, W. (1978): Zur Bedeutung regionaler Arbeitsmärkte für die Raumordnungspolitik, in: Raumforschung und Raumordnung, 36. Jg., S. 216 Fußnote 9

10 Ebenda, S. 216

11 Vgl. Ritter, W. (1991): Allgemeine Wirtschaftsgeographie, München, S. 17

12 Zu den in der ökonomischen Analyse verwendeten Ansätzen zur Regionenabgrenzung, vgl. Schulze, P. M. (1980): a.a.O., S. 17ff., S. 67ff. und S. 92ff.

Vorstellungen mittels Querschnitts- bzw. Längsschnittsanalysen benötigen eine Unterteilung eines Untersuchungs(zeit)raums in Teil(zeit)räume. Während Teilzeiträume in der Analyse von Zeitreihendaten durch die jahreszeitliche Ordnung bedingt in Form von Monats-, Quartals- oder Jahresdaten festgelegt werden, liegen für Teilräume geographischer Flächen keine vergleichbaren quasi naturgegebenen Kriterien vor[13]. Die empirische Analyse ist daher auf Basis einer zweckorientierten Regionalisierung[14] durchzuführen. Für eine empirische Untersuchung ist es sinnvoll, sich dabei auch an der Datenverfügbarkeit zu orientieren.

Die Forderung nach einer problembezogenen Regionenabgrenzung umfaßt auch die Frage der idealen Regionengröße[15]. Auch dieses Problem ist nur im Hinblick auf die Fragestellung der Untersuchung befriedigend zu lösen:

- Die Analyse großflächiger Räume erfaßt Zusammenhänge in räumlich hochaggregierter Form. Da durch großflächige Abgrenzung Besonderheiten kleiner Regionen nivelliert werden, sind interregionale Unterschiede geringer als in kleinflächiger Abgrenzung[16]. Die Nichtbeachtung von Pendelbeziehungen führt hier nur zu geringen Verzerrungen, da die Zahl interregionaler Pendler verglichen mit der Zahl intraregionaler Pendler gering ist.
- Die Wahl kleinflächiger Abgrenzungen erfaßt tatsächlich in Beziehung stehende ökonomische Vorgänge. Interregionale Unterschiede sind hier größer als in großflächiger Abgrenzung. Allerdings muß gerade eine kleinflächige Abgrenzung ökonomische Beziehungen zwischen Teilräumen beachten; ein Beispiel sind Pendelbeziehungen, da sich ansonsten unzulässige Interpretationen empirischer Untersuchungsergebnisse ergeben können[17].

Zusammenfassend kann also festgestellt werden, daß Regionen eine im Hinblick auf die Fragestellung angemessene Größe haben und von zweckbestimmter Form sein

---

[13] Christaller strebte eine solche siedlungsgeographische Strukturierung in seiner Theorie der zentralen Orte an. Verblüffend ist die weitgehende Konstanz der von Christaller festgestellten Strukturen. So stellen z. B. Christallers L-Zentralen noch heute die wesentlichen Agglomerationen in Süddeutschland dar (vgl. Christaller, W.: a.a.O., S. 165ff.).

[14] Vgl. Schulze, P. M. (1980): Region und Informationssystem, München, S. 16

[15] Den Zusammenhang zwischen der Größe eines Gebiets und den Wegekosten erörterte bereits Christaller (vgl. Christaller, W.: a.a.O., S. 48ff.)

[16] Vgl. Wangenheim, J. v. (1984): Volkswirtschaftliche Gesamtrechung und regionale Produktivitätsmessung, Thun Frankfurt/Main, S. 12ff.

[17] Siehe das Beispiel zur regionalen Arbeitsplatzversorgung in: Eckey, H.-F./Klemmer, P. (1991): Neuabgrenzung von Arbeitsmarktregionen für die Zwecke der regionalen Wirtschaftspolitik, in: Informationen zur Raumentwicklung, Heft 9/10, S. 570ff.

sollten[18]. In der regionalwissenschaftlichen empirischen Forschung stellt allerdings die rein problemspezifische Abgrenzung von Regionen mit anschließender Erhebung der interessierenden Merkmale aus Gründen des hohen ökonomischen Aufwandes der Datenermittlung eine Ausnahme dar. Auch diese Untersuchung nutzt zur empirischen Analyse bereits erhobene Daten. Angesichts der umfangreichen Ergebnisse aus der Arbeitsstätten- und der Volkszählung 1987 liegt es nahe, das weitere Vorgehen zur Abgrenzung der Regionen in Abhängigkeit von der Datenverfügbarkeit zu gestalten.

2.2 Die Abgrenzung der Regionen und der Regionentypen in der empirischen Untersuchung

Die Ergebnisse der Arbeitsstätten- und die Volkszählung werden auf Grundlage administrativer Regionsabgrenzungen ausgewiesen. Als Baustein einer zweckbestimmten Regionenabgrenzung dient die Regionenabgrenzung mit der durchschnittlich kleinsten Fläche, für die alle relevanten Daten verfügbar sind. In der vorliegenden Untersuchung ist dies die Abgrenzung der kreisfreien Städte und Landkreise.

Wie oben erörtert, kann die Analyse ökonomischer Zusammenhänge zu unzutreffenden Ergebnissen führen, wenn der durchschnittliche Aktionsraum der Wirtschaftssubjekte nicht mit den analysierten Grenzen übereinstimmt. Aus der räumlichen Trennung von Wohn- und Arbeitsort folgen in vielen Fällen kreisgrenzenüberschreitende Aktionsräume der erwerbstätigen Bevölkerung. Findet die Einkommensverwendung sowohl am Arbeits- als auch am Wohnort statt, führt die einkommensstiftende Funktion der Verwendung der Einkommen zum Schluß, daß Lohnniveaus auf Kreisebene nicht nur durch die im Kreis vorhandenen ökonomisch relevanten Strukturen, sondern auch sehr stark durch die Strukturen geographisch naher Kreise beeinflußt werden. Daher ist ein wirtschaftlich relevanter Aktionsradius der erwerbstätigen Bevölkerung zu ermitteln, in dem Einkommensverwendung und Einkommensentstehung einen weitgehend intraregionalen Vorgang darstellen.

Die zu analysierenden Regionen sind somit aus den administrativ abgegrenzten Regionen der amtlichen Statistik anhand von Beziehungen zwischen den Regionen

---

[18] Vgl. auch Eckey, H.-F./Klemmer, P.: a.a.O., S. 569, oder Kampmann, R./Köppel, M. (1984): Das wirtschaftliche Süd-Nord-Gefälle, in: Wirtschaftsdienst, 64. Jg., S. 568

zu aggregieren. Diese Vorgehensweise entspricht der Vorstellung einer Abgrenzung funktionaler Regionen auf Grundlage administrativ abgegrenzter Regionen.

Als geeigneter Indikator zur Messung arbeitsmarktrelevanter Beziehungen zwischen kleinflächigen Teilräumen gelten Pendlerströme[19]. Auf Grundlage von Pendlerströmen können Elementareinheiten so zu Arbeitsmarktregionen zusammengefaßt werden, daß die Grenzen der Arbeitsmarktregionen die quantitativ bedeutendsten Pendlerströme umfassen[20]. Diese Grenzen sind zwar aufgrund der Vielgerichtetheit individuellen Pendelverhaltens nur von analytischer Bedeutung, allerdings werden sie trotz ihrer Durchlässigkeit lediglich von relativ weniger bedeutenden Pendlerströme überschritten. Zusammenhänge zwischen ökonomischen Größen benachbarter Arbeitsmarktregionen werden daher schwächer als innerhalb einer Arbeitsmarktregion sein.

Der angegebenen Veröffentlichung von Eckey/Klemmer folgend, ergeben sich für den Untersuchungsraum 103 kreisscharf abgegrenzte Arbeitsmarktregionen. Schon eine oberflächliche Analyse dieser Regionen signalisiert, daß ein weiterer Schritt zur Regionendefinition sinnvoll sein könnte. Der Untersuchungsraum setzt sich aus großflächigen Arbeitsmarktregionen wirtschaftsstarker Agglomerationen und kleinen Arbeitsmarktregionen wirtschaftsschwacher peripherer Gebiete zusammen. Angesichts der offensichtlichen Heterogenität und der Vielgestaltigkeit realer ökonomischer Prozesse sollte bei der Ermittlung der Determinanten regionaler Lohn- und Gehaltsniveaus explizit geprüft werden, ob die ökonomischen Zusammenhänge peripherer Arbeitsmarktregionen mit niedrigen Lohnniveaus und der Arbeitsmarktregionen großer Agglomerationen mit hohen Lohnniveaus tatsächlich übereinstimmen oder ob regionentypische Unterschiede vorliegen. Die Beantwortung dieser Frage durch statistische Testverfahren erfordert die Unterteilung der Arbeitsmarktregionen des Untersuchungsraums in Regionentypen.

Diese Gruppierung wird anhand eines Kriteriums der Zuordnung der Regionen zu einem Regionentyp durchgeführt. Verwendung findet hier die Variable "regionales Infrastrukturniveau", da dieser Größe eine große Bedeutung für die Funktionsfähigkeit der regionalen Wirtschaftsstruktur zukommt. Aufgrund der Komplexität der Bewertung und der vielfältigen Merkmale regionaler Infrastruktur wird auf eine

---

19 Vgl. Schulze, P. M. (1980): a.a.O., S. 72 und S. 87
20 Vgl. Eckey, H.-F./Klemmer, P.: a.a.O., S. 569ff.

Einteilung von Gatzweiler u.a.[21] zurückgegriffen, in der Arbeitsmarktregionen fünf Gruppen regionaler Infrastrukturtypen zugeordnet werden.

Um zufriedenstellende Aussagen zur Signifikanz regionentypischer Unterschiede zu erhalten, wird die Anzahl der Gruppen auf zwei Gruppen reduziert. Die Arbeitsmarktregionen, die Gatzweiler den Infrastrukturtypen 1-3 zuordnet, das sind Regionen mit insgesamt höherwertiger Infrastrukturausstattung, stellen im folgenden den Regionentyp I, die Arbeitsmarktregionen der Infrastrukturtypen 4 und 5, das sind die Regionen mit geringer Infrastrukturausstattung, den Regionentyp II dar. Diese Einteilung soll eine weitgehende Homogenität der Regionen eines Regionentyps gewährleisten, ohne daß eine sinnvolle empirische Analyse der Regionen eines Regionentyps aufgrund zu geringer Zahl an Beobachtungen in einer Gruppe unmöglich wird. Der Regionentyp I umfaßt 33, der Regionentyp II 70 Arbeitsmarktregionen. Die Fläche des Untersuchungsraums ist zu annähernd gleichen Teilen (46 bzw. 54%) auf die beiden Regionentypen aufgeteilt. Da etwa zwei Drittel der Bevölkerung des Untersuchungsraums in Regionen des Regionentyps I leben, wird deutlich, daß die Arbeitsmarktregionen des Regionentyps I eine durchschnittlich größere Fläche und eine höhere Bevölkerungsdichte aufweisen.

Um mögliche Verzerrungen der empirischen Ergebnisse als Folge dieser Einteilung beurteilen zu können, werden für alle Spezifikationen zusätzlich die Korrelationsmatrizen alternativer Abgrenzungen der Regionentypen im Anhang angegeben. So sind möglicherweise regionentypisch variierende Korrelationen zwischen Variablen einer vertiefenden Betrachtung zugänglich. Die Angabe der Korrelationsmatrizen auf den alternativen räumlichen Ebenen der Landkreise und kreisfreien Städte, sowie der Bundesländer des Untersuchungsraums dient der zusätzlichen Plausibilitätskontrolle der Ergebnisse. Für Landkreise und kreisfreie Städte werden in gleicher Abgrenzung der Regionentypen I und II die Korrelationsmatrizen beider Regionentypen separat aufgeführt. Hier sind mögliche Verzerrungen durch Pendelbeziehungen zu beachten, ein Aspekt, der bei einem Vergleich von Variablen, die aus Angaben der Volkszählung gebildet werden, mit Variablen, die der Arbeitsstättenzählung entstammen, von besonderer Bedeutung ist, da Wohn- und Arbeitsort durch Pendelverhalten nicht übereinstimmen. Dieser Aspekt ist strenggenommen auch für die Betrachtung der Bundesländer relevant, da in einigen Fällen[22] die Grenzen der Arbeits-

---

21 Vgl. Gatzweiler, H.-P./Irmen, E./Janich, H. (1991): Regionalpolitik als Infrastrukturpolitik, in: Informationen zur Raumentwicklung, Heft 9/10, S. 599ff.

22 Es handelt sich um die Arbeitsmarktregionen Mannheim/Ludwigshafen, Karlsruhe und Ulm.

marktregionen Grenzen der Bundesländer schneiden. Allerdings überwiegen hier durch die großflächige Aggregation intraregionale Pendelbeziehungen. Abweichende Korrelationen zur Analyse der Arbeitsmarktregionen können zusätzlich auch Folge einer geringfügig abweichenden Fläche des Untersuchungsraums sein. Während die kreisfreien Städte und Landkreise sowie die Bundesländer die gleiche geographische Fläche abdecken, fehlen in der Abgrenzung der Arbeitsmarktregionen die beiden rheinland-pfälzischen Landkreise Ahrweiler und Altenkirchen, die von nordrhein-westfälischen Kreisen dominierten Arbeitsmarktregionen zugeordnet werden[23].

Neben der hier gewählten Gruppierung der Regionen des Untersuchungsraums nach dem Niveau ihrer Infrastruktur sind auch andere Einteilungskriterien, wie z. B. eine Gruppierung gemäß der regionalen Siedlungsstruktur, eine direkte Unterteilung anhand der Höhe regionaler Lohn- und Gehaltsniveaus oder auch eine Kombination dieser und anderer Kriterien durch faktoranalytische Verfahren[24], denkbar. Da zwischen Siedlungsstruktur, Infrastruktur- und Lohnniveau sehr enge Zusammenhänge bestehen dürften, ist durch die isolierte Betrachtung des Infrastrukturniveaus keine Verzerrung der Ergebnisse zu erwarten.

---

23 Vgl. Eckey, H.-F./Klemmer, P.: a.a.O., S. 576

24 Vgl. Schulze, P. M. (1980): a.a.O., S. 31ff.

3 Regionale Lohn- und Gehaltsniveaus in den Jahren 1970 und 1987

Auf der Einkommensentstehungsseite sind regionale Lohn- und Gehaltsniveaus Ausdruck durchschnittlich unterschiedlicher Kosten einer Arbeitskraft in einer Region[25]. Auf der Seite der Einkommensverwendung dient diese Größe zur Beurteilung des Niveaus und der Unterschiede regionaler Lebensverhältnisse. Für eine solche Interpretation der hier analysierten Bruttolohn- und Gehaltssumme je Arbeitnehmer sprechen die nachfolgend genannten Gründe:

- Regional flächendeckender Ausweis regionaler Lohn- und Gehaltssummen und der Zahl der Arbeitnehmer,
- recht umfassende Definition der Lohn- und Gehaltsgrößen,
- Lohn- und Gehaltssummen werden wie die Zahl der Arbeitnehmer am Ort ihrer Entstehung, dem Arbeitsort, ausgewiesen, so daß Verzerrungen durch Pendelverhalten nicht vorliegen,
- weitgehende Erfassung der Wirtschaftssektoren,
- hohe Zuverlässigkeit der analysierten Größen aufgrund originärer Ermittlung in einer Vollerhebung.

Eine Interpretation als Wohlstandsindikator sollte aber aufgrund folgender Unzulänglichkeiten nur zurückhaltend erfolgen:

- Es werden nur die Lohn- und Gehaltseinkommen betrachtet. Andere Einkommensquellen bleiben unberücksichtigt[26],
- es wird nur ein Teil der Bevölkerung, die abhängig Beschäftigten, erfaßt,
- regionale Unterschiede des Erwerbsstrukturen der Haushalte bleiben unberücksichtigt,
- die analysierten Lohn- und Gehaltsniveaus umfassen, durch die Abgrenzung in der Arbeitsstättenzählung bedingt, nicht alle Bestandteile einer Entlohnung. So sind in den analysierten Größen z. B. die Arbeitgeberbeiträge zur Sozialversicherung und Sachzuwendungen nicht enthalten[27],
- durch Nichtberücksichtigung des Systems der progressiven Einkommenssteuer führen die anhand der verwendeten Daten ermittelbaren regionalen Lohnniveau-

25 Vgl. Wangenheim, J. v.: a.a.O., S. 38

26 Soll hingegen nicht regionaler Wohlstand, sondern die Möglichkeiten der regionalen Einkommenserzielung erfaßt werden, entfällt dieser Kritikpunkt. In diesem Fall sind unter dem Gerechtigkeitsaspekt nicht die Gewinn- und Vermögenseinkommen anzugleichen (vgl. Thoss, R./Strumann, M./Bölting, H. M. (1974): Zur Eignung des regionalen Einkommensniveaus als Zielindikator der regionalen Wirtschaftspolitik, Beiträge zum Siedlungs- und Wohnungswesen und zur Raumplanung, Band 15, Münster (Westf.), S. 84).

27 Vgl. Statistisches Bundesamt (Hrsg.) (1989a): Fachserie 2, Unternehmen und Arbeitsstätten. Arbeitsstättenzählung vom 25. Mai 1987, Heft 1: Einführung in die methodischen und systematischen Grundlagen der nichtlandwirtschaftlichen Arbeitsstättenzählung, Wiesbaden, S. 15f.

unterschiede zu einer Überschätzung tatsächlicher interregionaler Unterschiede. Für einen Wohlstandsindikator wären die regionalen Unterschiede verfügbarer Einkommen relevant,

- durchschnittlich ungleiche Arbeitszeiten zwischen den Branchen können bei regionaler Dominanz bestimmter Branchen zu arbeitszeitbedingten Lohnunterschieden führen,
- die im primären Sektor gezahlten Löhne und Gehälter werden unvollständig erfaßt,
- regionale Preisunterschiede bleiben unberücksichtigt, da flächendeckende regionale Preisniveaus anhand repräsentativer Warenkörbe nicht verfügbar sind,
- die erfaßten Lohn- und Gehaltssummen beziehen sich auf den zum Zeitpunkt der Zählung vollständig vergangenen Zeitraum des Jahres 1986 bzw. des Geschäftsjahrs, das bis Mai 1987 zu Ende ging. Eine exakte zeitliche Zuordnung auf den Zeitpunkt der Volks- und Arbeitsstättenzählung besteht somit nicht. Auswirkungen auf entscheidende Einflußgrößen sind aber unwahrscheinlich, da die Konstanz regionaler Lohnniveaus insbesondere für kurze Zeiträume sehr hoch ist[28].

Die quantitative Bedeutung des Unterschiedes zwischen der durchschnittlichen Bruttolohn- und Gehaltssumme je Arbeitnehmer und dem durchschnittlich verfügbaren Einkommen je Kopf der Wohnbevölkerung als intuitiv plausiblem Wohlstandsindikator zeigt ein Vergleich der Angaben aus der Arbeitsstättenzählung 1987 und einer Sonderauswertung der Einkommenssteuerstatistik[29], die erstmals im Jahr 1989 für die Kreise des Bundeslandes Rheinland-Pfalz vorgenommen wurde. Zwischen den beiden Größen "regional verfügbares Einkommen je Kopf der Wohnbevölkerung" und "regionales Lohn- und Gehaltsniveau je Arbeitnehmer" ergibt sich für die aus den Angaben aggregierbaren zwölf Arbeitsmarktregionen des Bundeslandes Rheinland-Pfalz ein Korrelationskoeffizient von +0,70. Dieser überraschend geringe Wert dürfte nicht primär durch den geringfügig differierenden Betrachtungszeitraum, sondern vielmehr durch die quantitative Bedeutung von Einkommen aus anderen Quellen als der abhängigen Erwerbstätigkeit, wie z. B. Gewinn- und Transfereinkommen, und ihrer nicht dem Lohnniveau entsprechenden Verteilung über die Regionen zu begründen sein. Die hier analysierte Einkommensgröße sollte somit nicht als Maßstab regionalen Wohlstandes interpretiert werden, eine Einschätzung, die angesichts unbekannter regionaler Preisniveauunterschiede noch bestätigt wird.

---

[28] Vgl. Eberts, R. W./ Stone, J. A.: a.a.O., S. 63ff.

[29] Vgl. Kertels, W. (1995): Das verfügbare Einkommen der privaten Haushalte in den kreisfreien Städten und Landkreisen 1989, in: Statistische Monatshefte Rheinland-Pfalz, 48. Jg., S. 15ff.

Um einen Überblick zu der Höhe regionaler Lohn- und Gehaltsniveaus im Untersuchungsraum Süddeutschland zu erhalten, werden im folgenden einige Angaben in räumlicher Abgrenzung der Bundesländer und Arbeitsmarktregionen in einfacher deskriptiver Analyse aufgeführt.

Regionale Lohn- und Gehaltsniveaus der Arbeitsmarktregionen sind Grundlage der Berechnungen zur räumlichen Autokorrelation regionaler Lohn- und Gehaltsniveaus in Kapitel 4.2 und der Regressionsanalysen in Kapitel 8, in denen diese Größe den Regressanden der Spezifikationen darstellt. Neben der Beschreibung des gesamten Untersuchungsraums erfolgen zusätzlich Betrachtungen der Lohn- und Gehaltsniveaus für die beiden in Kapitel 2 beschriebenen Regionentypen I und II. Dadurch kann die Erwartung differierender Niveaus in den beiden Regionentypen, relativ hohes Lohn- und Gehaltsniveau in Regionentyp I (gute Infrastrukturausstattung), relativ geringes Lohn- und Gehaltsniveau in Regionentyp II (geringe Infrastrukturausstattung), überprüft werden. Einen Einblick in die Entwicklung regionaler Lohn- und Gehaltsniveaus im Zeitablauf erlaubt ein Vergleich der Jahre 1987 und 1970. Zwecks übersichtlicher Präsentation werden die Werte gerundet ohne Nachkommastellen angegeben.

3.1 Bundesländer

Die durchschnittlich niedrigsten regionalen Pro-Kopf-Lohn- und Gehaltseinkommen in den Bundesländern des Untersuchungsraums im Jahr 1987 wurden in Rheinland-Pfalz (33619 DM) und Bayern (33696 DM), die höchsten Einkommen in Baden-Württemberg (35828 DM) und Hessen (36474 DM) erzielt. Das Lohnniveau des Saarlandes liegt mit 34809 DM zwischen diesen Gruppen.

Die Angaben zur Arbeitsstättenzählung 1970 ergeben eine abweichende Rangfolge. Zwar weist auch hier Hessen das höchste durchschnittliche Lohn- und Gehaltsniveau auf (12054 DM), dann aber folgen das Saarland (11371 DM), Rheinland-Pfalz (10976 DM), Baden-Württemberg (10268 DM) und Bayern (9283 DM). In den siebzehn Jahren zwischen den Arbeitsstättenzählungen wuchsen die nominalen durchschnittlichen Lohn- und Gehaltseinkommen in den Bundesländern Baden-Württemberg und Bayern also deutlich stärker als in den anderen drei betrachteten Bundesländern.

3.2 Arbeitsmarktregionen

Die niedrigsten durchschnittlichen regionalen Pro-Kopf-Arbeitseinkommen abhängig Beschäftigter in den Arbeitsmarktregionen Süddeutschlands im Jahr 1987 sind in den peripheren Arbeitsmarktregionen Bayerns erzielt worden (Freyung: 26612 DM, Cham: 26666 DM, Pfarrkirchen: 27053 DM), die höchsten durchschnittlichen Lohnniveaus in den Arbeitsmarktregionen München (39859 DM), Stuttgart (39339 DM) und Frankfurt/Main (39317 DM). Das arithmetische Mittel aus allen Arbeitsmarktregionen ergibt 31785 DM.

Werden die 103 Arbeitsmarktregionen des Untersuchungsraums gemäß ihrem Infrastrukturniveau den zwei Regionentypen, die 33 bzw. 70 Regionen umfassen, zugeordnet, so zeigen sich deutliche regionentypische Unterschiede. Für die Regionen des Regionentyp I "hohes Infrastrukturniveau" ergibt sich ein durchschnittliches Lohn- und Gehaltsniveau von 34006 DM. Die Arbeitsmarktregionen mit den höchsten Lohn- und Gehaltsniveaus sind die oben genannten Regionen München, Frankfurt und Stuttgart, die Regionen mit den niedrigsten Lohn- und Gehaltsniveaus des Regionentyps I Coburg (29905 DM), Landshut (30668 DM) und Fulda (30801 DM). Das arithmetische Mittel für die Regionen des Regionentyp II liegt mit 30738 DM erwartungsgemäß deutlich niedriger. Die höchsten Lohn- und Gehaltsniveaus weisen hier Friedrichshafen (35773 DM), Dingolfing (35534 DM) und Baden-Baden (35345 DM) auf, die niedrigsten Lohn- und Gehaltsniveaus sind in den für den gesamten Untersuchungsraum bereits genannten Regionen Freyung, Cham und Pfarrkirchen zu beobachten.

Nicht nur die abweichenden arithmetischen Mittel der regionalen Lohn- und Gehaltsniveaus der Regionentypen entsprechen den Erwartungen. Auch die Standardabweichungen der Lohn- und Gehaltsniveaus beider Regionentypen sind geringer als in der Gesamtbetrachtung[30], ein Indiz für die höhere Homogenität der Regionen innerhalb eines Regionentyps gegenüber einer Betrachtung des gesamten Untersuchungsraums.

Für die Analyse der Arbeitsmarktregionen 1970 wird die Abgrenzung der Arbeitsmarktregionen von 1987 unterstellt. Die diesem Vorgehen zugrundeliegende Annahme identischer Pendlerströme in beiden betrachteten Jahren entspricht sicher-

30 Gesamter Untersuchungsraum: Standardabweichung 2779 DM; RTYP I: Standardabweichung 2634 DM; RTYPII: Standardabweichung 2165 DM

lich nicht der Realität, da sich Pendlerströme im wirtschaftlichen Wandel z. B. durch neue Verkehrswege und Aufgabe bzw. Neugründung von Produktionsstätten in den Regionen verändert haben dürften. Allerdings erlaubt das gewählte Vorgehen, identisch abgegrenzte geographische Einheiten zu vergleichen und Verzerrungen durch abweichende Abgrenzungen der Arbeitsmarktregionen auszuschließen.

Die Arbeitsmarktregionen mit den niedrigsten Lohn- und Gehaltsniveaus bleiben 1970 gegenüber 1987 unverändert (Pfarrkirchen (6343 DM), Cham (6586 DM) und Freyung (6661 DM)). Veränderungen ergeben sich hingegen für die Arbeitsmarktregionen mit den durchschnittlich höchsten Lohn- und Gehaltsniveaus. 1970 wurden die höchsten durchschnittlichen Lohn- und Gehaltseinkommen in den Arbeitsmarktregionen des Rhein-Main-Gebiets erzielt (Frankfurt/Main (13069 DM), Wiesbaden (12300 DM) und Mainz (11709 DM)).

Der Vergleich der Variationskoeffizienten für die regionalen Lohnniveaus in den Jahren 1987 und 1970 zeigt eine deutliche Abnahme der durchschnittlichen Abweichung vom Mittelwert im Zeitablauf. Während 1970 der Variationskoeffizient noch 0,143 betrug, nimmt er im Jahr 1987 einen Wert von 0,087 an. Da sich die relativen Unterschiede zwischen den Regionen mit hohem und niedrigem Lohnniveau deutlich verringerten, kann dieses Ergebnis dahingehend interpretiert werden, daß sich die regionalen Lohn- und Gehaltsniveaus in den Jahren zwischen 1970 und 1987 angeglichen haben[31].

Diese wenigen Zahlen ermöglichen eine Präzisierung der bei Betrachtung der Bundesländer erkannten dynamischeren Entwicklung der Bundesländer Baden-Württemberg und Bayern. Nicht alle Arbeitsmarktregionen in diesen beiden Bundesländern profitierten von dieser Entwicklung im gleichem Maß. Während die regionalen Lohn- und Gehaltsniveaus vor allem in den großen süddeutschen Arbeitsmarktregionen München und Stuttgart überdurchschnittlich gestiegen sind, blieben die Arbeitsmarktregionen des tschechisch-österreichischen Grenzgebietes auch 1987 unverändert wirtschaftliche Problemregionen.

---

[31] Zu den Problemen einer Beurteilung der zeitlichen Entwicklung von Ungleichheit bei Analyse nominaler Daten, vgl. Elkmann, R./Klostermann, A./Lieder, K. (1995): Zur intertemporalen Konstanz der Struktur regionaler Lohn- und Gehaltsniveaus in der Bundesrepublik Deutschland; Mainz: Universität, Institut für Statistik und Ökonometrie, Arbeitspapier Nr. 9, S. 10f.. Keine einheitliche Tendenz ist für die Schweiz zwischen den Jahren 1950 und 1975 zu beobachten (vgl. Frey, R. L. (1979): Die Infrastruktur als Mittel der Regionalpolitik, Bern Stuttgart, S. 3).

4 Zur räumlichen Autokorrelation regionaler Lohn- und Gehaltsniveaus

Vor der Erörterung, wie räumliche Abhängigkeit mit statistischen Verfahren erfaßt werden kann, steht zunächst die Frage, warum diese Fragestellung bearbeitet werden sollte. Die Messung räumlicher Autokorrelation und die Frage ihrer Signifikanz ist für die Analyse von regionalen Querschnittsdaten mit dem Regressionsverfahrens der kleinsten Quadrate von wesentlicher Bedeutung. Gemäß einer der Anwendungsvoraussetzungen sollten die Residuen des Regressionsmodells zufällig und damit voneinander unabhängig auf die analysierten Einheiten verteilt sein. In Erweiterung der Erörterungen und Berechnungen zur Signifikanz räumlicher Autokorrelation in Kapitel 4 folgt daher in Kapitel 7 die Beschreibung der Messung räumlicher Autokorrelation der Residuen einer Regressionsschätzung. Kapitel 8 können die Testergebnisse entnommen werden. Zunächst aber ist das Problem zu lösen, wie räumliche Autokorrelation gemessen und getestet werden kann.

Die grundsätzlichen Überlegungen zur Messung räumlicher Autokorrelation werden in Kapitel 4.1 anhand eines Vergleichs der Gemeinsamkeiten und Unterschiede mit der Messung zeitlicher Autokorrelation erörtert. Kapitel 4.2 zeigt am Beispiel der Variablen "regionales Lohn- und Gehaltsniveau" süddeutscher Arbeitsmarktregionen in den Jahren 1970 und 1987 die Durchführung von Tests auf Signifikanz räumlicher Autokorrelation.

Der Begriff der räumlichen Autokorrelation beschreibt einen Zusammenhang zwischen gleichzeitig realisierten Merkmalsausprägungen geographischer Einheiten. Dieser Zusammenhang besteht in einer strukturierten Anordnung der Merkmalsausprägungen. Für den hier betrachteten Fall regionaler Lohn- und Gehaltsniveaus zeigen empirische Untersuchungen ein Gefälle von Regionen mit hohem Lohn- und Gehaltsniveau zu Regionen mit niedrigem Niveau[32]. Dabei sind Regionen mit sehr hohen Lohn- und Gehaltsniveaus tendenziell nicht unmittelbar benachbart mit Regionen, die sehr niedrige Lohnniveaus aufweisen. Vielmehr sind sie durch Regionen getrennt, deren Lohnniveau zwischen diesen Extremen liegt. Dieses Muster deutet auf das Vorliegen positiver Autokorrelation zwischen benachbarten regionalen Lohnniveaus hin, ein Phänomen, das angesichts der räumlichen Verflechtung wirtschaftlicher Vorgänge zu erwarten ist.

---

32 Vgl. Koller, M. (1987): Regionale Lohnstrukturen, in: Mitteilungen aus der Arbeitsmarkt- und Berufsforschung, 20. Jg., S. 34f.; Bade, F.-J. (1986): Funktionale Arbeitsteilung und regionale Beschäftigungsentwicklung, in: Informationen zur Raumentwicklung, Heft 9/10, S. 711

Auf Basis der fünf Bundesländer des Untersuchungsraums werden aufgrund der geringen Zahl der Beobachtungseinheiten keine Berechnungen zur räumlichen Autokorrelation durchgeführt.

4.1 Probleme der Messung räumlicher Autokorrelation

Gegenstück zur weit verbreiteten Längsschnittsbetrachtung mittels Zeitreihendaten, wie sie vor allem zur Überprüfung makroökonomischer Modelle praktiziert wird, ist die Analyse von Querschnittsdaten. Dieser Ansatz erfordert Daten von Teilräumen eines geographischen Raums zu einem Zeitpunkt. Parallelen zur Analyse von Zeitreihendaten sind offensichtlich[33]. Während in der Analyse von Zeitreihendaten Zusammenhänge anhand von nacheinander realisierten Merkmalsausprägungen unter der Annahme der intertemporalen Konstanz des unterstellten Zusammenhangs betrachtet werden, analysiert die Querschnittsbetrachtung gleichzeitig realisierte Merkmalsausprägungen unter der Annahme der interregionalen Konstanz des unterstellten Zusammenhangs.

Sowohl in der Längsschnitt- als auch in der Querschnittsanalyse wird zur Analyse ein Zeit- bzw. geographischer Raum so aufgeteilt, daß keine Überschneidungen der Analyseeinheiten vorliegen. Um Verzerrungen von Zusammenhängen zwischen den Merkmalsausprägungen durch fehlende Werte zu vermeiden, sollte der zu analysierende Untersuchungs(zeit)raum vollständig unterteilt sein. Grundsätzlich ist auch zu beachten, daß die gewählte Untergliederung des Untersuchungsraums die Analyseergebnisse beeinflussen kann. So können in der Analyse von Zeitreihendaten Jahres-, Monats- oder Quartalsdaten zu differierenden Ergebnissen führen. Ähnliches ist in der Querschnittsanalyse für Analysen auf Kreisebene, Arbeitsmarktregionen oder Nationen zu erwarten.

Die Messung der Korrelation erfolgt in der Zeitreihen- wie auch in der Querschnittsanalyse durch Korrelationskoeffizienten. Allerdings erfordert die Analyse regionaler Querschnittsdaten, wie nachfolgend erläutert, spezielle Verfahren[34]. Dabei stellt

---

33 Zeit beschreibt eine Ordnung nacheinander, Raum eine Ordnung nebeneinander (vgl. Spitzer, H. (1991): Raumnutzungslehre, Stuttgart, S. 35).

34 Vgl. Hordijk, L. (1979): Problems in estimating econometric relations in space, in: Papers of the regional science association 42, S. 101

räumliche Autokorrelation formal den allgemeineren Fall dar, der zeitliche Autokorrelation als Spezialfall beinhaltet[35].

Zwischen ökonomischen Variablen wird meist positive Autokorrelation zu beobachten sein. In der Zeitreihenanalyse ist dies durch entlang einer Zeitachse kontinuierlich steigende bzw. sinkende Werte begründet. In der Querschnittsanalyse weisen Ballungsräume höhere Werte bezüglich vieler ökonomischer Größen wie Arbeitsproduktivitätsniveau, Angestelltenanteil oder durchschnittliches Lohn- und Gehaltsniveau gegenüber ländlichen Regionen auf. Wie bereits für die regionalen Lohn- und Gehaltsniveaus beschrieben, kann auch für die Ausprägungen anderer ökonomischer Größen zwischen Ballungsräumen und peripheren Regionen in vielen Fällen ein Gefälle beobachtet werden.

In Analogie zur Zeitreihenanalyse ist es sinnvoll zu unterscheiden, ob Autokorrelationen erster oder höherer Ordnung analysiert werden. Mit dem Begriff der räumlichen Autokorrelation erster Ordnung werden ausschließlich geographisch unmittelbar benachbarte Merkmalsausprägungen erfaßt. Autokorrelationen höherer Ordnung betrachten hingegen den Zusammenhang von Merkmalsausprägungen, die durch eine bestimmte Anzahl weiterer Regionen voneinander getrennt sind. Die folgende empirische Untersuchung bleibt auf den Zusammenhang zwischen geographisch unmittelbar benachbarten Arbeitsmarktregionen, d. h. Autokorrelationen erster Ordnung, beschränkt[36].

Ein erster wesentlicher Unterschied zur Zeitreihenanalyse besteht darin, daß die Merkmalsträger in der geographischen Querschnittsanalyse, die Regionen, meistens mehrere benachbarte Regionen der gleichen Ordnung aufweisen. Im Unterschied zur Analyse von Zeitreihen, die in ihrer zeitlichen Abfolge in die Analyse eingehen, wird eine zusätzliche Information darüber benötigt, welche Regionen benachbart sind. Kern der Analyse räumlicher Nachbarschaft ist daher eine Gewichtungsmatrix **W**, die die Information der Nachbarschaft von Regionen einer bestimmten Ordnung beinhaltet[37]. Die Matrix **W** ist eine NxN Matrix, wobei N die Anzahl der analysierten

---

[35] Vgl. Moran, P. A. P. (1950): Notes on continuous stochastic phenomena, in: Biometrika, Vol. 37, S. 21

[36] Beispiele zur Analyse räumlicher Autokorrelation höherer Ordnung, vgl. Schulze, P. M. (1993/1994): Zur Messung räumlicher Autokorrelation, in: Jahrbuch für Regionalwissenschaft, Jg. 14/15, S. 66ff. und Hordijk, L. (1974): Spatial correlation in the disturbances of a linear interregional model, in: Regional and urban economics, Vol. **4**, S. 133ff.

[37] Analysen zur räumlichen Autokorrelation z. B. zweiter oder dritter Ordnung erfordern bei unregelmäßiger Anordnung der Regionen jeweils spezielle Gewichtungsmatrizen.

Regionen angibt. Im Unterschied zur Analyse von Zeitreihen, hier würde bei Verwendung einer Gewichtungsmatrix nur ein Element pro Zeile und Spalte den Wert "Eins" annehmen, beinhalten die Zeilen bzw. Spalten einer Gewichtungsmatrix bei der Analyse von Querschnittsdaten in der Regel mehr als ein Element, das einen Wert ungleich "Null" annimmt.

Die Elemente der Gewichtungsmatrix werden Gewichtungsfaktoren genannt. Sie sollen die Intensität des Zusammenhangs zwischen zwei Regionen wiedergeben. Idealerweise basieren die Gewichtungsfaktoren auf Messungen von Interaktionen zwischen den Regionen. Eine Quantifizierung dieser Interaktionen, z. B. durch die Intensität der Nutzung von Kommunikationsverbindungen, scheitert meist an der Nichtverfügbarkeit relevanter Daten. Weniger anspruchsvoll sind die Datenanforderungen zur Erfassung der Intensität des Zusammenhangs anhand der geographischen Lage der Regionen. So ist die Vermutung naheliegend, daß Regionen, die eine lange gemeinsame Grenze aufweisen, miteinander enger verbunden sind als Regionen mit einer kurzen gemeinsamen Grenze[38]. Als einfachste Form zur Formulierung von Gewichtungsfaktoren gilt die binäre Feststellung der Nachbarschaft, die keine expliziten Angaben zur Intensität des Zusammenhangs zwischen Regionen benötigt. Stattdessen wird angenommen, daß zwischen unmittelbar benachbarten Regionen starke Zusammenhänge und zwischen nicht benachbarten Regionen keine Zusammenhänge bestehen. Weisen Regionen eine gemeinsame Grenze auf, so nimmt der Gewichtungsfaktor daher den Wert "Eins" an, liegt keine gemeinsame Grenze vor, so beträgt der Wert des Gewichtungsfaktors "Null". In diese Matrix gehen alle Nachbarschaften in gleicher Weise ein, unabhängig von der Zahl der benachbarten Regionen. Ist einer Darstellung der geographischen Lage von Regionen eine Nachbarschaft in nur einem Punkt zu entnehmen, so gilt im folgenden auch dies als "vollwertige" Nachbarschaft. An den Untersuchungsraum angrenzende Regionen bleiben unberücksichtigt.

Aus der binären Gewichtungsmatrix läßt sich eine standardisierte Gewichtungsmatrix bestimmen. Hier werden die Elemente der binären Gewichtungsmatrix mit der Anzahl der benachbarten Regionen gewichtet, so daß sich die Zeilensummen der Elemente jeder Zeile zum Wert "Eins" summieren. Hier gehen alle Regionen mit dem gleichen Gewicht in die Analyse ein. Aufgrund der vielfältigen Möglichkeiten der Gestaltung einer Gewichtungsmatrix liegt es nahe, daß die Ergebnisse einer Analyse

[38] Vgl. Cliff, A./Ord, J. K. (1973): Spatial autocorrelation; London, S. 10f.

räumlicher Abhängigkeiten von der Wahl der Gewichtungsfaktoren beeinflußt werden. Um die Abhängigkeit der Ergebnisse von der Wahl der Gewichtungsmatrix in der empirischen Analyse zu demonstrieren, erfolgt in dieser Analyse die Quantifizierung räumlicher Nachbarschaft sowohl durch eine binäre als auch eine standardisierte Gewichtungsmatrix. Da die letztere auf Grundlage der erstgenannten Matrix entwickelt wird, werden beide Ansätze zu ähnlichen Ergebnissen führen.

Ein weiterer Unterschied zwischen der Analyse räumlicher und zeitlicher Autokorrelation ist die abweichende Kausalität der Abhängigkeit zwischen den Beobachtungseinheiten. Während in der Zeitreihenanalyse eine Beobachtung zu einem Zeitpunkt nur durch vorhergehende Beobachtungen der gleichen Variable beeinflußt wurde, ist der Zusammenhang zwischen regionalen Querschnittsdaten wechselseitig. Die gegenseitige Beeinflussung zeigt sich in der Gewichtungsmatrix durch Gewichtungsfaktoren, die symmetrisch an der Hauptdiagonalen der Gewichtungsmatrix **W** Werte ungleich "Null" annehmen. Eine Gewichtungsmatrix für eine Analyse von Zeitreihen wäre aufgrund der eindeutigen Richtung zeitlicher Entwicklung immer eine unsymmetrische Matrix[39].

Ein dritter Unterschied zwischen der Zeitreihenanalyse und der Analyse geographischer Querschnittseinheiten betrifft die Einteilung des Untersuchungs(zeit)raums. Während in einer Analyse zeitlicher Einheiten Zeiträume gleicher Größe, wie z. B. Jahres- oder Monatsdaten, betrachtet werden, sind räumliche Einheiten nur für den Fall einer Unterteilung mittels eines gleichmäßigen Netzes von einheitlicher Größe, wie dies z. B. durch eine Einteilung durch Längen- und Breitengrade denkbar ist. Aufgrund der im Unterschied zu Zeitreihendaten sehr heterogenen Struktur einer solchen Region ist eine solche gleichmäßige Einteilung dem Untersuchungsgegenstand allerdings kaum angemessen. Die angestrebte Analyse funktionaler Regionen auf Basis administrativ abgegrenzter Teilräume führt vielmehr zu Regionenabgrenzungen, die von dieser gleichmäßigen Unterteilung des Untersuchungsraums abweichen. Ökonomische Größen zur Charakterisierung regionaler Gegebenheiten dürfen zu interregionalen Vergleichen nur dann herangezogen werden, wenn sie bezogen auf eine einheitliche Bezugsbasis, wie z. B. die regionale Bevölkerungszahl, ausgedrückt werden. Dieses Vorgehen vermeidet Verzerrungen, die durch die unterschiedliche Größe der Untersuchungseinheiten begründet wären.

---

[39] Vgl. Griffith, D. A. (1987): Spatial autocorrelation: a primer; Washington D.C., S. 9ff., Bodson, P./Peeters, D. (1975): Estimation of the coefficients of a linear regression in the presence of spatial autocorrelation. An application to a Belgian labour-demand function, in: Environment and planning A 7, S. 457

4.2 Die räumliche Autokorrelation regionaler Lohn- und Gehaltsniveaus der Arbeitsmarktregionen in den Jahren 1970 und 1987

Zum Vergleich von Prüfgrößen und zur Beurteilung der Frage, inwieweit sich die räumliche Autokorrelation regionaler Lohn- und Gehaltsniveaus im Zeitablauf verändert hat, werden ergänzend zum Jahr 1987 die räumlichen Autokorrelationen der regionalen Lohn- und Gehaltsniveaus 1970 angegeben. Bei der Interpretation ist zu beachten, daß für beide Zeitpunkte eine identische Abgrenzung der Arbeitsmarktregionen angenommen wird. Eine tatsächlich gleiche Abgrenzung von Arbeitsmarktregionen in diesen beiden Jahren ist zwar nicht zu erwarten, für die hier vor allem interessierende Überprüfung der Plausibilität der berechneten Prüfgrößen anhand zweier graphischer Darstellungen ist dieser Aspekt allerdings nicht von Bedeutung.

Die Berechnung des Koeffizienten für die unstandardisierte Gewichtungsmatrix erfolgt nach der Formel von Moran[40]:

$$(1)\quad C^{(k)} = \frac{N\sum_{r=1}^{N}\sum_{s=1}^{N}(y_r-\bar{y})(y_s-\bar{y})w_{rs}^{(k)}}{S_0\sum_{r=1}^{N}(y_r-\bar{y})^2} \quad \text{für } r \neq s.$$

C ist der Koeffizient der räumlichen Nachbarschaft. Da ausschließlich Regionen mit einer gemeinsamen Grenze, d. h. Autokorrelationen erster Ordnung betrachtet werden, nimmt k in den folgenden Analysen immer den Wert "Eins" an. Auf den Ausweis der analysierten Ordnung wird daher im folgenden verzichtet. N gibt die Zahl der betrachteten Regionen, S_0 die Summe der Elemente der Gewichtungsmatrix an. y_r stellt das regionale Lohn- und Gehaltsniveau einer Region r, y_s das regionale Lohn- und Gehaltsniveau einer anderen Region s, $\bar{y}$ das arithmetische Mittel aller Beobachtungen y dar. w_{rs} ist ein Gewichtungsfaktor der Gewichtungsmatrix zur Analyse räumlicher Autokorrelation erster Ordnung. Nachbarschaft zweier Regionen wird durch $w_{rs} = 1$ beschrieben, für nicht benachbarte Regionen gilt $w_{rs} = 0$.

Die Interpretation von Morans Koeffizient C entspricht in etwa der Interpretation des Korrelationskoeffizienten nach Bravais-Pearson. Sind vorwiegend Merkmalsausprägungen mit ähnlich großer Werten benachbart, so ist Morans Koeffizient positiv

40 Vgl. Moran, P. A. P.: a.a.O. S. 21ff.

und zeigt damit positive Autokorrelation an. Sind hingegen vorwiegend Merkmalsausprägungen mit sehr unterschiedlich großen Werten benachbart, so nimmt C einen negativen Wert an und deutet somit auf negative Autokorrelation hin[41].

Der Erwartungswert von C ist[42]

(2) $E[C] = -\frac{1}{N-1}.$

Die Bestimmung der Momente kann zum einen unter der Annahme eines normalverteilten Merkmals und zum anderen aufgrund der Überlegung erfolgen, die beobachtete Verteilung der Merkmalsausprägungen auf die Regionen sei eine aus N! gleichwahrscheinlichen zufälligen Anordnungen[43]. Für den erstgenannten Fall ermittelten Cliff/Ord[44]:

(3) $\mathrm{Var}(C)_{NV} = \frac{N^2 S_1 - N S_2 + 3 S_0^2}{(N^2-1) S_0^2}.$

Für letztgenannten Fall wird als Varianzterm[45]

(4) $\mathrm{Var}(C)_R = \frac{N\left[(N^2-3N+3)S_1 - NS_2 + 3S_0^2\right] - b_2\left[(N^2-N)S_1 - 2NS_2 + 6S_0^2\right]}{(N-1)(N-2)(N-3)S_0^2}$

mit $b_2 = \frac{\sum_{r=1}^{N}(y_r - \bar{y})^4 / N}{(\sum_{r=1}^{N}(y_r - \bar{y})^2 / N)^2}$

angegeben. Dabei sind[46]

41 Vgl. Griffith, D. A.: a.a.O., S. 41
42 Vgl. Cliff, A./Ord, J. K. (1973): a.a.O., S. 8 bzw. S. 15
43 Diese Unterscheidung wird nur für univariate Analysen, nicht aber für die Residuen einer Regressionsanalyse angewendet (vgl. Cliff, A. D./Ord, J. K. (1981): Spatial processes. Models & applications, London, S. 42ff. und S.200). In Kapitel 7 findet daher nur der Ansatz normalverteilter Größen Beachtung.
44 Vgl. Cliff, A./Ord, J. K. (1973): a.a.O., S. 15 bzw. S. 31
45 Vgl. ebenda, S. 15 bzw. S. 33
46 Vgl. ebenda, S. 14 bzw. S. 26

(5) $S_1 = \frac{1}{2}\sum_{r=1}^{N}\sum_{s=1}^{N}(w_{rs} + w_{sr})^2$

und

(6) $S_2 = \sum_{r=1}^{N}(w_{r\bullet} + w_{\bullet r})^2$.

Der Test signifikant von Null verschiedener Koeffizienten in (1) erfolgt anhand der für N>50 asymptotisch standardnormalverteilten Größe[47]

(7) $z_C = \frac{C - E(C)}{\sqrt{Var(C)}}$.

Es sollte ein zweiseitiger Test durchgeführt werden, da zwar zumeist positive Autokorrelation erwartet, negative Autokorrelation aber nicht ausgeschlossen werden kann.

Um bei der Durchführung des Tests auf räumliche Autokorrelation den einfacheren Ausdruck (3) verwenden zu können, muß zunächst überprüft werden, ob die betrachtete Variable tatsächlich normalverteilt ist. Aus der Vielzahl von Tests auf Normalverteilung wird im folgenden der Bera-Jarque-Test[48] verwendet:

(8) $\chi_2^2 \sim N\left[\frac{\alpha_3^2}{6} + \frac{(\alpha_4 - 3)^2}{24}\right]$.

Die Nullhypothese besagt, daß eine Normalverteilung vorliegt. Ergibt der Test die Nichtablehnung der Nullhypothese, so werden sowohl (3) als auch (4) zu sehr ähnlichen Ergebnissen führen. Eine Ablehnung der Nullhypothese zwingt zur Anwendung von (4).

---

47 Vgl. ebenda, S. 37

48 Vgl. Kmenta, J. (1986): Elements of econometrics, 2nd ed. New York London, S. 266f. Cliff und Ord überprüfen die Normalverteilung der Variablen "über den Daumen" durch standardisierte Schiefe- und Wölbungsmaße (vgl. Cliff, A./Ord, J. K. (1973): a.a.O., S. 55).

Im Unterschied zur Analyse räumlich autokorrelierter Residuen einer Regressionsschätzung, die in Kapitel 7 erörtert werden, ist im folgenden nur die Messung räumlicher Autokorrelation einzelner Variabler Gegenstand der Betrachtung.

Die Berechnungen zur Signifikanz der räumlichen Autokorrelation regionaler Lohn- und Gehaltsniveaus und dem Bera-Jarque-Test ergeben[49]:

Tabelle 1: Test auf räumliche Autokorrelation erster Ordnung der regionalen Lohn- und Gehaltsniveaus (binäre Gewichtungsmatrix)

	LGA1987 NV	LGA1987 R	LGA1970 NV	LGA1970 R
Bera-Jarque χ_2^2	8,018	8,018	1,940	1,940
C	0,310	0,310	0,529	0,529
E[C]	-0,010	-0,010	-0,010	-0,010
$\sqrt{\mathrm{Var}(C)}$	0,06062	0,06050	0,06062	0,06059
z_C	5,283	5,292	8,883	8,887

($\chi^2_{krit.;0,05}$=5,991; $\chi^2_{krit.;0,01}$=9,210; $z_{krit.;0,05}$=1,960; $z_{krit.;0,01}$=2,575)

Bei einer Irrtumswahrscheinlichkeit von 1% kann die Nullhypothese normalverteilter Beobachtungen für das Jahr 1987 nicht abgelehnt werden, während sie bei einer Irrtumswahrscheinlichkeit von 5% abgelehnt wird. Die Annahme der Normalverteilung regionaler Lohn- und Gehaltsniveaus im Jahr 1970 kann hingegen auch bei einer Irrtumswahrscheinlichkeit von 5% akzeptiert werden. Diese Unterschiede sind durch die stärker rechtsschiefe und stärker hochgewölbte Verteilung im Jahr 1987 gegenüber der Verteilung des Jahres 1970 bedingt[50]. Die Prüfgrößen des Tests auf Autokorrelation zeigen für beide Jahre deutliche Autokorrelation an. Die Nullhypothese, die geographische Verteilung regionaler Lohn- und Gehaltsniveaus sei zufällig im Sinn der Unabhängigkeit von den regionaler Lohn- und Gehaltsniveaus unmittelbar benachbarter Regionen, wird daher abgelehnt. Entsprechend den Prüfgrößen des Bera-Jarque-Tests weichen die beiden Prüfgrößen auf räumliche Autokorrelation für das Jahr 1970 geringfügiger voneinander ab als für das Jahr 1987. Wie in den Berechnungen von Cliff/Ord sind diese Unterschiede allerdings sehr gering[51].

49 Aufgrund der geringen Werte für die Standardabweichungen werden fünf Nachkommastellen angegeben.

50 Standardisiertes Moment der Schiefe nach Charlier α_3: $\alpha_{3,1987}$=0,662 $\alpha_{3,1970}$=0,336. Standardisiertes Wölbungsmaß nach Fisher α_4: $\alpha_{4,1987}$=0,334, $\alpha_{4,1970}$=0,037 (Vgl. Schulze, P. M. (1994): Deskriptive Statistik, 2. Auflage, München Wien, S. 83 und S. 85)

51 Vgl. Cliff, A./Ord, J. K. (1973): a.a.O., S. 57

Die Prüfgrößen bei Annahme einer standardisierten Gewichtungsmatrix ergeben ähnliche Werte wie bei Annahme der binären Matrix. Gegenüber (1) kann der Ausdruck zur Ermittlung der Korrelation etwas vereinfacht werden, da die Summe der Elemente der Gewichtungsmatrix dem Stichprobenumfang entspricht.

$$(9)\ C^{(k)} = \frac{\sum_{r=1}^{N}\sum_{s=1}^{N}(y_r - \bar{y})(y_s - \bar{y})\tilde{w}_{rs}^{(k)}}{\sum_{r=1}^{N}(y_r - \bar{y})^2} \text{ für } r \neq s.$$

Sind r und s benachbart, so nehmen ein Gewichtungsfaktoren in einer standardisierten Gewichtungsmatrix einen Wert

$$\tilde{w}_{rs} = \frac{w_{rs}}{\sum_{r=1}^{N} w_{r\bullet}}$$

an, für nicht unmittelbar benachbarte Arbeitsmarktregionen gilt wie in der binären Gewichtungsmatrix $\tilde{w}_{rs}=0$. Der Erwartungswert wird für die standardisierte Gewichtungsmatrix gemäß (2) bestimmt.

Tabelle 2: Test auf räumliche Autokorrelation erster Ordnung der regionalen Lohn- und Gehaltsniveaus (standardisierte Gewichtungsmatrix)

	LGA1987 NV	LGA1987 R	LGA1970 NV	LGA1970 R
Bera-Jarque χ_2^2	8,018	8,018	1,940	1,940
C	0,273	0,273	0,539	0,539
E[C]	-0,010	-0,010	-0,010	-0,010
$\sqrt{Var(C)}$	0,06369	0,06356	0,06369	0,06366
z_C	4,436	4,445	8,613	8,617

($\chi^2_{krit.;0,05}$=5,991; $\chi^2_{krit.;0,01}$=9,210; $z_{krit.;0,05}$=1,960; $z_{krit.;0,01}$=2,575)

Die Berechnungen zur Signifikanz der räumlichen Autokorrelation regionaler Lohn- und Gehaltsniveaus bei Anwendung einer standardisierten Gewichtungsmatrix bestätigen erwartungsgemäß die Ergebnisse aus Tabelle 1. Es wird aber auch deutlich, daß in Fällen mit weniger deutlicher Autokorrelation als im vorliegenden Fall die Wahl der Gewichtungsmatrix die Entscheidung über Annahme bzw. Ablehnung der Nullhypothese unabhängiger Beobachtungen beeinflussen kann.

Der Blick auf Abbildung 1 läßt die Testergebnisse, die stark positive räumliche Autokorrelation ergaben, plausibel erscheinen. In fast allen Fällen gehören benachbarte Arbeitsmarktregionen entweder der gleichen oder der nächsthöheren/-niedrigeren Klasse an.

Abbildung 1: Regionale Lohn- und Gehaltsniveaus der Arbeitsmarktregionen in Süddeutschland im Jahr 1970 (geographische Abgrenzung der Arbeitsmarktregionen aus dem Jahr 1987)

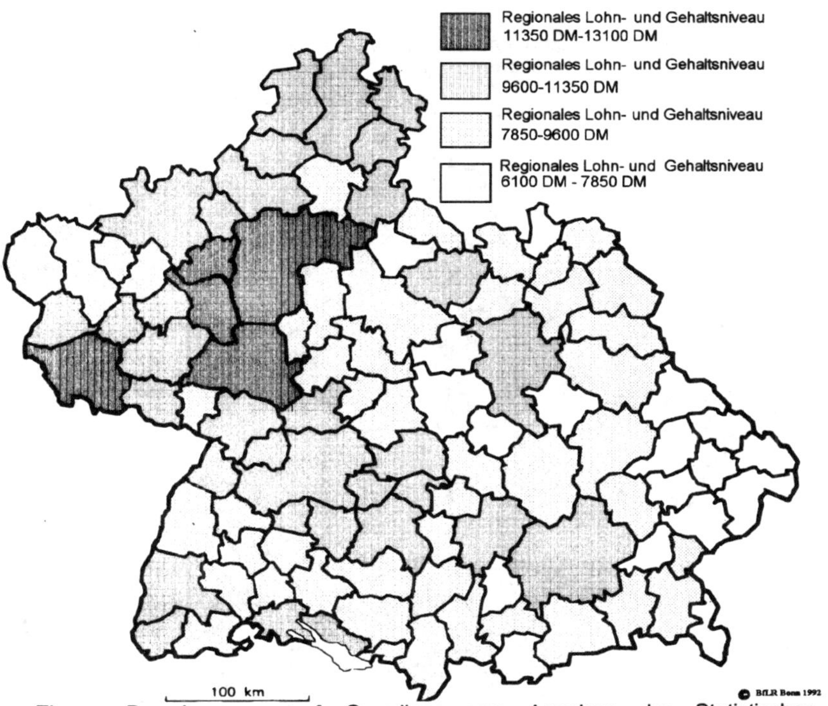

Quelle: Eigene Berechnungen auf Grundlage von Angaben der Statistischen Landesämter[52]

---

52 Die Abbildung wurde auf Grundlage einer Graphik in: Eckey, H.-F./Klemmer, P.: a.a.O., S. 576, erstellt. Mit Ausnahme des Wertes für das Saarland, hier entspricht das Bundesland Saarland der Arbeitsmarktregion im Jahr 1987, stammen die Angaben aufgrund der veränderten Kreisabgrenzung nach der kommunalen Gebietsreform aus Sonderauswertungen der Statistischen Landesämter. Zwecks anschaulicher Darstellung sind die Merkmalsausprägungen in vier gleich breite Klassen aufgeteilt. Die Klasseneinteilung dient ausschließlich einer leichteren optischen Beurteilung der geographischen Anordnung regionaler Lohn- und Gehaltsniveaus und hat keine Bedeutung für die berechneten Prüfgrößen.

Die Regionen mit den höchsten nominalen Lohn- und Gehaltsniveaus des Jahres 1970 sind mit Ausnahme des Saarlandes unmittelbar benachbart. Die Lohn- und Gehaltsniveaus in den Arbeitsmarktregionen Ostbayerns sind hingegen durchweg sehr niedrig.

Auch anhand der Abbildung 2 erscheinen die Testergebnisse auf räumliche Autokorrelation plausibel. Zudem läßt sich durch einen Vergleich der Abbildungen 1 und 2 das Ergebnis einer 1987 geringeren räumlichen Autokorrelation nachvollziehen.

Abbildung 2: Regionale Lohn- und Gehaltsniveaus der Arbeitsmarktregionen in Süddeutschland 1987

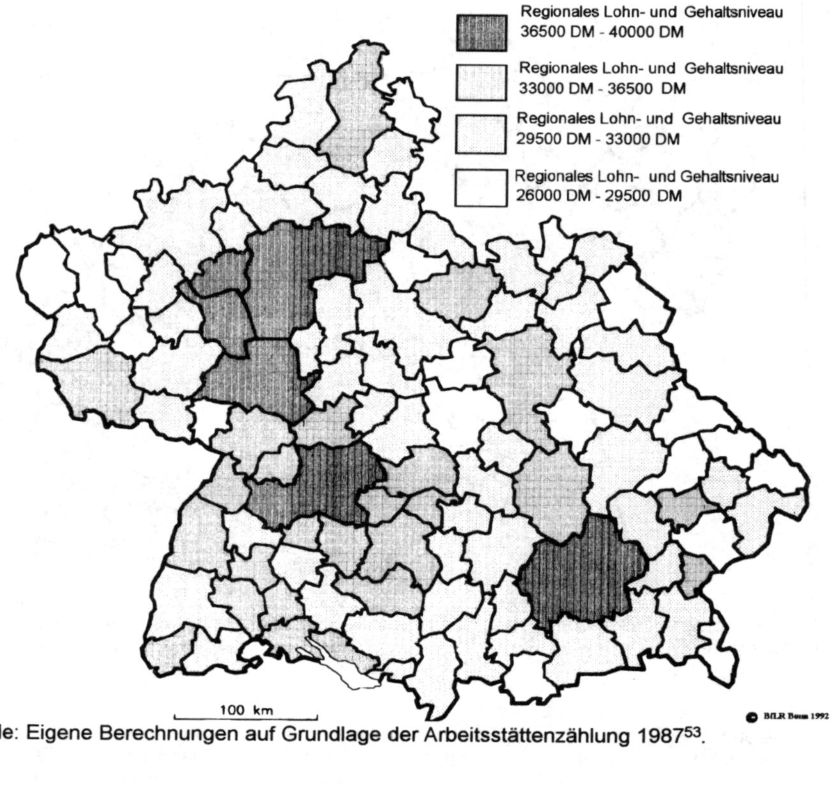

Quelle: Eigene Berechnungen auf Grundlage der Arbeitsstättenzählung 1987[53].

[53] Vgl. Fußnote 52

Es fällt ins Auge, daß die Zahl der Arbeitsmarktregionen mit sehr hohen und hohen Lohnniveaus in den Bundesländern Baden-Württemberg und Bayern gestiegen ist, während sie in Hessen und Rheinland-Pfalz zurückging. Wie bereits in Kapitel 3.1 angegeben, bestätigt ein Vergleich der Abbildungen, daß sich das Lohnniveau des Saarlandes unterdurchschnittlich entwickelte.

Die für das Jahr 1987 festgestellte schwächere räumliche Autokorrelation sollte nicht dahingehend interpretiert werden, daß die Abhängigkeit der regionalen wirtschaftlichen Situation von Außeneinflüssen gesunken ist. Plausibler ist, daß die höhere Prüfgröße im Jahr 1970 Folge einer unzutreffenden Regionenabgrenzung ist, da sie auf den Pendlerströmen des Jahres 1987 basiert. Durch den wirtschaftlichen Wandel in diesem Zeitraum und die damit veränderten Pendlerströme beschreibt dann diese Abgrenzung die geographischen Verflechtungen des Jahres 1970 nicht zutreffend, d. h. die Grenzen der Arbeitsmarktregionen des Jahres 1987 wurden im Jahr 1970 von Pendlern oft überschritten.

Zu beachten ist außerdem, daß ausschließlich Autokorrelationen erster Ordnung betrachtet werden. Aussagen zu der Entwicklung ökonomischer Verflechtungen zwischen der wirtschaftlichen Entwicklung großer Agglomerationen im Untersuchungsraum zwischen den Jahren 1970 und 1987 sind daher nicht möglich. Es ist aber zu vermuten, daß durch den Ausbau der Verkehrsinfrastruktur die Intensität der Beziehungen insbesondere zwischen den Agglomerationen zugenommen hat und für die wirtschaftliche Entwicklung großer Arbeitsmarktregionen bedeutsamer ist als die Entwicklung unmittelbar benachbarter Arbeitsmarktregionen. Allerdings besteht für die Analyse von Autokorrelationen x-ter Ordnung das Problem, daß aufgrund der ungleichmäßigen geographischen Verteilung von Siedlungen und stark unterschiedlicher Gestalt und Größe der analysierten Regionen eine Analyse von z. B. Autokorrelationen 4. Ordnung sehr heterogene Regionen betrachtet.

5 Ausgewählte theoretische Erklärungsansätze

Vorstellungen über Einflußfaktoren der Höhe individueller Entlohnungen und regionaler Lohn- und Gehaltsniveaus entspringen theoretischen Überlegungen zu den Mechanismen der Entlohnung des Produktionsfaktors Arbeit und basieren damit auf Annahmen zur Funktionsweise des Arbeitsmarktes. Angesichts der Komplexität des Arbeitsmarktes verwundert es nicht, daß verschiedene theoretische Ansätze entwickelt wurden. Kategorien von Modellen sind z. B. angebots- und nachfrageorientierte oder spezifisch regionalwirtschaftliche gegenüber regionalisierten gesamtwirtschaftlichen Modellen. Mikro- und makroökonomische Überlegungen können ebenso unterschieden werden wie alternative Wettbewerbsannahmen neben dem klassischen Modell zu Oligopol- und Monopoltheorien führen. Auch die Behandlung des geographischen Raums im Rahmen des Modells kann ein Kriterium zur Systematisierung von Theorien sein.

Regionale Lohnniveaus geben das durchschnittliche Niveau der Entlohnung des Produktionsfaktors Arbeit in einem geographischen Raum an. Durch die Abgrenzung der Regionen in dieser Untersuchung können regionale Lohnniveaus als Ausdruck von Vorgängen und Gegebenheiten auf regionalen Arbeitsmärkten interpretiert werden. Im folgenden finden vor allem mikroökonomisch fundierte Ansätze Anwendung. Es wird erwartet, daß z. B. Eigenschaften regionaler Arbeitsanbieter, von denen bestimmte Auswirkungen auf deren Entlohnung zu erwarten sind, auch für eine Gruppe von Arbeitsanbietern mit diesen Eigenschaften zu beobachten ist.

Da die vorliegende Untersuchung keine primär theoretische Zielsetzung hat, wird auf eine lückenlose Darstellung theoretischer Vorstellungen, die für das Untersuchungsziel von Bedeutung sein könnten, verzichtet. Da momentan neoklassische Theorien zur Erklärung ökonomischer Zusammenhänge auf dem Arbeitsmarkt in der Literatur präferiert werden, stehen diese Ansätze auch hier im Mittelpunkt. In ihrer einfachsten Form unterstellen sie ein Arbeitsangebot, das auf Grenznutzenüberlegungen beruht, sowie eine Arbeitsnachfrage, die sich an der Grenzproduktivität des Produktionsfaktors Arbeit orientiert. Ein Ausgleich der Optimierungsbestrebungen beider Marktseiten wird durch einen freien Markt hergestellt, der gemäß dem Sayschen Theorem funktioniert[54]. Regionale Unterschiede in der Entlohnung sind entweder durch unterschiedliche Produktionsfunktionen, exogene Störungen, Verletzungen

54 Pfriem, H. (1978): Die Grundstruktur der neoklassischen Arbeitsmarkttheorie, in: Sengenberger, W. (Hrsg.): Der gespaltene Arbeitsmarkt, Frankfurt New York, S. 44ff.

der klassischen Rahmenannahmen, Kompensationszahlungen für Nachteile wie gesundheitlich besonders belastende Produktions- oder Umweltbedingungen[55] oder bei Analyse nominaler Größen durch divergierende regionale Preisniveaus begründet[56]. Diese Ansätze zur Erklärung regionaler Lohnniveauunterschiede können aufgrund der unzureichenden Datenlage hier nicht direkt überprüft werden. Da es aber unwahrscheinlich ist, daß der einfache neoklassische Ansatz mit seinen restriktiven Annahmen zur Erklärung realer regionalwirtschaftlicher Phänomene ausreicht, erscheint es sinnvoll auf einige Weiterentwicklungen dieses Modells zurückzugreifen, die in den Unterpunkten 5.1 bis 5.4 kurz dargestellt werden.

Neben der neoklassischen Theorie sind in der regionalen Wirtschaftsforschung auch andere Erklärungsansätze von großer Bedeutung[57]. So begründet der polarisationstheoretische Ansatz ein vornehmlich in sektoralen oder regionalen Polen stattfindendes Wachstum. Im Gegensatz zu den gleichgewichtsorientierten klassischen Modellen kommt es zu wachsenden interregionalen Unterschieden durch die dynamischere Entwicklung von Wachstumspolen[58]. Die Exportbasistheorie[59] ist dagegen ein regionalwirtschaftlicher nachfrageorientierter Ansatz. Aus ihren Annahmen ergibt sich unter Verwendung von Einkommensmultiplikatoren, daß eine Steigerung des regionalen Wohlstandes über eine Steigerung des Exports regional produzierter Güter zu erreichen ist. Ein weiterer wichtiger Ansatz zur Erklärung regionalwirtschaftlicher Strukturen ist Christallers Konzept der zentralen Orte. Die geographische Verteilung der Städte und die zu beobachtenden Stadt-Umland-Strukturen werden hier durch eine zentralistische Ordnung erklärt, die durch unteilbare zentrale Funktionen begründet wird. Um eine weitgehende Versorgung der Bevölkerung einer geographischen Fläche mit zentralen Funktionen, wie z. B. bestimmte Produktionen oder das Angebot an bestimmten Gütern und Dienstleistungen, zu ermöglichen, werden diese Funktionen an optimal erreichbaren Orten, und dies bedeutet durch zentral

---

55 Vgl. Lorenz, W./Wagner, J. (1988): Gibt es kompensierende Lohndifferentiale in der Bundesrepublik Deutschland?, in: Zeitschrift für Wirtschafts- und Sozialwissenschaften, Vol. 108, S. 371ff. Quinn/McCormick erklären den signifikant positiven Einfluß von Großstädten auf die individuelle Entlohnung unter anderem durch die höhere Luftverschmutzung (vgl. Quinn, J./McCormick, K. (1981): Wage rates and city size, in: Industrial relations, Vol. 20, S. 198).

56 Zweifel an einer strengen ökonomisch rationalen Reallohnorientierung der Arbeitsanbieter wecken die Befragungsergebnisse von Kahnemann u.a. (vgl. Kahnemann, D./Knetsch, J. L./Thaler, R. (1986): Fairness as a constraint on profit seeking: Entitlements in the market, in: The American economic review, Vol. 76, S. 728-741).

57 Für einen Überblick über regionalwirtschaftlich relevante theoretische Konzepte, siehe Seibert, O. (1982): Regionale Einkommensdisparitäten in der Bundesrepublik Deutschland, Frankfurt, S. 116ff.

58 Grundlegende Ideen entwickelte Myrdal (vgl. Myrdal, G.: Ökonomische Theorie und unterentwickelte Regionen, Stuttgart 1959).

59 Vgl. Richardson, H. W. (1969): Regional economics; London, S. 247ff.

angesiedelte Einrichtungen, ausgeübt[60]. Neben diesen volkswirtschaftlich bzw. geographisch orientierten Ansätzen bieten auch Modelle zur unternehmerischen Standortwahl, die die Heterogenität von Regionen unter betriebswirtschaftlichen Aspekten analysieren, interessante Aspekte. Standorte sind hier regionale Kompositionen einer Vielzahl von Faktoren, die z. B. für bestimmte Branchen eine effiziente Produktion erlauben[61].

Die Anwendung der nachfolgend dargestellten, nicht primär regionalwirtschaftlich ausgerichteten, Theorien zur Erarbeitung regionalökonomischer Fragestellungen kann durch regional differierende Arbeitsmarktstrukturen begründet werden. Für den Fortgang der Untersuchung ist die formale Formulierung der Theorien nicht von Bedeutung. Entscheidend sind hier vielmehr die verschiedenen Erklärungen zur Begründung eines heterogenen Arbeitsangebots, d. h. einer realitätsnäheren Annahme, und der Folgen für die Funktion des Arbeitsmarktes.

5.1 Humankapitaltheorie

In der Humankapitaltheorie wird die Annahme eines homogenen Arbeitsangebots in der klassischen Theorie durch die Annahme eines durch Qualifikationsunterschiede einzelner Arbeitsanbieter begründeten heterogenen Arbeitsangebots modifiziert[62]. Mit Ausnahme dieser Modifikation bleibt das klassische Modell unverändert. Höhere Qualifikation soll höhere Produktivitätsbeiträge und somit eine höhere Entlohnung ermöglichen. Investitionen in die Qualifikation von Arbeitsanbietern stellen daher Aufwendungen dar, die zu einem Ertrag führen[63]. Neben der allgemeinen und beruflichen Ausbildung findet auch die Bildung von individuellem Humankapital durch berufliche Tätigkeit Berücksichtigung.

Grundsätzlich sind Schranken zwischen Teilarbeitsmärkten durch Kapitaleinsatz zu überwinden. Ist aber Kapital zur Finanzierung der Ausbildung oder Zeit, die zum Erwerb von Qualifikationen notwendig ist, knapp, so entstehen auch im klassischen System Teilarbeitsmärkte[64]. Die Zugehörigkeit zu einem Teilarbeitsmarkt wird dann

60 Vgl. Christaller, W.: a.a.O., S. 21ff.
61 Zu den traditionellen Partialmodellen sowie neueren Untersuchungen, vgl. Seibert, O.: a.a.O., S. 118ff.
62 Vgl. Jakoby, H.: a.a.O., S. 18ff.
63 Vgl. Pfriem, H.: a.a.O., S. 50f.
64 Vgl. Blien, U. (1986): Unternehmensverhalten und Arbeitsmarktstruktur - eine Systematik und Kritik wichtiger Beiträge zur Arbeitsmarkttheorie, Nürnberg (zugleich Diss. München 1986), S. 56f.

von den Arbeitsanbietern durch die Entscheidung über ihr Ausbildungsniveau festgelegt.

Liegen regional unterschiedliche Qualifikationsniveaus vor, so kann die mikroökonomisch fundierte Humankapitaltheorie auch in aggregierter Form einen Beitrag zur Erklärung regional unterschiedlicher Lohnniveaus leisten. Als Ursache regional unterschiedlicher Qualifikationsniveaus sind regional unterschiedliche Qualifikationsmöglichkeiten und räumliche Immobilität der Arbeitsanbieter zu nennen.

5.2 Effizienzlohntheorien

Grundlage der Effizienzlohntheorien ist die Überlegung, daß zwischen den Produktionsfaktoren Arbeit und Kapital ein fundamentaler Unterschied besteht. Während der Produktionsfaktor Kapital weitgehend ohne Restriktionen zur Leistungserstellung eingesetzt werden kann, müssen Arbeitsnachfrager bei dem Produktionsfaktor Arbeit zusätzlich sicherstellen, daß die Beschäftigten zur Leistungserstellung bereit sind[65]. So wird z. B. angenommen, daß alle Arbeitsanbieter eine Entlohnung ohne (ausreichende) produktive Gegenleistung anstreben[66] bzw. daß eine überdurchschnittliche Entlohnung für die Beschäftigten eine gewinnerhöhende Anreizfunktion hat[67].

Entscheidend ist die Annahme, daß Arbeitsnachfrager über die Höhe der Entlohnung die Produktivität der beschäftigten Arbeitsanbieter beeinflussen können[68]. Arbeitsnachfrager werden dann, quasi freiwillig, höhere Löhne zahlen, wenn dadurch überproportionale Produktivitätssteigerungen erreicht werden können. Die Arbeitsnachfrage minimiert in diesem Fall nicht die gesamten Lohnkosten, sondern die Lohnstückkosten[69]. Effizienzlohntheoretische Überlegungen gelten zur Beschreibung von Tätigkeiten als relevant, deren Entlohnung nicht durch Akkord-, sondern durch Zeitlöhne erfolgt. Hier kann eine geringere Entlohnung zu einem eingeschränkten Arbeitseinsatz führen, was aufgrund des resultierenden überproportionalen Rückgangs der Produktivität ökonomisch nicht sinnvoll wäre[70]. Im Gegensatz zur

---

65 Vgl. Akerlof, G. A. (1982): Labor contracts as partial gift exchange, in: Quarterly journal of economics, Vol. 87, S. 545

66 Vgl. Shapiro, C./Stiglitz, J. E. (1984): Equilibrium unemployment as a worker discipline device, in: American economic review, Vol. 74, S. 434

67 Vgl. Franz, W. (1991): Arbeitsmarktökonomik, Heidelberg, S. 301

68 Vgl. Blien, U. (1986): a.a.O., S. 267

69 Vgl. Carmichael, H. L. (1990): Efficiency wage models of unemployment -one view, in: Economic inquiry, Vol. 28, S. 271ff.

70 Z. B. Soltwedel, R.: a.a.O., S. 161

klassischen ökonomischen Theorie sind Arbeitsnachfrager "nicht mehr indifferent zwischen verschiedenen Kombinationen von Reallohn und Arbeitseinsatz"[71]. Erwerbslose können nun nicht, wie im einfachen klassischen Modell, durch Lohnunterbietung einen Arbeitsplatz erhalten. Wesentliche Konsequenz der Effizienzlohntheorien ist das Entstehen dauerhaft unfreiwilliger Arbeitslosigkeit.

Gemeinsames Kennzeichen der nachfolgend aufgeführten Ansätze zur Begründung eines positiven Beitrags höherer Entlohnungen auf die Produktivität ist, daß beschäftigte Arbeitsanbieter an dem Prozeß der Lohnbestimmung nicht aktiv teilnehmen. Sie reagieren aber auf Lohnunterschiede durch veränderten Arbeitseinsatz oder Wechsel des Arbeitsplatzes. Da Entlohnung durch die Lohnpolitik der Arbeitsnachfrager erklärt wird, wird zur Kennzeichnung effizienzlohntheoretischer Überlegungen auch von einem Konflikt zwischen unfreiwillig Arbeitslosen und Arbeitsnachfragern gesprochen[72]. Zur Beurteilung realer Gegebenheiten kann durchaus auch eine Kombination mehrerer Ansätze sinnvoll sein:

- Der Gift-exchange-Ansatz betont, daß die Zufriedenheit der Beschäftigten ihre Bereitschaft fördert, Arbeitsleistung zu erbringen. Eine in den Augen des Beschäftigten als "fair"[73] empfundene Entlohnung unterstützt die Bindung an das Unternehmen und beeinflußt seinen Arbeitseinsatz positiv. Überwacht wird lediglich die Einhaltung von Mindeststandards[74].
- Entlohnung ist im Shirking-Ansatz ein Instrument der Disziplinierung der Arbeitskräfte, deren Produktivität kaum zu überwachen ist bzw. nur mit sehr großem Aufwand zu überwachen wäre. Durch Entlohnungen über dem markträumenden Niveau genügen rudimentäre Kontrollsysteme, um bummelnden Arbeitskräften mit der Entlassung zu drohen. Im Unterschied zum einfachen klassischen Modell ist eine drohende Entlassung ein Motivationsanreiz, da der Verlust des Arbeitsplatzes aufgrund drohender unfreiwilliger Arbeitslosigkeit das Risiko eines dauerhaften Verlustes überdurchschnittlicher Entlohnung beinhaltet. Auch Lohnstrukturen betrieblicher Hierarchien lassen sich durch den Shirking-Ansatz

---

71 Franz, W.: a.a.O., S. 301

72 Kontrovers diskutiert wird die Auffassung, daß beschäftigte Arbeitsanbieter durch ihre Neigung zur Bummelei eine Kollektivschuld an dem geschilderten Verhalten der Arbeitsnachfrager und somit an unfreiwilliger Arbeitslosigkeit tragen (vgl. Spahn, H.-P. (1987): Sind "effiziente" Löhne zu hoch für die Vollbeschäftigung?, in: Jahrbücher für Nationalökonomie und Statistik, Bd. 203, S. 235, und Scheuer, M. (1986/87): Die Effizienzlohntheorien - ein Beitrag zur mikroökonomischen Fundierung der Erklärung unfreiwilliger Arbeitslosigkeit, in: RWI-Mitteilungen, Jg. 37/38, S. 429f.).

73 Zu dem Begriff einer fairen Entlohnung, vgl. Akerlof, G. A.: a.a.O., S. 550

74 Vgl. ebenda, S. 549

begründen, da ein Beschäftigter ihm unterstellte Arbeitskräfte durch eigene Leistungsverweigerung in ihrer Leistung beeinträchtigen kann[75].

- Der Labor-turnover-Ansatz erklärt über dem Gleichgewichtspreis liegende Entlohnungen mit der Verminderung der kostenintensiven Fluktuation von Arbeitskräften in andere Betriebe. Die Entlohnung orientiert sich dann nicht nur am unmittelbaren Produktivitätsbeitrag eines Beschäftigten, sondern berücksichtigt auch potentiell anfallende Entlassungs- und Einstellungskosten. Die Verringerung der Fluktuation ist zum einen durch die geringere Zahl anderer Betriebe mit gleichfalls überdurchschnittlicher Entlohnung und zum anderen durch ein Zurückschrecken potentieller Betriebswechsler bei vorhandener Arbeitslosigkeit begründet[76]. Wie Untersuchungen zum Fluktuationsverhalten von Arbeitsanbietern andeuten, wird eine präventive Politik zur Verringerung der Fluktuation nur dann erfolgreich sein, wenn dauerhaft höhere Löhne als der Wettbewerbslohn gezahlt werden[77].
- Der Adverse-selection-Ansatz betrachtet das Problem der Arbeitsnachfrager, die Produktivität neuer Mitarbeiter à priori zu beurteilen. Zur Verringerung ihrer Einstellungskosten nehmen Arbeitsnachfrager daher an, daß zwischen der Mindestlohnforderung potentieller Mitarbeiter und deren Leistungsfähigkeit eine positive Korrelation besteht. In diesem Fall kann es dem Arbeitsanbieter mit den niedrigsten Lohnforderungen nicht gelingen, einen Arbeitsplatz zu erhalten.
- Im Union-threat-Ansatz genügt die latente Drohung einer gewerkschaftlichen Organisation, um zur Vermeidung der tatsächlichen gewerkschaftlichen Organisation die Zahlung höherer Löhne als die Wettbewerbslöhne zu begründen. Da die Beschäftigten im Effizienzlohnmodell ein nichtmarkträumendes Lohnniveau nicht explizit durchsetzen müssen, bleibt die reale Existenz gewerkschaftlicher Organisation allerdings unerklärt[78].
- Der Trust-wage-Ansatz betont die Verantwortung der einzelnen Beschäftigten für das Unternehmen, da z. B. die Wahrung eines positiven Unternehmensimages oder eine sorgfältige Nutzung kapitalintensiver Technologien erhebliche finanzielle Belastungen vermeiden hilft. Das Vertrauen, das ein Unternehmen in die Sorgfalt seiner Arbeitskräfte setzt, wird aber nur dann erwidert werden, wenn die

---

75 Vgl. Scheuer, M.: a.a.O., S. 413

76 Vgl. Franz, W.: a.a.O., S. 306

77 Vgl. Campbell III, C. M. (1994): Wage change and the quit behaviour of workers: Implications for efficiency wage theory, in: Southern economic journal, Vol. 61, S. 144

78 Vgl. Lindbeck, A. (1993): Unemployment and macroeconomics; Cambridge (Mass.) London, S. 36f.

Beschäftigten "nicht das Gefühl haben müssen, es werde jede Gelegenheit genutzt, um ihren Lohn zu drücken"[79].

Ein Charakteristikum der Effizienzlohntheorie ist die wechselseitige Abhängigkeit von Entlohnung und Produktivität. Für die vorliegende Untersuchung wird in Übereinstimmung mit den klassischen Vorstellungen eine unidirektionale Abhängigkeit der Entlohnung von der Produktivität angenommen. Dieses Vorgehen ist zum einen pragmatisch durch das Untersuchungsziel begründet. Zum anderen sind effizienzlohntheoretische Überlegungen nicht für alle Berufsgruppen und Qualifikationen von gleicher Relevanz, so daß angesichts der Analyse einer aggregierten Größe, die alle Berufsgruppen und Qualifikationen umfaßt, die gewählte Richtung der Kausalität zur Erfassung der realen ökonomischen Abhängigkeiten von größerer Relevanz sein dürfte.

Zur Erklärung interregionaler Lohnunterschiede können effizienzlohntheoretische Überlegungen dann herangezogen werden, wenn regional unterschiedliche Arbeitsangebots- und -nachfragestrukturen existieren. So ist zu erwarten, daß sowohl zwischen Branchen, z. B. aufgrund unterschiedlicher Kapitalintensität, als auch innerhalb von Branchen, z. B. aufgrund abweichender Betriebsgrößenstrukturen, Unternehmen unterschiedliche Kosten durch Arbeitsplatzwechsel und Überwachung der Beschäftigten aufweisen[80].

5.3 Insider-Outsider-Theorie

Die Insider-Outsider Theorie betont die aktive Rolle der Beschäftigten, der Insider, im Prozeß der Lohnbestimmung. Im Unterschied zu den Effizienzlohntheorien ist unfreiwillige Arbeitslosigkeit hier ein Konflikt zwischen den unfreiwillig Arbeitslosen, den Outsidern, und den Insidern, da letztere eine nichtmarkträumende Entlohnung durchsetzen. Die Arbeitsnachfrager reagieren auf das vorgefundene Lohnniveau durch Anpassung des Produktions- und Beschäftigungsniveaus[81].

Kern der Überlegungen sind Fluktuationskosten. Dieser Begriff umfaßt alle Kosten, die durch ein Ausscheiden von Insidern entstehen. Die Kosten bestehen in erster

---

79 Scheuer, M.: a.a.O., S. 426

80 Vgl. Krueger, A. B./Summers, L. H. (1988): Efficiency wages and the inter-industry wage structure, in: Econometrica, Vol. 56, S. 261

81 Vgl. Franz, W.: a.a.O., S. 293

Linie in dem Verlust von betriebsspezifischem Humankapital, den Suchkosten, sowie den Kosten der Einstellung und der Einarbeitung neuer Arbeitskräfte einschließlich der geringeren Produktivität während der Anlernzeit einer neuen Arbeitskraft[82]. Insider können nun die potentiell entstehenden Fluktuationskosten für den Arbeitsnachfrager in ihren Lohnforderungen berücksichtigen und Entlohnungen über ihren unmittelbaren Produktivitätsbeitrag, und zwar höchstens bis zu den Kosten einer Wiederbesetzung des Arbeitsplatzes, durchsetzen.

Die Kosten der Wiederbesetzung können von den Insidern aktiv beeinflußt werden. Ist z. B. die Entlohnung neuer Beschäftigter den Insidern bekannt, können zusätzliche Einarbeitungskosten entstehen, wenn das Arbeitsangebot von Outsidern aufgrund ihrer geringen Lohnforderungen nachgefragt wird und Insider eine Zusammenarbeit mit ihnen verweigern. Dieses Verhalten ist rational, wenn der Erwerb spezifischer Betriebs- oder Branchenkenntnisse durch günstiger anbietende Arbeitskräfte die eigene Verhandlungsposition schwächt[83]. Die Interessen der Insider müssen also nicht auf eine kurzfristige Lohnmaximierung beschränkt sein, sondern können auch dem Erhalt einer starken Verhandlungsposition dienen. So sind Insider auch an der Durchsetzung und dauerhaften Etablierung zusätzlicher Fluktuationskosten, wie z. B. Sozialpläne und umfassender Kündigungsschutz[84], interessiert.

Fluktuationskosten sind vor allem für Insider mit spezifischen Fähigkeiten hoch, da bei einer Substitution hohe Such- und Einarbeitungskosten zu erwarten sind. Aber auch durch gewerkschaftliche Organisation entsteht Verhandlungsmacht. Im Unterschied zur individuellen Verhandlungsmacht drohen hier nicht primär der Verlust individuellen betriebsspezifischen Know-Hows, sondern vor allem Produktivitätseinbußen durch den Verlust erprobter und eingearbeiteter Beschäftigtenstrukturen als konsequente Folge einer Ablehnung kollektiv vorgetragener Lohnforderungen durch den Arbeitsnachfrager.

In- und Outsider befinden sich in verschiedenen Ausgangspositionen zur Durchsetzung ihrer Lohnforderungen. Outsidern gelingt es dann in den Status des Insiders zu wechseln, wenn angesichts einer vorübergehend geringeren Produktivität und unter Abzug von Such- und Einstellungskosten eine vorübergehend deutlich geringere Entlohnung gegenüber der Entlohnung der Insider durchsetzbar ist. Eine weitere

---

82 Vgl. ebenda, S. 296
83 Vgl. Lindbeck, A.: a.a.O., S. 42
84 Vgl. Soltwedel, R.: a.a.O., S. 187ff., insbesondere S. 190ff.

Möglichkeit bietet der Eintritt neuer Arbeitsnachfrager, die arbeitslose Outsider zu einem, verglichen mit den Insidern, geringeren Lohnniveau einstellen und damit die etablierten Firmen vom Markt drängen. Dies setzt voraus, daß ein über dem Wettbewerbslohn liegendes Lohnniveau nicht gesetzlich als allgemeingültig verankert sind[85], ein demnach lohnendes Ziel für die Interessenvertretung der Insider. So gilt auch die Insider-Outsider-Theorie für Unternehmen mit mehreren Produktionsstätten nur begrenzt, wenn nicht für alle Produktionsstätten einheitliche Lohnforderungen durchgesetzt werden können. In diesem Fall verfügt die Unternehmensleitung über die Möglichkeit, auf hohe Lohnforderungen der Insider durch Aufgabe von Produktionsstätten zu reagieren[86].

Effizienzlohn- und Insider-Outsider-Theorie führen dann zu ähnlichen Marktergebnissen, wenn alle Teilnehmer auf dem Arbeitsmarkt über Transparenz zu Produktivitätsbeiträgen und Friktionsverlusten sowie Mobilitätsbereitschaft verfügen. Dann könnten Insider eine Entlohnung über ihren unmittelbaren Produktivitätsbeitrag hinaus durchsetzen. Da aber die Arbeitsnachfrage dieses Verhalten gemäß effizienzlohnorientierter Überlegungen antizipiert, müssen die Insider ihre Interessen nicht explizit artikulieren. Zur Beschreibung realer Zusammenhänge führen diese Überlegungen allerdings nicht weiter, schließlich dürfte eine exakte Messung individueller Produktivitätsbeiträge und potentieller Verluste durch Betriebswechsel kaum möglich sein. Überlegungen zum Problem, ob nun der Mechanismus der Effizienzlohn- oder der Insider-Outsider-Theorie zur Beschreibung eines realen Sachverhaltes geeignet ist, konzentrieren sich daher auf die Frage, ob die unvollständige Information der Arbeitsnachfrager über das Verhalten ihrer Beschäftigen oder die Verhandlungsmacht der Beschäftigten zur Begründung eines nicht markträumenden Lohnniveaus von größerer Relevanz ist[87].

Regionalökonomische Bedeutung besitzt die Insider-Outsider-Theorie durch Untersuchungen, die feststellen, daß durch die Über- bzw. Unterrepräsentation interner Arbeitsmärkte in verschiedenen Regionen die Funktionsweise regionaler Arbeitsmärkte erheblich beeinflußt wird[88].

---

85 Vgl. Lindbeck, A.: a.a.O., S. 42f. und Soltwedel, R.: a.a.O., S. 168f.

86 Vgl. Lindbeck, A.: a.a.O., S. 43f.

87 Vgl. Lindbeck, A./Snower, D. J. (1987): Efficiency wages versus Insiders and Outsiders, in: European economic review, Vol. 31, S. 415

88 Vgl. Buttler, F./Gerlach, K.: a.a.O., S. 219 und S. 224

5.4. Segmentationstheorie

Die Segmentationstheorie fußt auf der Annahme , "daß ein Gesamtarbeitsmarkt ... in eine Reihe von Teilmärkte oder Segmente zerfällt und diese Teilung nicht nur zufällig und vorübergehend ist"[89]. Aus welchen und wievielen Segmenten ein Gesamtarbeitsmarkt besteht und welche Ursachen eine Segmentation hat, läßt sich nur im Hinblick auf die analysierte Fragestellung beantworten. So kann eine Segmentierung sowohl durch Merkmale von Arbeitsanbietern wie Rassenzugehörigkeit, Religion, Geschlecht oder Qualifikation als auch durch Merkmale der Arbeitsnachfrage wie Wirtschaftszweig, betriebliche Personal- und Standortpolitik begründet werden. Im Unterschied zu den Teilarbeitsmärkten in der Humankapitaltheorie ist hier die Annahme wesentlich, daß Arbeitsanbietern auf einem segmentierten Arbeitsmarkt der Wechsel in ein anderes Segment unmöglich oder dauerhaft erschwert ist[90].

Die Ursachen der Segmentierung entziehen sich nicht grundsätzlich einer neoklassichen Erklärung. So läßt sich eine auf die Nutzung interner Arbeitsmärkte konzentrierte betriebliche Personalpolitik z. B. dadurch erklären, daß auf diese Weise begehrte Arbeitsplätze unter Minimierung von Fluktuations- und Verhandlungskosten durch bewährte Arbeitskräfte besetzt werden können[91].

In den Teilarbeitsmärkten zeigen die Wirtschaftssubjekte abweichende Verhaltensweisen. Am Beispiel eines häufig verwendeten Modells segmentierter Arbeitsmärkte, dem dualen Arbeitsmarkt, stellt sich dieses Phänomen wie folgt dar. Der duale Arbeitsmarkt besteht aus den zwei Segmenten des primären und sekundären Arbeitsmarktes. Arbeitsplätze des primären Arbeitsmarktes erfordern eine gute Ausbildung und bieten hohe Entlohnung, Stabilität der Beschäftigungsverhältnisse, Aufstiegsmöglichkeiten und gute Arbeitsbedingungen. Die Funktionsweise des primären Arbeitsmarktes läßt sich z. B. durch die Vorstellungen der Effizienzlohntheorie beschreiben. Die Arbeitsplätze des sekundären Arbeitsmarktes kennzeichnet hingegen ein geringes Ausbildungsniveau, schlechte Entlohnung, Instabilität und fehlende Interessenvertretung[92]. Hier gelten weitgehend die einfachen klassischen

---

[89] Sengenberger, W. (1978): Einführung: Die Segmentation des Arbeitsmarkts als politisches und wissenschaftliches Problem, in: Sengenberger, W. (Hrsg.): Der gespaltene Arbeitsmarkt, Frankfurt New York, S. 16

[90] Vgl. ebenda, S. 16 und S. 31f.

[91] Vgl. Wachter, M. L. (1978): Das Konzept des dualen Arbeitsmarktes aus neoklassischer Sicht, in: Sengenberger, W. (Hrsg.): Der gespaltene Arbeitsmarkt, Frankfurt New York, S. 141f.

[92] Vgl. Sengenberger, W.: a.a.O., S. 20f.

Vorstellungen, u. U. unter Beachtung eines Mindestlohnes, zur Funktionsweise des Arbeitsmarktes.

Eingang in die regionalwissenschaftliche Literatur findet die Segmentationstheorie durch Beobachtungen, daß sich der primäre Arbeitsmarkt in großen und dichten Arbeitsmarktregionen konzentriert, während in ländlich strukturierten Regionen der sekundäre Arbeitsmarkt dominiert[93]. Diese Segmentation führt zum regionalwirtschaftlichen Problem stärkerer Saison- und Konjunkturreagibilität der Wirtschaftsstrukturen peripherer Regionen[94].

93 Vgl. Buttler, F./Gerlach, K.: a.a.O., S. 222
94 Vgl. Sengenberger, W.: a.a.O., S. 33f.

6 Operationalisierung der Variablen

In diesem Kapitel werden potentielle Einflußfaktoren regionaler Lohnniveaus erörtert und ihre Umsetzung in empirisch meßbare Größen beschrieben. Für alle Einflußgrößen wird eine einheitliche und eindeutige Wirkungsrichtung dergestalt angenommen, daß regionale Lohnniveaus in der empirischen Analyse ausschließlich Folge regionaler Gegebenheiten sind. Unabhängig von der unterstellten Kausalität können den im Anhang angegebenen Korrelationsmatrizen Informationen über die Intensität des Zusammenhangs zwischen Variablen und regionalem Lohnniveau entnommen werden.

Die Verbindung von theoretischen Vorstellungen zu ökonomischen Zusammenhängen und der Überprüfung ihrer realen Relevanz durch empirische Methoden führt über die Formulierung von Variablen. Eine Variable sollte eine adäquate Quantifizierung theoretischer Vorstellungen sein. Der Forderung nach einer idealen Umsetzung theoretischer Begriffe in empirisch meßbare Größen kann aber meist nicht entsprochen werden. Eine Ursache hierfür ist die Unschärfe theoretischer Begriffe hinsichtlich ihrer präzisen empirischen Umsetzung. So ist es nicht für das theoretische Konstrukt, unter Umständen aber für eine Aussage zur seiner realen Relevanz, von großer Bedeutung, wie z. B. Branchenkonzentrationen gemessen werden. Ideale Vorstellungen zur Umsetzung theoretischer Sachverhalte lassen sich darüber hinaus aus Gründen der Datenverfügbarkeit oft nicht realisieren. Dieser Aspekt ist für regionalwissenschaftliche Untersuchungen von besonderer Bedeutung, da flächendeckende Erhebungen ökonomischer Größen für kleinräumig abgegrenzte Regionen sehr aufwendig sind, so daß auf ihre Erhebung oder zumindest ihre regelmäßige Erhebung verzichtet wird. Zusätzliche Probleme können sich durch Datenschutzprobleme ergeben, die mit sinkender Fläche der geographischen Einheiten verstärkt auftreten.

Einige Determinanten zur Erklärung von Lohnniveaus bzw. individueller Löhne, die in anderen empirischen Untersuchungen Beachtung fanden, bleiben hier unberücksichtigt. So ist die Agrarquote aufgrund der Konzeption der Arbeitsstättenzählung nicht sinnvoll zur Erklärung regionaler Lohnniveaus anwendbar. Zwar wird Landwirtschaft insbesondere in Regionen mit geringem Lohnniveau betrieben und die Agrarquote würde somit mit dem regionalen Lohnniveau stark negativ korreliert sein[95]. Da die Arbeitsstättenzählung aber nur einen Teil der Arbeitskräfte des primären Sektors erfaßt, wäre die Agrarquote stark verzerrt. Auch auf eine Quantifizierung der Exportorientierung der regional ansässigen Branchen bzw. Unternehmen wird verzichtet. Hier könnte über die Exportbasistheorie ein positiver Einfluß der Exportintensität auf das regionale Lohnniveau begründet werden[96]. Da sektorale Angaben zu Exporten aber nur auf nationaler Ebene vorliegen, wären sehr große Verzerrungen bei der Übertragung auf Arbeitsmarktregionen zu erwarten. Als approximative Messung der Exportorientierung regionaler Betriebe erscheint es daher sinnvoller, den Anteil der in Großbetrieben Beschäftigten entsprechend zu interpretieren[97].

Die Determinanten werden in vier Gruppen unterteilt:

- Die Struktur des regionalen Arbeitsmarktes erfaßt vielfältige Kriterien zur Struktur des regionalen Arbeitsangebots und der -nachfrage.
- Das regionale Arbeitsproduktivitätsniveau erlaubt die Überprüfung des in der Theorie zentralen Zusammenhangs zwischen Produktivitäts- und Lohnniveau.
- Durch Einbeziehung des regionalen Preisniveaus kann der Einfluß regionaler Preisunterschiede als Ursache regionaler nominaler Lohnunterschiede berücksichtigt werden.
- Das regionale Infrastrukturniveau gibt das Niveau öffentlichen Kapitals in einer Region an. Angesichts der schwierigen exakten Quantifizierung und der unklaren Wirkungsrichtung dient diese Variable in der vorliegenden Untersuchung als Kriterium zur Unterteilung der Arbeitsmarktregionen des Untersuchungsraums in Regionentypen. Die isolierte Betrachtung von Regionentypen erlaubt die Anwendung statistischer Testverfahren zur Beantwortung der Frage, ob reale ökonomische Zusammenhänge unabhängig vom zugrundeliegenden Regionentyp konstant sind.

Den Abschluß jeder Variablenbeschreibung bildet eine Auswahl empirischer Untersuchungen. Neben Untersuchungen regionaler Lohn- und Gehaltsniveaus aus dem In- und dem Ausland werden auch Schätzergebnisse zu dem eng verwandten Untersuchungsgegenstand sektoraler Lohn- und Gehaltsniveaus aufgeführt.

---

95 Vgl. z. B. Jöhrens, E. (1973): Analyse regionaler Lohn- und Gehaltsunterschiede in der Bundesrepublik Deutschland, in: Vierteljahreshefte zur Wirtschaftsforschung, Heft 4, S. 265f.; für verdichtete Regionen Seibert, O.: a.a.O., S. 109

96 Die empirischen Ergebnisse von Jakoby bestätigen die Signifikanz dieses Einflusses für Individualeinkommen (vgl. Jakoby, H.: a.a.O., S. 52f.).

97 Vgl. die Ausführungen in Kapitel 6.1.10.1

6.1 Struktur des Arbeitsmarktes

Als Struktur des Arbeitsmarktes werden im folgenden verschiedene Aspekte zur Charakterisierung regionaler Arbeitsmärkte erörtert. Neben der Dichte des Arbeitsmarktes sind aggregierte Charakteriska des Arbeitsangebots und der Arbeitsnachfrage einer Region von Bedeutung. Zumeist wird unterstellt, daß ein mikroökonomisch plausibler Zusammenhang auch in aggregierter Form gültig ist.

6.1.1 Dichtevariablen

Wirtschaftssubjekte in realen Arbeitsmärkten leben in einer Welt ohne vollständige Transparenz und mit begrenzter Mobilität der Marktteilnehmer. Grundsätzlich ist daher zu erwarten, daß regionale Unterschiede in der Intensität der Kontakte zwischen Wirtschaftssubjekten und damit deren Transparenz über wirtschaftliche Vorgänge und/oder die Verfügbarkeit über geeignet qualifizierte Arbeitsanbieter die Funktionsweise regionaler Arbeitsmärkte stark beeinflussen. Arbeitsmärkte verdichteter Regionen weisen allein aufgrund der großen Anzahl von Teilnehmern auf dem Arbeitsmarkt auf einer Flächeneinheit günstige Voraussetzungen für gezielte Kontakte zwischen Wirtschaftssubjekten auf und bieten eine große Zahl von Marktteilnehmern beider Marktseiten. Daher ist die Annahme plausibel, daß verdichtete Regionen den klassischen Vorstellungen über die Funktionsweise von Arbeitsmärkten in höherem Maß entsprechen als die Arbeitsmärkte peripherer Regionen. Durch den hieraus resultierenden engen Zusammenhang zwischen Produktivitäts- und Lohnniveau könnte auch ein positiver Zusammenhang zwischen einer Dichtevariable und dem Lohnniveau begründet sein.

Einflußfaktoren der Wirkungsrichtung zwischen Verdichtung und Lohn werden im folgenden anhand von Überlegungen zu Agglomerationsvor- bzw. -nachteilen sowohl für die Arbeitsnachfrage als auch das Arbeitsangebot beleuchtet.

Für die Arbeitsnachfrage bietet eine Präsenz in verdichteten Regionen Agglomerationsvorteile durch positive externe Effekte. Folgende Aspekte sind von Bedeutung: Eine diversifizierte und stabile Branchenstruktur, erleichteter Zugang zu spezialisierten Dienstleitungen, großes und qualitativ differenziertes Arbeitskräftepotential, leichtere Anwerbung von Arbeitskräften anderer regionaler Arbeitsmärkte, z. B. durch umfangreiche Kulturangebote, Möglichkeit der Spezialisierung aufgrund großer Absatzmärkte, überdurchschnittlicher Infrastrukturausstattung, günstiges Umfeld zur Schaffung bzw. Nutzung von Innovationen und geringe Transportkosten[98]. Diese Faktoren ermöglichen eine hohe Flexibilität sowohl in Bezug auf Produktionsentscheidungen als auch auf veränderte Anforderungen an die Qualifikation des Arbeitsangebots. Geringere Kosten und damit günstigere Produktionsbedingungen können Ursache hoher Lohnzahlungsfähigkeit sein. Allerdings resultiert aus hoher Lohnzahlungsfähigkeit nicht zwingend die Zahlung hoher Löhne.

Agglomerationsnachteile für Arbeitsnachfrager üben eine lohndämpfende Wirkung aus. Beispiele sind hohe Grundstücks(miet)preise und strenge Umweltauflagen, hohe Steuerbelastung, die zur Finanzierung einer aufwendigen Infrastruktur als Folge besonders intensiver Bodennutzung unumgänglich sein dürfte, Zeitverluste durch Verkehrsstauungen sowie hohe Lohnforderungen der Arbeitsanbieter als Folge hoher Transparenz und zumindest intraregional hoher Mobilitätsbereitschaft.

Agglomerationsvorteile für Arbeitsanbieter müßten sich als kompensierende Lohndifferentiale lohnsenkend auswirken. So profitieren Arbeitsanbieter in verdichteten Regionen von dem Angebot an aufwendigen Infrastruktureinrichtungen, die auch differenzierte Bedürfnisse befriedigen, der Verminderung des Beschäftigungsrisikos durch die geringe Konjunkturanfälligkeit von Regionen mit diversifizierter Wirtschaftsstruktur sowie von der großen Zahl auch bei Wohnortimmobilität erreichbarer Arbeitsnachfrager[99]. Andererseits erleichtern verdichtete Regionen den Arbeitsanbietern die ökonomische Verwertung individueller Qualifikation. Die Vielzahl von Arbeitsnachfragern mit spezifischen Anforderungen an die Qualifikation von Arbeitsanbietern erlaubt die Nutzung vorhandener Qualifikationen und damit eine höhere Entlohnung. Insbesondere hoch qualifizierten Arbeitsanbietern ermöglichen die Anforderungen der Arbeitsnachfrage die Verwertung spezifischer Fähigkeiten. Zusätzlich bieten verdichtete Regionen in der Regel bessere und spezialisiertere Ausbildungsmöglichkeiten. Eine der Qualifikation entsprechende Berufstätigkeit fördert nun die Entstehung zusätzlicher spezifischer Kenntnisse und führt zu einer weiteren Differenzierung von Qualifikationen. Dieser Erwerb branchen- und betriebsspezifischen Know-Hows fördert zum einen die Produktivität, zum

---

98 Vgl. Richardson, H. W. (1973): The economics of urban size, Westmead, S. 39ff. und S. 71ff.; Bergsman, J. P. u. a. (1972): The agglomeration process in urban growth, in: Urban studies, Vol. 9, S. 263; Kunz, V. (1991): Infrastruktur, Betriebsgröße und höherwertige Tertiärisierung als Bestimmungsfaktoren der regionalen Wirtschaftskraft, in: Informationen zur Raumentwicklung, H. 9/10, S. 588; Seibert, O.: a.a.O., S. 94ff.; Struff, R./Wilamowitz-Moellendorf, U. v. (1983): Räumliche Einkommens-, Preis- und Verbrauchsunterschiede in der Bundesrepublik Deutschland, Bonn, S. 17f.

99 Vgl. Seibert, O.: a.a.O., S. 95f.

anderen vermindert die dadurch zunehmende Differenzierung individueller Qualifikation potentielle Substitutionen durch andere Arbeitsanbieter. Hochqualifizierte Beschäftigte können dann entweder aufgrund aktiver Durchsetzung von Lohnforderungen oder effizienzlohntheoretischer Überlegungen des Arbeitsnachfragers an ihrer hohen Produktivität durch hohe Lohn- und Gehaltsforderungen partizipieren. Zusammenfassend kann festgestellt werden, daß Agglomerationsvorteile für Arbeitsanbieter nicht auf einen eindeutig positiven oder negativen Zusammenhang mit dem regionalen Lohnniveau hindeuten.

Agglomerationsnachteile des Arbeitsangebots können als Ursache überdurchschnittlicher Entlohnung interpretiert werden. Die Hypothese der Kompensationszahlungen besagt dann, daß die Arbeitsanbieter nur bei höherer Entlohnung bereit sind, stärkere Kriminalität und Umweltbelastung, Verkehrsstauungen, höheres Preisniveau und höhere Steuerbelastung zu akzeptieren[100].

Sowohl Arbeitsanbieter als auch Arbeitsnachfrager fällen die Entscheidung zur Teilnahme an einem bestimmten regionalen Arbeitsmarkt durch ein Abwägen der jeweiligen Vor- und Nachteile. Übersteigen z. B. für den Arbeitsnachfrager die negativen Effekte der Verdichtung die positiven Effekte, so wird in geringer verdichteten Regionen produziert. Tendenziell ist zu erwarten, daß für kleine Unternehmen mit arbeitsintensiven, nur wenig innovativem und spezialisiertem Güterangebot sowie großem Bodenbedarf die Nachteile der Agglomeration die Vorteile überwiegen, während große Unternehmen mit expandierendem Dienstleistungsangebot auf vielfältige Kontakte und hochqualifizierte Arbeitskräfte angewiesen sind. Darüber hinaus läßt sich die Tätigkeit von Angestellten auch in Hochhäusern, d. h. mit geringerem Bodenbedarf, ökonomisch sinnvoll ausüben. Für Arbeitsanbieter dürfte die Teilnahme an einem großen und differenzierten Arbeitsmarkt einer verdichteten Region vor allem durch die weitgehende Verwertbarkeit individueller Qualifikationen und die höhere Arbeitsplatzsicherheit zu erklären sein. Die Kompensation von Agglomerationsnachteilen für Arbeitsanbieter durch eine höhere Entlohnung ist demgegenüber vermutlich von geringer Relevanz[101]. Die Teilnahme an einem Arbeitsmarkt verdichteter Regionen bietet also für beide Seiten des Arbeitsmarkts ökonomische

---

[100] Vgl. Struff, R./Wilamowitz-Moellendorf, U. v.: a.a.O., S. 17, Richardson, H. W. (1973): a.a.O., S. 21ff.. Vgl. auch die Interpretation der Variablen "Großstadt" in: Quinn, J./McCormick, K.: a.a.O., S. 198).

[101] So zählt Klemmer diesen Aspekt zur Bewertung des regionalen Arbeitsplatzangebots durch "durchschnittliche Arbeitnehmer" erst gar nicht auf (vgl. Klemmer, P. (1978): Zur qualitativen Differenzierung regionaler Arbeitsmärkte, in: Raumforschung und Raumordnung, 36. Jg., S. 226).

Vorteile, die den vermuteten positiven Zusammenhang zwischen Verdichtung und Lohnniveau bestätigen.

Während bisher verschiedene Aspekte verdichteter Arbeitsmärkte als Ursache hoher Lohnzahlungsfähigkeit dargestellt wurden, soll auch auf den umgekehrten Fall hingewiesen werden. Hohe regionale Lohnniveaus können eine angesichts der ökonomischen Vorteile nicht überraschende Sogwirkung auf Arbeitsanbieter ausüben. In diesem Fall wäre ein hohes Lohnniveau Ursache einer hohen Dichte arbeitsmarktrelevanter Wirtschaftssubjekte. Für den empirischen Teil wird diese Wirkungsrichtung ausgeschlossen.

Eine Dichtevariable setzt die Zahl von Personen einer Gruppe in Relation zu einer geographischen Fläche. Gegenüber gelegentlich verwendeten absoluten Zahlen zur Charakterisierung eines regionalen Marktes, wie z. B. der Wohnbevölkerung, besitzt eine Dichtevariable den Vorteil, Regionen vergleichbar zu gestalten. Zur Charakterisierung einer verdichteten Region ist eine Dichtevariable und damit die Berücksichtigung einer geographischen Größe[102] einer absoluten Zahl dann vorzuziehen, wenn sowohl die regionale Anzahl einer betrachteten Personengruppe als auch die regionale Fläche sehr unterschiedlich groß sind[103].

Für die Messung der regionalen Arbeitsmarktdichte wird die Arbeitnehmerdichte, d. h. die Zahl der Arbeitnehmer pro Quadratkilometer, verwendet. Diese Größe erfaßt ausschließlich die Bevölkerungsgruppe der Lohn- und Gehaltsempfänger. Gegenüber der Erwerbstätigendichte weist die Arbeitnehmerdichte zudem den Vorteil auf, daß sie auch auf der Ebene der kreisfreien Städte und Landkreise unverzerrte Zusammenhänge beschreibt, da sowohl die Variablen "regionales Lohnniveau" als auch "Arbeitnehmerdichte" gemäß dem Arbeitsstättenprinzip erhoben werden. Wie bereits in Kapitel 2 beschrieben, ist dieser Unterschied auf der Ebene der Arbeits-

---

[102] Richardsons Kritik "too much of the urban size literature ignores or underplays intraurban space" (Richardson, H. W. (1973): a.a.O., S. 132) ist auch bzw. insbesondere für die Analyse der Ökonomie peripherer Regionen relevant.

[103] Neumann (Neumann, H. (1979): Einkommenssituation und Einkommensentwicklung in den strukturschwachen Verdichtungsgebieten Nordrhein-Westfalens - ein inner- und interregionaler Vergleich, Opladen) bezieht in viele ihrer Regressionsschätzungen sowohl die Bevölkerungsdichte als auch Wohnbevölkerung als Variablen ein. Es bleibt aber unklar, ab welcher Korrelation eine Eliminierung "sehr hoch untereinander korrelierte(r) Variable(r)" (ebenda, S. 186) vorgenommen wurde. Zu beobachten ist, daß die Vorzeichen dieser beiden Variablen in den Regressionsschätzungen oft voneinander abweichen. Dieses intuitiv unplausible Ergebnis, im hier betrachteten Untersuchungsraum sind beide Größen sowohl mit dem regionalen Lohnniveau als auch untereinander (+0,79) deutlich positiv korreliert, stützen den Verdacht des Vorliegens von Multikollinearität in einigen Regressionsschätzungen Neumanns.

marktregionen nicht von Bedeutung, da Arbeitsmarktregionen statistisch sowohl den Arbeits- als auch den Wohnort beinhalten[104]. Hier nicht dokumentierte Vergleichsrechnungen zeigen, daß Bevölkerungs-, Erwerbstätigen-, Beschäftigten- und Arbeitnehmerdichte erwartungsgemäß untereinander positiv hoch korreliert sind. Der im empirischen Teil zu ermittelnde Zusammenhang zwischen regionalem Lohnniveau und regionaler Dichte bleibt also von der Wahl der Dichtevariablen weitgehend unberührt.

Empirische Untersuchungen zum Einfluß von Dichtevariablen bzw. der Stadtgröße auf die Höhe der Entlohnung zeigen auch bei Berücksichtigung weiterer Einflußfaktoren meist einen signifikant positiven Einfluß[105]. Verdichtung scheint daher nicht nur eine "Hintergrundvariable"[106], d. h. eine Größe ohne eigenständigen Erklärungsbeitrag für ökonomisch zunächst plausibler erscheinende Größen wie Produktivität, Tertiärisierungsniveau, Qualifikation und Infrastruktur, zu sein.

6.1.2 Angestelltenquote

Wie auch in anderen Industrienationen vollzog sich in der Bundesrepublik Deutschland in den letzten Jahrzehnten eine Entwicklung zur Dienstleistungsgesellschaft gemäß der in der Drei-Sektoren-Hypothese[107] formulierten Erwartungen. Seit Mitte der siebziger Jahre übersteigt die Wertschöpfung des Dienstleistungssektors die Wertschöpfung des produzierenden Gewerbes und auch die Anzahl der Erwerbstätigen im Dienstleistungssektor liegt über der Zahl der im produzierenden Gewerbe Tätigen[108].

---

104 Vgl. Kunz, V.: a.a.O., S. 579

105 Vgl. Bellmann, L. (1982): Regionale Lohnstruktur in der Bundesrepublik Deutschland, in: Raumforschung und Raumordnung, 40. Jg., S. 116ff.; Koller, M. (1987): a.a.O., S. 34f.; Quinn, J./-McCormick, K.: a.a.O., S. 195ff.; Blien, U. (1995): Die Lohnkurve von 1989, in: Mitteilungen aus der Arbeitsmarkt- und Berufsforschung, 28. Jg., S. 160; Jakoby, H.: a.a.O., S. 128. In der Untersuchung von Bartels/Bertens dürfte die hohe Interkorrelation mit den Qualifikationsvariablen Ursache der Nichtsignifikanz sein (vgl. Bartels, C. P. A./Bertens, A. M. (1976): A factor and regression analysis of regional differences in income-level and -concentration in the Netherlands, in: Applied economics, Vol. 8, S. 183 und S. 188f.)

106 Kunz, V.: a.a.O., S. 588

107 Vgl. Fisher, A. G. B. (1939): Production, primary, secondary and tertiary, in: The economic record, Vol. 15, S. 24-38; Clark, C. (1957): The conditions of economic progress, 3. Auflage; Fourastié, J. (1963): Le grand Espoir du XXiéme Siècle. Édition définitive. Paris, deutsche Übersetzung (1969): Die große Hoffnung des 20. Jahrhunderts, 2. Aufl., Köln

108 Vgl. Statistisches Bundesamt (Hrsg.) (1993): Statistisches Jahrbuch 1993 für die Bundesrepublik Deutschland, Wiesbaden, S. 44 und S. 112f.

Die zunehmende Bedeutung der Dienstleistungstätigkeiten findet seinen Ausdruck auch in der Veränderung regionaler Branchenstrukturen[109]. So gilt die Bedeutung des Dienstleistungssektors als wichtiges Indiz des wirtschaftlichen Entwicklungsniveaus und der ökonomischen Leistungsfähigkeit von Regionen. Mit den Begriffen "Angestellte" bzw. "Dienstleistungssektor" werden daher meist hoch qualifizierte Arbeitskräfte und wirtschaftliche Entwicklung assoziiert[110]. Eine positive Auswirkung des Tertiärisierungsniveaus auf das regionale Lohn- und Gehaltsniveau dürfte zunächst durch eine durchschnittlich höhere Produktivität der Dienstleistungsbeschäftigten begründet sein[111]. Humankapitaltheoretische Überlegungen führen zum gleichen Ergebnis. Sie würden die hohe Produktivität durch ein überdurchschnittlich hohes Qualifikationsniveau der Angestellten begründen. Unter Berücksichtigung effizienzlohntheoretischer Überlegungen sind ebenfalls hohe Lohnniveaus in Regionen mit hohem Angestelltenanteil zu vermuten. Zum einen ist zu erwarten, daß Angestellte mit speziellen Kenntnissen knapp sind und daher Arbeitsnachfrager die Gefahr von Produktivitätseinbußen durch mobile Beschäftigte zu reduzieren wünschen, in dem sie eine produktivitätsorientierte Entlohnung bieten. Zum anderen dürfte insbesondere die Arbeitsmotivation der Angestellten, die keine standardisierten Tätigkeiten ausführen, Quelle individueller Arbeitsproduktivität sein. Hierdurch unterscheiden sich diese Tätigkeiten von der Erstellung von Fertigungsleistungen, als Extremfall sei die Akkordarbeit angeführt. Gemäß dem Gift-exchange-Ansatz fördert eine hohe Entlohnung den Arbeitseinsatz der Beschäftigten bzw. droht im Shirking-Ansatz Trittbrettfahrern mit Bestrafung durch Lohneinbußen. Die Angestellten dürften eine Gruppe von Arbeitsanbietern sein, auf die diese Erklärungsansätze der Effizienzlohntheorie in besonderem Maß zutreffen. Ihre speziellen Kenntnisse und Fertigkeiten begünstigen aber auch die individuelle Durchsetzung hoher Lohnforderungen gemäß der Insider-Outsider-Theorie. Anhand des segmentationstheoretischen Konzepts des dualen Arbeitsmarktes kann vermutet werden, daß Angestellte weitgehend im Sektor der Hochqualifizierten tätig sind.

---

109 Für die Ebene der Bundesländer, vgl. Jost, P. (1991): Die räumliche Ordnung auf dem Weg in die Dienstleistungsgesellschaft, in: Raumforschung und Raumordnung, H. 4, S. 238 Tabelle 1

110 Vgl. z. B. Kunz, V.: a.a.O., S. 582. Auf eine differenzierte Betrachtung des Dienstleistungssektors, z. B. nach "höherwertiger Tertiärisierung" (ebenda, S. 588), wird hier verzichtet.

111 Auf die Korrektheit dieser Hypothese deutet folgende direkte Überprüfung für die Bundesrepublik Deutschland 1987 hin: Der Anteil des tertiären Sektors an der Bruttowertschöpfung ist größer als der Anteil des tertiären Sektors an den Erwerbstätigenzahlen; für den sekundären Sektor ergibt sich ein umgekehrtes Bild (vgl. Statistisches Bundesamt (Hrsg.) (1993): a.a.O., S. 44 und 112f. (eigene Berechnungen)).

Zur Quantifizierung des regionalen Tertiärisierungsniveaus wird die Angestelltenquote in funktionaler Abgrenzung gewählt. Im Unterschied zur sektoralen Abgrenzung sind dadurch auch Angestellte des sekundären Sektors erfaßt, auf die alle tendenziell lohnsteigernden Eigenschaften ebenso zutreffen wie für die Beschäftigten des tertiären Sektors.

Die Konzentration der Angestellten auf verdichtete bzw. infrastrukturell gut ausgestattete Regionen läßt hohe Korrelationen des regionalen Tertiärisierungsniveaus mit den Größen erwarten, die analoge räumliche Muster aufweisen, z. B. Dichtevariablen, regionale Qualifikations- und Preisniveaus sowie Anteile der in Hauptverwaltungen Tätigen[112]. In den Regressionsschätzungen kann hieraus das schätztechnische Problem der Multikollinearität resultieren.

Empirische Untersuchungen zum Einfluß der Tertiärisierung auf individuelle Entlohnung und Lohnniveaus zeigen die Signifikanz des erwarteten positiven Einflusses[113].

6.1.3 Facharbeiterquote

In Analogie zur Angestelltenquote soll auch die Facharbeiterquote die durchschnittlich höhere Entlohnung besonders qualifizierter Arbeitskräfte und die "Ausübung dispositiver Funktionen"[114] in den Betrieben erfassen. Ein wesentlicher Unterschied zur Angestelltenquote besteht in der Konzentration der Facharbeiter auf das verarbeitende Gewerbe und somit einem Sektor, der im Zeitablauf von abnehmender Bedeutung ist. Der Aspekt der Knappheit dürfte daher gegenüber der Situation der Angestellten von geringerer Bedeutung sein.

Der regionale Anteil der Facharbeiter an der Gesamtzahl der Arbeitnehmer wird aus den Ergebnissen der Arbeitsstättenzählung ermittelt[115].

---

112 Vgl. Olbrich, J. (1984): Regionale Strukturpolitik mit Büroarbeitsplätzen? Zum Standortwahlverhalten von Hauptverwaltungen der Industrie, in: Raumforschung und Raumordnung, 42. Jg., S. 225-238

113 Vgl. Bellmann, L.: a.a.O., S. 117; Quinn, J./McCormick, K.: a.a.O., S. 196; Blien, U. (1995): a.a.O., S. 160; Jakoby, H.: a.a.O., S. 52f.. Für verdichtete Regionen in sektoraler Abgrenzung, vgl. Seibert, O.: a.a.O., S. 109

114 Vgl. Bellmann, L.: a.a.O., S. 117

115 Zur konkreten Definition des Begriffs "Facharbeiter", vgl. Statistisches Bundesamt (Hrsg.) (1989b): Unternehmen und Arbeitsstätten. Arbeitsstättenzählung vom 25. Mai 1987, Fachserie 2, Heft 4: Beschäftigte in Arbeitsstätten nach Stellung im Betrieb, Wiesbaden, S. 8

Der erwartete positive Einfluß der Facharbeiterquote bzw. den Status des Facharbeiters auf durchschnittliche regionale Lohn- und Gehaltsniveaus bzw. individuelle Tageslöhne bestätigt sich in den Regressionsanalysen von Bellmann[116] und Blien[117].

6.1.4 Qualifikationsstruktur

Der Einfluß der Qualifikation auf die Entlohnung ist Kerngedanke der Humankapitaltheorie, in der ein positiver Zusammenhang zwischen Qualifikation und Produktivität angenommen wird. Die reale Bedeutung des Humankapitals in einer hochentwickelten Volkswirtschaft wird durch Aussagen wie "Humankapital wird zum wichtigsten Produktionsfaktor Deutschlands"[118] belegt. Ähnlich der Angestelltenquote ist "der Anteil der hochqualifizierten Kräfte ... ein Charakteristikum für die funktionalen Strukturen der industriellen Aktivitäten in einer Region"[119]. Auch für die Zukunft gilt Qualifikation als eine wesentliche und in ihrer Bedeutung noch zunehmende Voraussetzung für das Erzielen hoher Einkommen[120]. Neben der Humankapitaltheorie dürften auch effizienzlohn-, Insider-Outsider- sowie segmentationstheoretische Aspekte analog den Überlegungen zur Variablen "Angestelltenquote" von großer Bedeutung zur Erklärung eines positiven Einflusses eines hohen Qualifikations- auf das Lohnniveau sein.

Qualifikation bildet sich durch allgemeine und berufliche Ausbildung sowie berufliche Tätigkeit. Aus Gründen der Datenverfügbarkeit kann aber zur Messung des Einflusses regionaler Qualifikationsniveaus auf regionale Lohn- und Gehaltsniveaus nur die allgemeine Qualifikation eingehen. Es werden folgende Variablen gebildet:

- Der Anteil der Erwerbspersonen mit höchstem berufsbildendem Abschluß an einer Fachhochschule oder Hochschule an der Gesamtzahl der Erwerbspersonen in einer Region mißt den Anteil Hochqualifizierter.
- Der Anteil gering Qualifizierter wird durch den Anteils der Erwerbspersonen mit Hauptschulabschluß an der Gesamtzahl der Erwerbspersonen erfaßt.

Nach dieser nur approximativen Erfassung regionaler Qualifikationsniveaus können Erwerbspersonen ohne (Fach-)Hochschulabschluß nicht als hochqualifiziert gelten.

---

116 Vgl. Bellmann, L.: a.a.O., S. 118

117 Vgl. Blien, U. (1995): a.a.O., S. 160

118 Buttler, F./Tessaring, M. (1993): Humankapital als Standortfaktor, in: Mitteilungen aus der Arbeitsmarkt- und Berufsforschung, 26. Jg., S. 467

119 Jung, H.-U. (1986): Branchenstrukturen als Erklärungsfaktoren für regionalwirtschaftliche Entwicklungsdisparitäten, in: Informationen zur Raumentwicklung, Heft 11/12, S. 866

120 Vgl. Buttler, F./Tessaring, M.: a.a.O., S. 469

Angaben zur Zahl der Erwerbspersonen mit den angegebenen Eigenschaften in einer Region werden den Ergebnissen der Volkszählung entnommen und beziehen sich daher auf den Wohnort. Unterstellt man zwischen dem Qualifikationsniveau und dem Saldo des Pendlerverhaltens der Bevölkerung Unabhängigkeit, so wäre keine Verzerrung aufgrund des räumlichen Auseinanderfallens von Wohn- und Arbeitsort bei Analyse der Korrelationsmatrizen auf der Ebene kreisfreier Städte und Landkreise zu erwarten. Allerdings liegt die Vermutung nahe, daß insbesondere Hochqualifizierte und somit vermutlich Erwerbstätige mit hohem Einkommen Berufspendler sind. Auf der Ebene der kreisfreien Städte und Landkreise sind die Korrelationen zwischen den Qualifikationsvariablen und den Variablen, die auf den Ergebnissen der Arbeitsstättenzählung, wie z. B. das regionale Lohn- und Gehaltsniveau, daher verzerrt.

Empirische Untersuchungen zum Zusammenhang zwischen Qualifikation und Entlohnung im In- und Ausland zeigen durchweg einen signifikant positiven Zusammenhang zwischen beiden Größen[121]. Oftmals sind die Qualifikationsvariablen die wichtigsten Einflußgrößen der Entlohnung[122].

6.1.5 Erwerbslosenquote

Die Beziehung zwischen Erwerbslosenquote und Entlohnung bzw. der Wachstumsrate der Entlohnung ist in der wirtschaftswissenschaftlichen Literatur schon oft analysiert worden. Der Zusammenhang zwischen dem Niveau der Erwerbslosigkeit und dem Lohnniveau wird in der Literatur unter dem Begriff der Lohnkurve betrachtet[123]. Zwischen beiden Variablen wird ein negativer, nichtlinearer Zusammenhang angenommen. Zur Erklärung dienen unter anderem effizienzlohntheoretische Überlegungen. So fördern geringe Erwerbslosenquoten den Wettbewerb der Arbeitsnachfrager um die Arbeitsanbieter. Arbeitsnachfrager sind dann zur Vermeidung potentiell drohender Abwanderungen Beschäftigter und zur Steigerung ihrer Attraktivität für

---

121 Vgl. Haworth, C. T./Reuther, C. J. (1978): Industrial concentration and interindustry wage determination, in: The Review of economics and statistics, Vol. 60, S. 89ff.; Hood, W./Rees, R. D. (1974): Inter-industry wage levels in United Kingdom manufacturing, in: The Manchester school of economic and social studies, Vol. 42, S. 180f.; Blien, U. (1995): a.a.O., S. 160. In der Untersuchung von Mellow sind nicht alle Qualifikationsvariablen signifikant (vgl. Mellow, W. (1982): Employer size and wages, in: The Review of economics and statistics, Vol. 64, S. 498).

122 Vgl. Bartels, C. P. A./Bertens, A. M.: a.a.O., S. 188f.; Quinn, J./McCormick, K.: a.a.O., S. 196. Die Untersuchung von Jakoby zeigt die Bedeutung der Berufserfahrung und bietet die Bestätigung des üblichen humankapitaltheoretischen Ansatzes durch signifikant abnehmende Lohnzuwachsraten mit fortschreitender Berufstätigkeit (vgl. Jakoby, H.: a.a.O., S. 52ff.).

123 Einen aktuellen Überblick über die Diskussion bietet Blien, U. (1995): a.a.O., S. 155ff.

leistungsfähige Arbeitsanbieter zu höherer Entlohnung bereit als bei hoher Erwerbslosigkeit. Bei hoher Erwerbslosenquote ist das Angebot an Arbeitsanbietern hingegen groß und Arbeitsplatzwechsel bereits Beschäftigter weniger wahrscheinlich. Alternativ kann eine Begründung des Zusammenhangs auch über eine geringe Verhandlungsmacht der Gewerkschaften bei hoher Erwerbslosigkeit erfolgen, während bei Vollbeschäftigung die gesellschaftliche Akzeptanz gewerkschaftlicher Maßnahmen zur Durchsetzung hoher Lohnforderungen vergleichsweise groß ist[124].

Im Unterschied zu dem Ansatz der Lohnkurve überprüfen die empirischen Untersuchungen von Phillips den Einfluß von Arbeitslosenquoten auf die Wachstumsraten der Entlohnung[125]. Da in der hier vorliegenden Untersuchung nicht die wirtschaftliche Entwicklung im Zeitablauf und damit nicht Lohnänderungen Gegenstand der Betrachtung sind, kann der von Phillips beobachtete Zusammenhang nicht betrachtet werden. Eine Übertragung auf regionale Arbeitslosenquoten und regionale Lohngefälle zwischen benachbarten Regionen erscheint nicht sinnvoll, da zielgerichtete interregionale Mobilität zur Vermeidung von Erwerbslosigkeit einen u. U. bestehenden Zusammenhang verwässern kann.

Die empirische Analyse basiert auf der Erwerbslosenquote, die aus Angaben der Volkszählung des Jahres 1987 als Relation der Zahl Erwerbsloser zur Zahl der Erwerbspersonen in einer Region ermittelt wird. Abweichungen zur Zahl der in den Arbeitsämtern registrierten Arbeitslosen sind möglich, da auch nicht in den Arbeitsämtern registrierte, aber eine Erwerbstätigkeit suchende Personen erfaßt werden. Hingegen fehlen die in den Arbeitsämtern registrierten Arbeitslosen, die einer geringfügigen Tätigkeit nachgehen, da diese in der Volkszählung als Erwerbstätige gelten[126].

Empirische Überprüfungen des Einflusses regionaler Erwerbslosigkeit auf das regionale Lohnniveau zeigen kein einheitliches Bild. Zwar ist in einigen Untersuchungen der Einfluß erwartungsgemäß signifikant negativ[127], andere Unter-

---

124 Vgl. Kuh, E. (1967): A productivity theory of wage levels-an alternative to the Phillips curve, in: Review of economic studies, Vol. 34, S. 340

125 Vgl. Phillips, A. W. (1958): The relation between unemployment and the change of money wage rates in the United Kingdom 1862-1957, in: Economica, Vol. 25, S. 283ff.

126 Vgl. Statistisches Bundesamt (Hrsg.) (1990b): Bevölkerung und Erwerbstätigkeit. Volkszählung am 25. Mai 1987, Fachserie 1, Heft 10: Erwerbstätige: Teil I: Sozio-ökonomische und berufliche Gliederung, Schulausbildung, Wiesbaden, S. 7

127 Vgl. Jakoby, H.: a.a.O., S. 52f. und S. 128ff.. Auch die multiplen Regressionsansätze von Blien bestätigen dieses Ergebnis anscheinend (vgl. Blien, U. (1995): a.a.O., S. 163f.). Angesichts der offenbar nicht vorhandenen Korrelation zwischen den beiden Variablen "Lohnniveau" und

suchungen stellen hingegen weder durchgehend signifikante Erklärungsbeiträge, noch einheitliche Koeffizientenvorzeichen fest[128].

6.1.6 Anteil weiblicher Arbeitnehmer

Auch der Anteil weiblicher Arbeitnehmer in einer Region bietet Ansatzpunkte zur Erklärung regionaler Lohn- und Gehaltsniveaus. Die folgenden vier Ansätze begründen, warum aus einem regional hohen Anteil weiblicher Arbeitnehmer auf ein geringes Lohn- und Gehaltsniveau geschlossen werden kann:

- Anhand humankapitaltheoretischer Überlegungen läßt sich argumentieren, daß Frauen ihr Arbeitsleben häufiger als Männer unterbrechen und somit eine geringere Berufserfahrung gegenüber Männern aufweisen. Diese geringere Berufserfahrung mindert ihr Qualifikationsniveau und begründet geringere Entlohnungen. Zusätzlich ist das durchschnittliche Ausbildungsniveau von Frauen geringer als das Ausbildungsniveau der Männer[129].
- Frauen weisen eine durchschnittlich geringere Wochenarbeitszeit auf[130].
- Geschlechtsspezifische Diskriminierung liegt vor, wenn eine geringere Entlohnung bei gleichem Produktivitätsbeitrag pauschal aufgrund der Geschlechtszugehörigkeit erfolgt[131].
- Wird bei Paaren der Wohnort durch die Beschäftigung des Mannes festgelegt, eine aufgrund des meist höheren Ausbildungsniveaus und somit besserer Möglichkeiten zur Erzielung hoher Einkommen männlicher Arbeitsanbieter gerechtfertigte Annahme, so wird auch die Frau in der gleichen Arbeitsmarktregion ihre Arbeitsleistung anbieten[132]. Durch diese Mobilitätsrestriktion können vorhandene Qualifikationen weiblicher Arbeitsanbieter insbesondere in kleinen Arbeitsmarktregionen, in denen die Zahl der Arbeitsnachfrager begrenzt ist, nicht optimal genutzt werden. Zusätzlich reduziert die angeführte Mobilitätsrestriktion die Fluktua-

---

"Arbeitslosenquote" (vgl. ebenda, S. 163 Tabelle 4 Modell 13) dürfte das Ergebnis der multiplen Ansätze auf hohe Korrelationen zwischen Regressoren zurückzuführen sein.

128 Vgl. Bartels, C. P. A./Bertens, A. M.: a.a.O., S. 189, sowie die Anmerkungen zu den Ergebnissen von Blien in der vorhergehenen Fußnote

129 Vgl. Diekmann, A./Engelhardt, H./Hartmann, P. (1993): Einkommensungleichheit in der Bundesrepublik Deutschland: Diskriminierung von Frauen und Ausländern?, in: Mitteilungen aus der Arbeitsmarkt- und Berufsforschung, 26. Jg., S. 393f.

130 Vgl. ebenda

131 Vgl. Robst, J. (1994): Post-school investment and wage differentials: Some further evidence, in: Southern economic journal, Vol. 61, S. 121

132 Mieth, W.: a.a.O., S. 216 Fußnote 13. Mieth verwendet den Gedankengang zwar zur Erklärung hoher Frauenarbeitslosigkeit, er ist aber auch zur Erklärung geringerer Entlohnung anwendbar.

tionswahrscheinlichkeit dieser weiblichen Beschäftigten und bietet ebenfalls eine Erklärung zur durchschnittlich niedrigeren Entlohnung weiblicher Beschäftigter.

Die Beobachtung Slichters, daß ein hoher Frauenanteil in einer Industrie tendenziell mit geringen Entlohnungen geringqualifizierter Männer verbunden ist[133], d. h. in Branchen mit geringem Lohnniveau ist der Frauenanteil besonders hoch, führt zu einem speziellen Fall von Diskriminierung, der sich ebenfalls in einer negativen Korrelation zwischen dem Anteil weiblicher Arbeitnehmer in einer Region und dem regionalen Lohn- und Gehaltsniveau ausdrückt. Ziehen z. B. hochentlohnende Branchen oder Großbetriebe die Beschäftigung von Männern pauschal der Beschäftigung von Frauen bei gleichen Lohnforderungen und gleicher Qualifikation vor, so liegt zwar keine direkte Lohndiskriminierung vor, da nicht gleiche Tätigkeiten verglichen werden, aber der beschränkte Zugang für weibliche Arbeitsanbieter zu Tätigkeiten, die auch für männliche Arbeitsanbieter attraktiv sind, wirkt in der statistischen Analyse wie eine Lohndiskriminierung. Ob eine solche betriebliche Personalpolitik streng auf ökonomischem Kalkül oder auch auf Diskrimierungsaspekten beruht, kann hier nicht beurteilt werden. Es liegt aber nahe, mit folgendem Aspekt der Insider-Outsider-Theorie zu argumentieren: Würde die beschriebene geschlechtsbezogene betriebliche Personalpolitik nicht auf ökonomischem Kalkül beruhen, müßte langfristig ein Unternehmen, das eine gezielte Beschäftigung der diskriminierten Bevölkerungsgruppe betreibt, ökonomische Vorteile besitzen, die zur Verdrängung der diskriminierenden Unternehmen führen können.

Der vermutlich negative Zusammenhang zwischen Lohnhöhe und dem Anteil weiblicher Arbeitskräfte bleibt auch bei Umkehrung der Kausalitätsrichtung bestehen. Allerdings ist die Interpretation dieses Zusammenhangs grundlegend verschieden. Aufgrund der höheren Entlohnung männlicher Arbeitsanbieter in Regionen mit hohem Lohnniveau ist für Frauen der ökonomische Zwang geringer, einer Erwerbstätigkeit nachgehen zu müssen. In diesem Fall wäre eine hohe negative Korrelation zwischen beiden Variablen als Indiz für wirtschaftlichen Wohlstand zu interpretieren, der sich im Verzicht auf eine Teilnahme am Arbeitsmarkt äußert.

In Anbetracht der untersuchten Fragestellung kann eine Entscheidung über die "wahre" Kausalität hier nicht erfolgen. In den Schätzungen bleibt die zuletzt erörterte Kausalitätsrichtung unberücksichtigt. Allerdings sollte in Unkenntnis des wahren

---

133 Vgl. Slichter, S. (1950): Notes on the structure of wages, in: The Review of economics and statistics, Vol. 32, S. 84f.

Erklärungsansatzes die Interpretation der Ergebnisse unter den hier genannten Einschränkungen erfolgen. Die empirische Untersuchung wird aber eine verläßliche Antwort auf die Frage geben, ob überhaupt ein (negativer) Zusammenhang besteht. Viele empirische Untersuchungen in In- und Ausland bestätigen in multiplen Regressionsschätzungen die Geschlechtszugehörigkeit als wichtige Variable zur Erklärung von Lohngrößen[134], ohne indes in allen Fällen signifikante Beiträge zu leisten[135].

6.1.7 Anteil ausländischerArbeitnehmer

In der US-amerikanischen Literatur ist der Aspekt rassenbedingter Lohndiskriminierung häufig Gegenstand empirischer Untersuchungen. Basierend auf regressionsanalytischen Spezifikationen, die die Zusammenhänge in den USA beleuchten, liegt es nahe, anstelle regional unterschiedlicher Bevölkerungsanteile der Rassen zur Erklärung regionaler Lohn- und Gehaltsniveaus, die für den hier analysierten Untersuchungsraum relevante Konstellation eines Unterschieds zwischen einheimischen und ausländischen Arbeitnehmern anzunehmen.

In Analogie zu den rassenbedingten Diskriminierungen lautet die Hypothese, daß Regionen mit einem hohen Anteil ausländischer Arbeitskräfte ein geringeres Lohnniveau aufweisen als Regionen mit einem geringen Anteil ausländischer Arbeitskräfte. Ähnlich wie bei der Betrachtung möglicher Diskriminierung weiblicher Arbeitskräfte kann die erwartete negative Korrelation und damit auch das negative Vorzeichen des geschätzten Koeffizienten in der Regressionsanalyse Folge eines durchschnittlich geringeren Qualifikationsniveaus ausländischer Arbeitskräfte verglichen mit deutschen Arbeitskräften sein[136].

Aber auch ein positiver Zusammenhang zwischen dem regionalen Anteil ausländischer Arbeitskräfte und dem regionalen Lohn- und Gehaltsniveau ist begründbar,

---

134 Vgl. Jakoby, H.: a.a.O., S. 52f. und S. 133; Haworth, C. T./Reuther, C. J.: a.a.O., S. 91; Mellow, W.: a.a.O., S. 497ff.; Diekmann, A./Engelhardt, H./Hartmann, P.: a.a.O., S. 394ff.; Blien, U. (1995): a.a.O., S. 160; Geroski, P. A. /Hamlin, A. P./Knight, K. G.: Wages, strikes and market structure, in: Oxford economic papers, Vol. 34 (1982), S. 284; und für periphere ländliche Regionen: Seibert, O.: a.a.O., S. 112

135 Vgl. Hood, W./Rees, R. D.: a.a.O., S. 180f. Da aber die Geschlechtszugehörigkeit mit dem Lohnniveau vergleichsweise hoch korreliert ist, könnte die Insignifikanz in der Regressionsschätzung auch Folge hoher Interkorrelationen insbesondere mit den Variablen "Kapitalintensität", "Streikaktivität" und "Schichtarbeit" sein.

136 Vgl. Neumann, H.: a.a.O., S. 179; Diekmann, A./Engelhardt, H./Hartmann, P.: a.a.O., S. 393 und S. 396

wenn ausländische Arbeitskräfte Tätigkeiten mit geringer Attraktivität für deutsche Arbeitskräfte aufgrund kompensierender Lohndifferentiale ausführen[137]. In diesem Fall würde aus einer regionalen Häufung unattraktiver Tätigkeiten oder Umweltbedingungen ein positiver Zusammenhang zwischen dem Anteil ausländischer Arbeitskräfte und dem regionalen Lohnniveau resultieren. Ein positiver Zusammenhang läßt sich allerdings auch durch Umkehrung der Kausalitätsrichtung zwischen der Gastarbeiterquote und dem regionalen Lohnniveau erklären. Weisen ausländische Arbeitnehmer eine höhere interregionale Mobilität auf, so daß sie die Entscheidung für ein Arbeitsangebot in einer bestimmten Region stärker als Inländer nach Einkommensgesichtspunkten treffen[138], dann beeinflußt das Lohnniveau den Anteil der ausländischen Arbeitskräfte in einer Region. Die Hypothese einer höheren Mobilitätsbereitschaft ausländischer Arbeitnehmer ist durchaus plausibel, schließlich wäre unter dem Aspekt einer angestrebten Rückkehr in die Heimatländer ein Einkommensverzicht als Folge von Immobilität ein irrationales Verhalten. Für diesen Zusammenhang ist es unerheblich, ob die ausländischen Arbeitskräfte ihre erste Arbeitsstelle bereits in Regionen mit hohem Lohnniveau antraten und dort aufgrund sich im Zeitablauf nur langsam verändernder Strukturen regionaler Lohnniveaus auch im Untersuchungsjahr noch relativ hohe Löhne erhielten oder ob sie sich erst nachträglich an regionalen Verdienstunterschieden orientierten und sie durch interregionale Wanderungen nutzten[139].

Angesichts der Fragestellung in dieser Untersuchung ist die Wirkungsrichtung vorgegeben. Zwischen Gastarbeiterquote und Lohnniveau wird gemäß den Intentionen amerikanischer Spezifikationen unter dem Diskriminierungsaspekt ein negativer Zusammenhang erwartet. Ein positiver Zusammenhang zwischen beiden Variablen würde hingegen als Hinweis auf falsche Kausalität interpretiert. Die Begründung hoher Entlohnungen unangenehmer Tätigkeiten durch kompensierende Lohndifferentiale bleibt aufgrund vermutlich fehlender Relevanz für die Bundesrepublik Deutschland in der empirischen Analyse unberücksichtigt[140].

Die Variable "Anteil der ausländischen Arbeitnehmer an der Gesamtzahl der Arbeitnehmer in einer Region" wird aus Angaben der Arbeitsstättenzählung gebildet. Ein Vergleich des Zusammenhangs zwischen dieser Variablen und dem regionalen

---

137 Vgl. Neumann, H.: a.a.O , S. 179
138 Vgl. ebenda, S. 178
139 Vgl. ebenda
140 Vgl. Lorenz, W./Wagner, J.: a.a.O., S. 375ff.

Lohnniveau auf der räumlichen Ebene der Arbeitsmarktregionen mit der Ebene der kreisfreien Städte und Landkreise ist daher zulässig.

Aufgrund der möglicherweise abweichenden Sachverhalte der Diskriminierung von Schwarzen in den Vereinigten Staaten und Gastarbeitern in Deutschland wird auf eine Auswahl amerikanischer Schätzungen verzichtet. Untersuchungen für die Bundesrepublik Deutschland lassen vermuten, daß Lohnunterschiede zwischen einheimischen und ausländischen Beschäftigten primär durch Ausbildungsdifferenzen bedingt sind[141].

6.1.8 Teilzeitbeschäftigtenquote

Die Auswirkung eines regional hohen Anteils Teilzeitbeschäftigter auf das durchschnittliche regionale Lohn- und Gehaltsniveau ist eindeutig. Ein hoher Anteil von Teilzeitbeschäftigten senkt die durchschnittliche Arbeitszeit pro Arbeitskraft in einer Region, so daß ein negativer Zusammenhang zwischen der Quote der Teilzeitbeschäftigten und dem regionalen Lohnniveau zu erwarten ist. Dieser negative Zusammenhang wird auch bei einer Umkehrung der Kausalitätsrichtung bestätigt, wobei dieser Ansatz hier nicht weiter verfolgt wird..

Als teilzeitbeschäftigt gelten in der Arbeitsstättenzählung alle am Stichtag tätigen Personen, die zur Ableistung einer kürzeren als der orts-, branchen- oder betriebsüblichen Wochenarbeitszeit eingestellt sind, wobei Kurzarbeiter nicht gezählt werden[142]. Über die Einbeziehung regional unterschiedlicher Anteile an Teilzeitbeschäftigten hinaus, bleibt der Aspekt regional oder branchenspezifisch unterschiedlicher durchschnittlicher Arbeitszeiten der Vollzeitbeschäftigten im folgenden unberücksichtigt.

In der empirischen Untersuchung von Blien zur Erklärung individueller Tageslöhne wird die plausible Erwartung bestätigt, daß eine kurze Arbeitszeit eine geringe Entlohnung zur Folge hat[143]. Für den hier betrachteten Fall einer aggregierten Größe ist dieses Ergebnis allerdings nicht unmittelbar übertragbar.

---

141 Vgl. Diekmann, A./Engelhardt, H./Hartmann, P.: a.a.O., S. 396; Jakoby, H.: a.a.O., S. 52f. und S. 133

142 Vgl. Statistisches Bundesamt (Hrsg.) (1989b): a.a.O., S. 8

143 Vgl. Blien, U. (1995): a.a.O., S. 160

6.1.9 Branchenstruktur

Die Hypothese der Abhängigkeit regionaler Lohn- und Gehaltsniveaus von der regionalen Branchenstruktur erscheint unmittelbar plausibel. Dominieren in einer regionalen Wirtschaftsstruktur Branchen mit überdurchschnittlich hohem Lohnniveau, so werden auch in der Region hohe Lohnniveaus zu beobachten sein. Warum aber werden in bestimmten Branchen hohe Löhne gezahlt? Im folgenden werden die Aspekte sektoral divergierender Kapitalintensität und gewerkschaftlicher Organisation sowie sektoral divergierenden Wachstums und sektoral divergierender Konzentration auf dem Absatzmarkt aus der Vielzahl möglicher Erklärungen herausgegegriffen, ein weiterer Aspekt "hohes Niveau der Arbeitsproduktivität" ist Gegenstand des Kapitals 6.2.

Die Quantifizierung der Variablen erfolgt nach einem einheitlichen Schema. Auf Basis von Angaben für die Bundesrepublik Deutschland werden Branchen in zwei Gruppen eingeteilt, wie z. B. kapitalintensive Branchen versus alle anderen Branchen. Die Kapitalintensität der regionalen Wirtschaftsstruktur wird durch die Anzahl der regional in den als kapitalintensiv ermittelten Branchen beschäftigten Arbeitnehmer in Relation zur Zahl aller beschäftigten Arbeitnehmer einer Region bestimmt. Um überdurchschnittliche Lohnzahlungen branchenübergreifend erklären zu können und somit die Gefahr einer Reduzierung komplexer Branchencharakteristika auf einen Aspekt zu verringern, umfaßt der Zähler immer mehrere Branchen, die den jeweils betrachteten Sachverhalt in geeigneter Weise repräsentieren.

Aus Gründen der Datenverfügbarkeit gehen Branchen als "Zweisteller"[144] gemäß der Systematik der Wirtschaftszweige des Statistischen Bundesamtes in die Analyse ein. Um z. B. kapitalintensive von anderen, weniger kapitalintensiven Branchen trennen zu können, wird ein Schwellenwert festgelegt, anhand dessen über die Zuteilung einer Branche in die Gruppe der kapitalintensiven bzw. weniger kapitalintensiven Branchen entschieden werden kann. Dieser Schwellenwert wird nach Sichtung der Daten so gewählt, daß Branchen mit deutlich unterschiedlich hoher Kapitalintensität verschiedenen Gruppen zugeordnet werden. Die Variablen werden dann durch die Relation der Arbeitnehmer in den aufgeführten Branchen, z. B. den als kapitalintensiv ermittelten Branchen, zu den insgesamt in der Region Beschäftigten Arbeitnehmern gebildet.

---

[144] Statistisches Bundesamt (Hrsg.) (1979): Systematik der Wirtschaftszweige mit Erläuterungen, Wiesbaden, S. 10

6.1.9.1 Kapitalintensität

Ein positiver Einfluß hoher Kapitalintensität auf die Entlohnung läßt sich aus verschiedenen Überlegungen heraus begründen. In einer neoklassischen Produktionsfunktion führt eine Erhöhung des Kapitaleinsatzes pro Arbeitseinsatz zu erhöhten Produktivitätsbeiträgen des Produktionsfaktors Arbeit und dadurch zu steigenden Löhnen. Durchschnittliche Lohnniveaus pro Beschäftigtem steigen auch durch den Wegfall gering produktiver Arbeitskräfte. Ein positiver Zusammenhang zwischen Kapitalintensität und Entlohnung bleibt auch bei Umkehrung der Kausalität bestehen, wobei dieser Ansatz angesichts der vorliegenden Fragestellung im folgenden nicht vertiefend betrachtet wirdt.

Auch effizienzlohntheoretische Ansätze stützen die Annahme eines positiven Zusammenhangs zwischen Kapitalintensität und Entlohnung[145]. Unter der Annahme, daß gerade in kapitalintensiven Betrieben "bummelnde" Arbeitnehmer die Produktivität stark einschränken können, sichern hohe Löhne eine hohe Produktivität[146]. Kapitalintensität dient daher auch als Maß eines möglichen Schadens durch "Shirking"[147] zur Erklärung von Branchenlöhnen. Weitere Ansätze sind den Beschreibungen der Variablen "sektorale Konzentration" (Kapitel 6.1.9.3) und "Betriebsgröße" (Kapitel 6.1.10.1) zu entnehmen.

Die Kapitalintensität gibt das pro Arbeitnehmer vorhandene Anlagevermögen an. Da regional tief disaggregierte Daten zum Kapitalstock von Branchen nicht verfügbar sind, werden Angaben auf nationaler Ebene verwendet[148]. Sehr hohe Kapitalintensitäten wiesen im Jahr 1987 die nachfolgend angegebenen Branchen auf (in Klammern: Kapitalstock je Arbeitnehmer)[149]:

---

145 Vgl. Stiglitz, J. E. (1987): The causes and consequences of the dependence of quality on price, in: Journal of economic literature, Vol. 25, S. 8

146 Vgl. Hübler, O. /Gerlach, K. (1990): Sectoral wage patterns, individual earnings and the efficiency wage hypothesis, in: König, H. (ed.): Economics of wage determination, Berlin Heidelberg, S. 114

147 Vgl. Gahlen, B./Licht, G. (1990): The efficiency wage theories and inter-industry wage differentials. An empirical investigation for the manufacturing sector of the Federal Republic of Germany, in: König, H. (ed.): Economics of wage determination, Berlin Heidelberg, S. 134

148 Sektoral disaggregierte Angaben zur Kapitalintensität 1987 werden, soweit notwendig, gemäß der Systematisierung der Arbeitsstättenzählung in Wirtschaftsunterabteilungen umgerechnet (vgl. Statistisches Bundesamt (Hrsg.) (1992): Volkswirtschaftliche Gesamtrechnungen, Fachserie 18, Reihe S. 17, Wiesbaden, S. 315. Eine Umrechnung der ausgewiesenen Gliederung der Wirtschaftsbereiche in die Systematik der Wirtschaftszweige erfolgt gemäß der Angaben auf S. 318ff.. Der Unternehmensbereich "Wohnungsvermietung", sowie die "privaten Organisationen ohne Erwerbszweck" und staatliche Institutionen, nicht aber staatliche Unternehmen, bleiben unberücksichtigt (vgl. ebenda, S. 8).

149 Die Angaben für den Wirtschaftszweig 20 beruhen auf eigenen Berechnungen anhand einer Gewichtung mit Beschäftigtenzahlen. Auf die Berücksichtigung der ebenfalls sehr kapitalintensiv

- WZ 10: Elektrizitäts-, Gas-, Fernwärme- und Wasserversorgung (1495 Tsd. DM)
- WZ 11: Bergbau (272 Tsd. DM)
- WZ 20: Chemische Industrie, Mineralölverarbeitung (258 Tsd. DM)
- WZ 51: Verkehr, Nachrichtenübermittlung (378 Tsd. DM)
- WZ 61: Versicherungsgewerbe (299 Tsd. DM)
- WZ 75: Bildung, Wissenschaft, Kultur, Sport, Unterhaltung, Verlagswesen (328 Tsd. DM).

Hohe positive Korrelationen der Variablen "Kapitalintensität" sind insbesondere mit der Variablen "regionales Arbeitsproduktivitätsniveau" zu erwarten, da die Hypothese bestätigt würde, kapitalintensive Branchen seien sehr produktive Branchen. Eine geringe Korrelation würde hingegen den eigenständigen Charakter der Variablen "Kapitalintensität" betonen und auf die Relevanz von Ansätzen hindeuten, die entweder nicht auf einer definitorischen Übereinstimmung von Lohn- und Produktivitätsgrößen beruhen oder zusätzliche Aspekte zur unmittelbar meßbaren Produktivität berücksichtigen. So führt in Anlehnung an den Labor-turnover-Ansatz möglicherweise der Arbeitsplatzwechsel von Beschäftigten in kapitalintensiven Industrien zu stärkeren vorübergehenden Produktivitätseinbußen als in arbeitsintensiven Industrien. Eine Begründung hierfür wären spezifische Qualifikationen, die einen zeitaufwendigen Suchprozeß erfordern. Dann wäre es rational, Beschäftigten in kapitalintensiven Industrien bei gleicher unmittelbar meßbarer Produktivität eine höhere Entlohnung zu zahlen. Aufgrund der Probleme bei der Ermittlung des regionalen Produktivitätsniveaus und der Annahme der dem gewählten Vorgehen zugrundeliegenden Vorstellung, national kapitalintensive Branchen wären auch in jeder Region kapitalintensiv, sind aber vorsichtige Interpretationen der empirischen Ergebnisse bezüglich dieser Zusammenhänge anzuraten. Allerdings erlaubt das gewählte Vorgehen differenzierte Aussagen zum Zusammenhang zwischen Kapitalintensität und Produktivität, da eine unkritische Gleichsetzung von Kapitalintensität und Produktivität vermieden wird.

Um die Abhängigkeit regionaler Lohn- und Gehaltsniveaus von der regionalen Kapitalintensität zusätzlich aus einem anderen Blickwinkel überprüfen zu können, werden zusätzlich gemäß dem oben geschilderten Verfahren die mit relativ geringer Kapitalintensität produzierenden Branchen ermittelt. Zwischen dieser Variablen und

produzierenden Landwirtschaft wird verzichtet, da für den in der Arbeitsstättenzählung erfaßten Teil der Landwirtschaft nur eine geringe Kapitalintensität ausgewiesen wird.

dem regionalen Lohnniveau wird ein negativer Zusammenhang angenommen (in Klammern: Kapitalstock je Arbeitnehmer)[150]:

- WZ 30/31: Bauhaupt- und -ausbaugewerbe (41 Tsd.DM)
- WZ 43: Einzelhandel (79 Tsd.DM)
- WZ 71/72: Gastgewerbe, Heime (73 Tsd.DM).

Ein interessanter Aspekt ist die Korrelation zwischen den beiden Variablen zur regionalen Kapitalintensität. Eine hohe negative Korrelation würde z. B. darauf hindeuten, daß die Arbeitsnachfrage in nicht kapitalintensiven Branchen bedingt durch geringe Lohnangebote nicht befriedigt werden kann, wenn aufgrund ihrer hohen Kapitalintensität hohe Löhne zahlende Betriebe in einer Region das regionale Arbeitsangebot ausschöpfen. Ist die Korrelation zwischen beiden Variablen hingegen nur schwach, so deutet dies darauf hin, daß trotz hoher intraregionaler Mobilität der Marktteilnehmer die Arbeitsmärkte sektoral segmentiert sind.

Zur Ermittlung regionaler Kapitalintensitäten bleibt kritisch anzumerken, daß

- die Gruppierung der Branchen anhand eines nominal skalierten Merkmals "hohe bzw. geringe Kapitalintensität" erfolgt und dadurch sektoral unterschiedliche Kapitalintensitäten innerhalb einer Gruppe ignoriert werden,
- die Unterscheidung, ab welcher Kapitalintensität eine Branche als kapitalintensiv bzw. als nicht kapitalintensiv anzusehen ist, im Prinzip willkürlich ist,
- angenommen wird, national kapitalintensive Branchen seien auch in allen Regionen des Untersuchungsraums kapitalintensiv,
- aufgrund der Datenlage das eingesetzte Kapital als Bruttoanlagevermögen definiert ist, so daß die Abschreibungen ignoriert werden und es zu einer Überschätzung der tatsächlichen Kapitalintensität, insbesondere kapitalintensiver Branchen, kommt,
- implizit von der Vorstellung ausgegangen wird, das Anlagevermögen werde in allen Branchen und Regionen vollständig genutzt,
- die Beschränkung des Begriffs "Kapitalintensität" auf die Kapitalintensität der Branchen das in Form regionaler Infrastruktur vorhandene öffentliche Kapital ignoriert.

Empirische Untersuchungen, auch die Untersuchung von Jakoby, in der die Variable "regionales Arbeitsproduktivitätsniveau" zur Erklärung individueller Löhne als

---

[150] Vgl. Fußnote 148

ersatzweise Darstellung der regionalen Kapitalintensität Verwendung findet[151], bestätigen meist den erwarteten positiven Einfluß hoher Kapitalintensität auf die Entlohnung[152]. Allerdings ist der Erklärungsbeitrag nicht immer signifikant[153].

6.1.9.2 Wachstumsstärke

Ein weiteres Charakteristikum des regionalen Branchenmixes ist die wirtschaftliche Bedeutung von Wachstumsbranchen in der Region. Auch hier ist ein positiver Zusammenhang zwischen Wachstumsstärke und Entlohnung erwarten. So können hohe Löhne in wachsstumsstarken Branchen durch eine kurzfristig das Arbeitsangebot übersteigende Arbeitsnachfrage nach speziellen Qualifikationen erklärt werden[154]. Es liegt daher die Vermutung nahe, daß in Regionen, in denen Branchen mit überdurchschnittlichem Wachstum stark vertreten sind, auch ein überdurchschnittlich hohes regionales Lohnniveau vorliegen wird.

Im folgenden interessieren nicht die Ursachen des Wachstums in bestimmten Branchen, sondern es wird einfach anhand des empirischen Fakts vorgegangen. Als Branchen mit überdurchschnittlichem Wachstum gelten die Branchen, deren nationales Wachstum in den Jahren 1984-1987 deutlich über dem des nationalen Bruttoinlandsproduktes lag. Die Betrachtung eines Zeitraums von vier Jahren erscheint als sinnvolle zeitliche Abgrenzung, da in funktionierenden Arbeitsmärkten knappheitsbedingte überdurchschnittliche Löhne nicht dauerhaft und sehr langfristige zeitliche Abgrenzungen daher nicht sinnvoll sind. Bei Analyse kürzerer Zeitspannen gingen hingegen auch kurzlebige Wachstumsphasen ein, die vor allem der Auslastung von Kapazitäten dienen und damit kaum Auswirkungen auf den Arbeitsmarkt haben. Folgende Branchen als besonders wachstumsstark anzusehen[155] (in

[151] Vgl. Jakoby, H.: a.a.O., S. 45

[152] Vgl. Scully, G. W. (1969): Interstate wage differentials: a cross section analysis, in: The American economic review, Vol. 59, S. 767f.; Neumann, M./Böbel, I./Haid, A. (1980): Marktmacht, Gewerkschaften und Lohnhöhe in der Industrie der Bundesrepublik Deutschland, in: Kyklos, Band 33, S. 233. In den Schätzungen von Jakoby ist der Einfluß nur für das Jahr 1976 nicht positiv (vgl. Jakoby, H.: a.a.O., S. 52f. und S. 131).

[153] Vgl. Scully, G. W.: a.a.O., S. 764ff.; Hood, W./Rees, R. D.: a.a.O., S. 180f.

[154] Vgl. Luski, I./Weinblatt, J. (1994): Concentration and the inter-industry wage structure: the Israeli manufacturing sector, in: Applied economics, Vol. 26, S. 127; Wagner, J. (1991): Sektorlohndifferentiale in der Bundesrepublik Deutschland - Empirische Befunde und ökonometrische Analysen zu theoretischen Erklärungen, in: Jahrbuch für Sozialwissenschaft, Bd. 42, S. 87

[155] Das preisbereinigte Bruttoinlandsprodukt stieg zwischen den Jahren 1984-1987 um 5,6%.

Klammern: nationale Wachstumsrate der Branchen anhand der Bruttowertschöpfung von 1984 bis 1987[156]):

- WZ 21: Herstellung von Kunststoff- und Gummiwaren (+15,0%)
- WZ 25: Elektrotechnik, Feinmechanik, Herstellung v. EBM-Waren usw. (+14,2%)
- WZ 60: Kreditinstitute (+16,1%)
- WZ 61: Versicherungsgewerbe (+22,1%)
- WZ 75/76: Bildung, Wissenschaft, Sport, Kultur, Unterhaltung, Verlagsgewerbe (+38,1%)
- WZ 65/73/74/78/79/83: übrige Dienstleistungen (+21,2%)

Treffen polarisationstheoretische Überlegungen zu, so wird die Wachstumsstärke der regionalen Branchenstruktur mit der Dichtevariablen hoch korreliert sein. Die überdurchschnittliche Entwicklung des Dienstleistungssektors und das vermutlich überdurchschnittlich starke Wachstum von Branchen mit hohem Humankapital läßt auch starke Zusammenhänge mit den Variablen zum regionalen Qualifikationsniveau und der Angestelltenquote erwarten[157].

Die Modellierung einer Variablen zur Quantifizierung des Einflusses von Branchen mit geringem oder sogar negativem Wachstum auf das regionale Lohn- und Gehaltsniveau ergab wenig sinnvolle Ergebnisse. Die Ursache dürfte in der Heterogenität der zu berücksichtigenden Branchen und ihrem sektoralen Lohniveau liegen[158]. Es ist daher zu vermuten, daß die wirtschaftliche Situation der Branchen das regionale Lohnniveau unter Umständen erst längerfristig beeinflussen kann[159]. Zu beachten ist, daß Mengenreaktionen in Form steigender Arbeitslosigkeit als Folge von Lohnstarrheiten sich auf das hier untersuchte Lohnniveau pro Arbeitnehmer nicht dämpfend auswirkt.

Analog zur Darstellung in 6.1.9.1 kann die Annahme national wie regional identischer Wachstumsraten nicht zufriedenstellen. Eine empirische Analyse zu regionalwirtschaftlich wichtigen Problemen, wie z. B. den Fragen, ob die Zentren überdurchschnittlich hohe Wachstumsraten aufweisen oder ob wachstumsstarke Unter-

---

156 Vgl. Statistisches Bundesamt (Hrsg.) (1992): a.a.O., S. 274f. (eigene Berechnungen)

157 Vgl. Neumann, H.: a.a.O., S. 168

158 Die Variable müßte folgende Branchen erfassen: Bergbau, chemische Industrie, Baugewerbe, Metallerzeugung und -verarbeitung, Leder-, Textil- und Bekleidungsgewerbe sowie Ernährungsgewerbe/Tabakverarbeitung.

159 Die wirtschaftlichen Probleme einer Region, in denen wachstumsschwachen Branchen dominieren, schildert Blien, U. (1993): Arbeitsmarktprobleme als Folge industrieller Monostrukturen. Das Beispiel der Region Schweinfurt, in: Raumforschung und Raumordnung, 51. Jg., S. 347ff.

nehmen ihre Arbeitsstätten in peripheren Räumen errichten, sind daher auch bei Analyse der Regionentypen nicht zufriedenstellend zu beantworten. Auch auf die Frage, ob oder unter welchen Voraussetzungen Arbeitsstätten peripherer Regionen tatsächlich als "verlängerte Werkbank"[160] der verdichteten Regionen gelten, sind nur Hinweise, nicht aber gesicherte Erkenntnisse, zu erwarten.

Die Signifikanz des erwartet positiven Einflusses von Wachstumsbranchen auf die Entlohnung wird nicht in allen Untersuchungen bestätigt[161].

6.1.9.3 Sektorale Konzentration

Teilnehmer auf Märkten mit einer beschränkten Zahl von Anbietern oder Nachfragern agieren anders als die Teilnehmer polypolistisch strukturierter Märkte. Auf dem Gütermarkt gestattet eine geringe Zahl von Anbietern eine unternehmensindividuelle Güterpreisgestaltung in Grenzen, die von den wenigen Wettbewerbern und der Preiselastizität der Güternachfrage bestimmt wird. Hochkonzentrierte Branchen können daher, unter Umständen auch dauerhaft, hohe Gewinne erzielen. Die Entlohnung der in diesen Branchen beschäftigten Arbeitsanbieter ist dann überdurchschnittlich hoch, wenn es ihnen gelingt, an diesen Gewinnen zu partizipieren. Gelingt es beschäftigten Arbeitsanbietern nicht, aufgrund ihrer spezifischen Fähigkeiten ihre Lohnforderungen durchzusetzen, so verspricht die kollektive Interessenwahrnehmung durch gewerkschaftliche Organisation Erfolg[162]. Unter Umständen sind Arbeitsnachfrager sogar daran interessiert, Beschäftigte freiwillig an den konzentrationsbedingten Gewinnen teilhaben zu lassen, um einer gewerkschaftlichen Organisation zuvorzukommen[163]. Zudem dürfte der Widerstand der Arbeitsnachfrager gegen hohe Lohnforderungen dann schwach sein, wenn die Möglichkeit der Überwälzung der Lohn- und Gehaltssteigerungen durch höhere Güterpreise genutzt werden kann. Unter Umständen begünstigt diese Konstellation auch eine Orientie-

---

160 Bade, F-J. (1979): Funktionale Aspekte der regionalen Wirtschaftsstruktur, in: Raumforschung und Raumordnung, Heft 6, S. 258

161 Oftmals ist nicht das Wachstum der sektoralen Wertschöpfung, sondern (auch) das Wachstum der Beschäftigtenzahlen Gegenstand der Analyse (vgl. Hood, W./Rees, R. D.: a.a.O., S. 180f.; für verdichtete Regionen Seibert, O.: a.a.O., S. 109 bzw. zur Definition der Variablen, S. 314). Die Ergebnisse von Jakoby sind nicht einheitlich (vgl. Jakoby, H. a.a.O., S. 52f., S. 128 und S. 131, sowie die Interpretationen der Ergebnisse auf S. 59 und S. 131ff. und zur Definition der Variablen, S. 242).

162 Vgl. Luski, I./Weinblatt, J.: a.a.O., S. 127; Weiss, L. W. (1966): Concentration and labor earnings, in: The American economic review, Vol. 56, S. 97; Neumann, M./Böbel, I./Haid, A.: a.a.O., S. 241

163 Vgl. Weiss, L.: a.a.O., S. 97 und S. 115

rung der betrieblichen Personalpolitik im Sinne effizienzlohntheoretischer Überlegungen, z. B. gemäß dem Adverse-selection-Ansatz[164].

Hohe Konzentration kann für die Branchen angenommen werden, in denen sich ein besonders großer Anteil der insgesamt in einer Branche Beschäftigten auf wenige Unternehmen verteilt. Zur Quantifizierung des Konzentrationsgrades werden die am stärksten konzentrierten Branchen der Bundesrepublik aus der Arbeitsstättenzählung ermittelt[165] (in Klammern: Anteil der in den drei größten Unternehmen der Branche Beschäftigten an der Gesamtzahl der in Deutschland in der Branche Beschäftigten):

- WZ 11: Bergbau (51,4%)
- WZ 20: Chemische Industrie usw., Mineralölverarbeitung (27,8%)
- WZ 51: Verkehr, Nachrichtenübermittlung (ohne Spedition usw.) (61,8%).

Bei den drei größten Unternehmen einer Branche dürfte es sich um Mehrbetriebsunternehmen handeln, die in verschiedenen Regionen Betriebsstätten unterhalten. Es ist daher vertretbar, den Anteil der regional in hochkonzentrierten Branchen beschäftigten Arbeitnehmer an der Gesamtzahl der regionalen Arbeitnehmer als Variable zur Messung des Einflusses hochkonzentrierter Branchen auf regionale Lohnniveaus zu verwenden. Zudem ist auch denkbar, daß kleinere Unternehmen hochkonzentrierter Branchen zur Anpassung an ein hohes Lohnniveau gezwungen sein können, wenn eine Abwanderung mobiler Arbeitskräfte mit Branchen-Know-How, zu den großen Unternehmen der Branche vermieden werden soll.

Durch die Heterogenität der aufgeführten drei Branchen ist möglicherweise der theoretisch plausible Zusammenhang zwischen Konzentration und Entlohnung nicht in geeigneter Weise dargestellt. Die hohe Konzentration des WZ 51 ist maßgeblich durch die im Jahr 1987 noch staatlichen Monopole Eisenbahn und Post begründet. Es handelt sich hier aber nicht um Wirtschaftsbereiche, die Monopolgewinne in der

---

164 Dies wäre eine moderne Interpretation der empirischen Ergebnisse von Weiss, daß "monopolistic industries do get superior "quality" for the incomes they offer. ... The laborers ... earnings contain little or no monopoly rent".(vgl. Weiss, L.: a.a.O., S. 115). Interessant ist auch die alternative Interpretation der Ergebnisse, die in seiner Spezifikation des Indikators für Arbeitsqualität begründet ist. Da dieser Indikator die Rassenzugehörigkeit enthält, kann das empirische Ergebnis auch bedeuten, daß Unternehmen mit Machtpositionen auf dem Gütermarkt Teile ihrer Gewinne zur Anstellung ihnen genehmer Beschäftigter nutzen, eine Option, die im Wettbewerb stehende Unternehmen nicht haben (vgl. ebenda).

165 Vgl. Statistisches Bundesamt (Hrsg.) (1991a): Unternehmen und Arbeitsstätten. Arbeitsstättenzählung vom 25. Mai 1987, Fachserie 2, Heft 12: Konzentration und Beschäftigte der Unternehmen, Wiesbaden, S. 14ff.

dargestellten Weise realisierten[166]. Alternative Spezifikationen der Variablen "Konzentrationsgrad" ohne den WZ 51 ergaben allerdings in der vorliegenden Untersuchung keine deutlich von der beschriebenen Variable abweichenden Korrelationen mit den regionalen Lohn- und Gehaltsniveau.

Hohe Korrelationen mit weiteren Variablen sind zunächst aus den oben dargestellten Gründen mit dem gewerkschaftlichen Organisationsniveau zu erwarten. Zudem zeigt sich, zumindest in der hier gewählten Spezifkation der Variablen, daß hochkonzentrierte Branchen auch kapitalintensive Branchen sind[167]. Die hohe Korrelation zwischen den beiden Variablen überrascht nicht, wenn hohe Kapitalintensität als Marktzutrittsschranke interpretiert wird, die eine hohe Konzentration begründet[168].

Empirische Überprüfungen des Zusammenhangs zwischen Konzentrationsgrad und Lohnniveau bieten kein einheitliches Bild. Während einige Untersuchungen nur schwach oder auch nicht signifikante[169] Einflüsse von Konzentrationsvariablen liefern, bestätigen andere den erwarteten positiven Zusammenhang[170].

6.1.9.4 Gewerkschaftlicher Organisationsgrad

Die Vorstellung eines positiven Zusammenhangs zwischen dem gewerkschaftlichen Organisationsgrad und dem regionalen Lohnniveau läßt sich durch die Vorstellung begründen, den Beschäftigten verschaffe gewerkschaftliche Organisation gute Möglichkeiten zur Durchsetzung ihrer Interessen gegenüber Arbeitsnachfragern. Anhand von Einflußgrößen, die gewerkschaftliche Organisation von Branchen oder Unternehmen zu erklären versuchen, läßt sich der Mechanismus des Einflusses gewerkschaftlicher Macht skizzieren. So könnte ein Zusammenhang zwischen dem Konzentrationsgrad einer Branche und ihrer gewerkschaftlichen Organisation bestehen. Hinter dieser Überlegung steht die Idee, daß gewerkschaftliche Organisation insbesondere dort stattfindet, wo Machtpositionen auf den Gütermärkten zu hohen

---

166 Aus ähnlichen Überlegungen heraus schließen Hood/Rees zwei Wirtschaftsbereiche aus ihrer Analyse aus (vgl. Hood, W./Rees, R. D.: a.a.O., S. 177).

167 Vgl. auch Neumann, M./Böbel, I./Haid, A.: a.a.O., S. 236

168 Vgl. Hood, W./Rees, R. D.: a.a.O., S. 176

169 Vgl. Luski, I./Weinblatt, J.: a.a.O., S. 127; Haworth, C. T./Reuther, C. J.: a.a.O., S. 89ff. In den Ergebnissen von Hood/Rees fällt die hohe Interkorrelation mit der Betriebsgrößenvariablen auf (vgl. Hood, W./Rees, R. D.: a.a.O., S. 180f.).

170 Vgl. Bartels, C. P. A./Bertens, A. M.: a.a.O., S. 189; Jakoby, H.: a.a.O., S. 128; Geroski, P. A./-Hamlin, A. P./Knight, K. G.: a.a.O., S. 284; Mellow, W.: a.a.O., S. 497f.

Gewinnen führen bzw. diese erwarten lassen[171]. Wie bereits für sektoral hochorganisierte Branchen erörtert, gelingt es hier relativ leicht, ein hohes Lohnniveau durchzusetzen, da Lohnsteigerungen durch Preissteigerungen auf dem Gütermarkt überwälzt werden können. Auch Großbetriebe sind Schwerpunkt der Gewerkschaftsarbeit[172]. Hier ist gewerkschaftliche Organisation relativ leicht möglich, da der Kontakt zwischen den Beschäftigten eine Organisation zur Durchsetzung ihrer Interessen begünstigt und die Substitution einer großen Zahl organisationswilliger Beschäftigter durch zumindest im Augenblick der Einstellung nicht Organisationswillige aufgrund deren fehlenden betrieblichen Know-Hows und der nachfolgenden verringerten Produktivität ökonomisch nicht sinnvoll ist.

Die in der Bundesrepublik Deutschland praktizierte Form gewerkschaftlicher Organisation schafft zum einen durch überbetriebliche Verhandlungen Mindestlohnstandards und erlaubt zum anderen die innerbetriebliche Interessenwahrnehmung der Beschäftigten[173]. Überbetriebliche Lohnverhandlungen durch die institutionell meist auf Branchen ausgerichteten Gewerkschaften des Deutschen Gewerkschaftsbundes fördern die Wahrnehmung der Interessen der Beschäftigten insbesondere dadurch, daß die Unternehmen einer Branche nur einer Gewerkschaft gegenüberstehen und somit lohnkostenbedingte Veränderungen in einer Branche durch unterschiedliche Lohnabschlüsse in einzelnen Unternehmen zunächst nicht zu erwarten sind. Erst die ergänzende innerbetriebliche Interessenwahrnehmung der Beschäftigten erlaubt eine Durchsetzung zusätzlicher Leistungen gegenüber dem überbetrieblich ausgehandelten Mindestlohn. Insbesondere die Berufsgruppe der Arbeiter profitiert von der zusätzlichen innerbetrieblichen Interessenwahrnehmung, während ihre Bedeutung für Angestellte[174] und höher Qualifizierte[175] schwächer ist. Dies kann als Hinweis auf eine berufsgruppenbezogene Segmentierung des Arbeitsmarktes interpretiert werden, wenn angenommen wird, daß durch die Leistungserstellung in der Fertigung relativ wenig spezifische Kenntnisse entstehen, die eine ökonomisch

---

171 Vgl. Luski, I./Weinblatt, J.: a.a.O., S. 127; Weiss, L. W.: a.a.O., S. 97

172 Vgl. Struller, M./Herrenknecht, A. (1988): Für eine neue Solidarität mit der Provinz- Überlegungen zur einer Neubestimmung ländlicher Gewerkschaftsarbeit, in: Gewerkschaftliche Monatshefte, 39. Jg., S. 685

173 Zur Rolle des Betriebsrates in der Lohnfindung und zu möglichen Konflikten zwischen betrieblichen und überbetrieblichen Interessen, siehe: Adam, H. (1979): Die Einkommensverteilung in der Bundesrepublik Deutschland, Köln, S. 38ff.

174 Vgl. Imiela, U./Krieger, H./Löhrkein, K. (1987): Mitgliederzahlen: Struktur und Entwicklung bei den Angestellten - Perspektiven gewerkschaftlicher Angestelltenpolitik, in: Kittner, M. (Hrsg.): Gewerkschaftsjahrbuch 1987, Daten-Fakten-Analysen, Köln, S. 47ff.

175 Vgl. Infas-Institut für angewandte Sozialpolitik (1986): Mitgliederzahlen: Struktur und Entwicklung der weiblichen Gewerkschaftsmitglieder, in: Kittner, M. (Hrsg.): Gewerkschaftsjahrbuch 1986, Daten-Fakten-Analysen, Köln, S. 59ff.

rationale Substitution durch andere Arbeitsanbieter erschweren. Für die Beschäftigten in der Fertigung erschwert erst die kollektive Organisation eine Substitution und ist Ursache des Entstehens von Verhandlungsmacht. Hingegen ist eine Substitution Beschäftigter mit hohem Qualifikationsniveau und spezifischen Kenntnissen durch berufliche Erfahrung vergleichsweise aufwendig. Diese Beschäftigten können daher ihre Interessen vergleichsweise gut durchsetzen.

Die Quantifizierung des Organisationsgrades von Branchen ist mit folgenden Problemen verbunden:

- Gewerkschaftliche Mitgliederstatistiken sind nur sehr eingeschränkt auf die Gliederung der amtlichen Statistik übertragbar, da die Branchenabgrenzungen nur zum Teil kompatibel sind.
- In den Gewerkschaften besteht kein einheitliches Verfahren zur Ermittlung der Mitgliederzahlen[176]. So sind z. B. abweichende Praktiken zur Berücksichtigung von nichterwerbstätigen Gewerkschaftsmitgliedern zu beobachten[177].
- Es existieren mehrere Dachverbände. Während die Gewerkschaften des Deutschen Gewerkschaftsbundes Beschäftigte branchenbezogen zu organisieren suchen[178], wenden sich andere Verbände, wie z. B. die Deutsche Angestelltengewerkschaft, branchenunabhängig an bestimmte Berufsgruppen. In vielen Branchen vertreten daher mehrere, u. U. auch konkurrierende Gewerkschaften die Interessen der beschäftigten Arbeitsanbieter. Aber auch die Zuständigkeit einer Einzelorganisation des Deutschen Gewerkschaftsbundes für bestimmte Branchen ist nicht immer eindeutig[179].

Durch diese Probleme bedingt werden zur Ermittlung des regionalen gewerkschaftlichen Organisationsgrades folgende zwei Ansätze kombiniert: Die sektorale Streikaktivität sowie der Versuch einer direkten Ermittlung des gewerkschaftlichen Organisationsgrades. Diese Ergänzung des Kriteriums "Streikaktivität" erscheint sinnvoll, da sich die Stärke einer Gewerkschaft auch durch eine glaubwürdige Streikdrohung ausdrücken kann[180].

---

176 Vgl. Bayer, H./Streeck, W./Treu, E. (1981): Die westdeutsche Gewerkschaftsbewegung in Zahlen, Königstein/Taunus, S. E-34

177 Jakoby, H.: a.a.O., S. 44

178 Vgl. Bayer, H./Streeck, W./Treu, E.: a.a.O., S. E-12

179 Vgl. ebenda; S. E-29f..

180 Geroski u.a. ermittelten hohe Streikhäufigkeiten als Folge gewerkschaftlicher Schwäche (vgl. Geroski, P. A. /Hamlin, A. P./Knight, K. G.: a.a.O., S. 285).

Hohe Streikaktivität wird im folgenden mit hoher, niedrige Streikaktivität mit geringer gewerkschaftlicher Organisation gleichgesetzt. Die Summe der von Streik oder Aussperrung betroffenen Arbeitnehmer in den Jahren 1982-1986 erfaßt die Streikaktivität. Mit der Erfassung mehrerer Jahre soll vermieden werden, daß die eher zufälligen Streikaktivitäten eines einzelnen Jahres als charakteristisch für eine Branche angesehen werden. In der verwendeten Datenquelle sind zwar Streik- und Aussperrungstage nicht getrennt erfaßt, da aber Aussperrungen im Betrachtungszeitraum "stets als Reaktion auf begonnene Streiks vorgenommen wurden"[181], sind Verzerrungen nicht zu erwarten.

Aufgrund des Kriteriums "Ausmaß der Arbeitsniederlegungen in den Jahren 1982-1986, gemessen an der Zahl der Arbeitnehmer 1987" gelten folgende Wirtschaftszweige als gewerkschaftlich hoch organisiert[182].:

- WZ 10: Elektrizitäts-, Gas-, Fernwärme- und Wasserversorgung
- WZ 23: Metallerzeugung und Bearbeitung
- WZ 24: Stahl-, Maschinen- und Fahrzeugbau
- WZ 25: Elektrotechnik, Feinmechanik
- WZ 26: Holz-, Papier- und Druckgewerbe
- WZ 76: Verlagsgewerbe.

Da aber gewerkschaftlich sehr gut organisierte Branchen den Streik nicht zur Demonstration ihrer Stärke benötigen, ist der Organisationsgrad von Branchen zusätzlich direkt zu ermitteln. Eine ausschließliche Berücksichtigung der nachfolgend ermittelten hoch organisierten Branchen ist zum einen aufgrund von Problemen der Zuordnung gewerkschaftsorganisatorisch gegliederter Angaben in die wirtschaftssystematische Gliederung der Arbeitsstättenzählung und zum anderen durch den von der Arbeitsstättenzählung 1987 deutlich abweichenden Erhebungszeitraum der verwendeten Daten problematisch[183]. Weitere Probleme sind durch die Branchenunterteilung der Gewerkschaftsstatistiken bedingt, die nur in wenigen Fällen mit der Systematik der amtlichen Statistik kompatibel ist. Daher werden Branchen, die wirtschaftssystematisch in Dreistellern eingeteilt werden, nur dann berücksichtigt, wenn Wirtschaftszweige nach Dreistellern deutlich mehr als die Hälfte der Arbeitnehmer des zugehörigen Wirtschaftszweiges nach Zweistellern beinhalten.

---

[181] Jakoby, H.: a.a.O., S. 44
[182] Vgl. Anhang 2, Tabelle 13
[183] Es wird angenommen, daß gewerkschaftlich hoch organisierte Branchen im Jahr 1975 auch 1987 hoch organisiert waren. Vgl. Anhang 2, Tabelle 14

Zusätzlich zu den anhand des Kriteriums "Streikaktivität" genannten Wirtschaftszweigen gilt dann der

- WZ 11: Bergbau

als hochorganisiert.

Weitere hochorganisierte Branchen wie die Eisenschaffende Industrie und die Automobilproduktion sind aufgrund ihrer Streikaktivitäten (WZ 23 und 24) bereits berücksichtigt. Die "Betriebsgewerkschaften"[184] Deutsche Postgewerkschaft und Gewerkschaft der Deutschen Eisenbahner bleiben unberücksichtigt. Post und Bahn stellen zwar ungefähr die Hälfte aller Arbeitnehmer im Wirtschaftszweig 51, der Organisationsgrad der Arbeitnehmer im Wirtschaftsbereich 51, die weder für die Bundespost noch für die Bahnen tätig sind, ist aber unbekannt.

Aufgrund der Ansätze zur Erklärung der Voraussetzungen gewerkschaftlicher Organisation ist zu vermuten, daß die Variable "gewerkschaftlicher Organisationsgrad" hohe Korrelationen mit jenen Variablen aufweisen wird, die eine gewerkschaftliche Organisation vermutlich begünstigen, wie z. B. der Konzentrationsgrad von Branchen oder die regionale Präsenz von Großbetrieben. Diese Zusammenhänge sind in den Interpretationen der Regressionsschätzungen durch die Analyse der Korrelationsmatrizen zu beachten, um möglicherweise verzerrte Schätzergebnisse durch hohe Interkorrelationen ausschließen zu können.

Empirische Untersuchungen bestätigen in der Regel einen positiven Einfluß der Gewerkschaftstätigkeit auf die Lohnhöhe[185]. Allerdings ist der Einfluß nicht immer signifikant[186] und kann bei isolierter Messung des Einflusses der Streikaktivitäten sogar negativ sein[187].

6.1.10 Unternehmens- und betriebsspezifische Einflußgrößen

Viele empirische Untersuchungen interregionaler oder -sektoraler Lohn(niveau)-unterschiede zeigen neben den bisher erörterten Einflußgrößen der Struktur der

---

[184] Ebenda, S. E-31

[185] Vgl. Haworth, C. T./Reuther, C. J.: a.a.O., S. 88ff.; Quinn, J./McCormick, K.: a.a.O., S. 196; Mellow, W.: a.a.O., S. 498f.; Jakoby, H.: a.a.O., S. 52f. und S. 133

[186] Insbesondere, wenn mehrere alternative Variablen zur Messung des Gewerkschaftseinflusses berücksichtigt werden (vgl. Hood, W./Rees, R. D.: a.a.O., S. 177ff.)

[187] Vgl. Geroski, P. A. /Hamlin, A. P./Knight, K. G.: a.a.O., S. 284; Jakoby, H.: a.a.O., S. 52f. und S. 133

Teilnehmer auf den regionalen Arbeitsmärkten die Bedeutung unternehmens- bzw. betriebsspezifischer Einflußgrößen auf individuelle Entlohnung und Lohnniveaus[188].

Auf Basis theoretischer Überlegungen ist die Annahme eines positiven Zusammenhangs zwischen Entlohnung und Groß- oder Mehrbetriebsunternehmen nicht eindeutig. So ist z. B. im Unterschied zur Konzentration von Unternehmen auf der Angebotsseite des Gütermarktes vorstellbar, daß Betriebe, die auf einem regionalen Arbeitsmarkt eine dominierende Stellung haben, ihre Nachfragemacht zur Durchsetzung geringer Löhne nutzen. Dieses Verhalten ist allerdings nur dann praktikabel, wenn trotz geringer Löhne über genügend ausreichend qualifizierte Arbeitsanbieter verfügt werden kann[189]. Ein solcher Arbeitsmarkt kann nur dann bestehen, wenn Arbeitsanbieter z. B. aufgrund institutioneller oder qualifikationsbedingter Hemmnisse oder auch mangelnder Transparenz über die Vorgänge auf anderen regionalen Arbeitsmärkten interregional immobil sind[190]. In einer hochentwickelten marktwirtschaftlich organisierten Volkswirtschaft ist diese Immobilität nur bei geringen regionalen Lohnunterschieden für ähnliche Qualifikationen zu erwarten.

Da Großbetriebe und Hauptverwaltungen von Mehrbetriebsunternehmen vor allem in verdichteten Regionen angesiedelt sind[191], ist die Frage zu beantworten, ob die Berücksichtigung spezifischer Eigenschaften verdichteter Regionen, wie z. B. ein höheres durchschnittliches Qualifikationsniveau der Arbeitsanbieter, zur Erklärung höherer Lohnniveaus ausreicht. Liefern betriebsspezifische Größen eigenständige Erklärungsbeiträge, so kann dies z. B. als Indiz ungleich verteilter ökonomischer bzw. institutioneller Macht zwischen zentralen und peripheren Regionen im Sinne von Autoritäts-Abhängigkeitsbeziehungen[192] oder unter dem Aspekt der funktionalen räumlichen Arbeitsteilung[193] interpretiert werden. Neben der regional ungleichen ökonomischen Ausstattung liefert dieser Ansatz Erklärungen für intrasektorale Lohnunterschiede zwischen Regionen. Die Bedeutung betriebsspezifischer Faktoren zur Erklärung regionaler Lohnniveaus wird in Kapitel 8.2 durch Einbeziehung anderer Größen, wie dem regionalen Qualifikationsniveau und dem regionalen Verdichtungsgrad sowie sektorspezifischen Größen wie der Kapitalintensität überprüft werden. Die in Anhang 8 dokumentierten Korrelationsmatrizen enthalten alle betriebs-

---

[188] Vgl. die angegebene Literatur zu empirischen Analysen der Kapitel 6.1.10.1 und 6.1.10.2, sowie Bade, F-J. (1979): a.a.O., S. 253
[189] Vgl. Jakoby, H.: a.a.O., S. 90
[190] Vgl. Luski, I./Weinblatt, J.: a.a.O., S. 122
[191] Vgl. Olbrich, J.: a.a.O., S. 225ff.
[192] Vgl. die Erörterungen in Jakoby, H.: a.a.O., S. 86ff.
[193] Vgl. Bade, F-J. (1979): a.a.O., S. 254ff.

spezifischen Variablen dieser Untersuchung, so daß dort Hinweise auf, u. U. auch regionentypisch variierende, Zusammenhänge zwischen Variablen in differenzierter Form entnommen werden können.

6.1.10.1. Betriebsgröße

Die Vermutung eines positiven Einflusses regional ansässiger Großbetriebe auf das regionale Lohnniveau läßt sich durch verschiedene Erklärungen begründen. Naheliegend ist zunächst aufgrund der fortgeschrittenen Arbeitsteilung die Annahme einer höheren Produktivität von Großbetrieben gegenüber kleineren Betrieben, so daß als Folge höherer Produktivität höhere Löhne gezahlt werden können. Möglicherweise zwingt die geringe Attraktivität der Arbeitsplätze als Folge der Arbeitsteilung die Unternehmen zur Kompensation durch höhere Löhne[194].

Humankapitaltheoretische Überlegungen führen zur Vermutung einer durchschnittlich höheren Qualifikation der in Großbetrieben Beschäftigten[195]. Die höhere Qualifikation könnte durch selektive Auswahlverfahren oder besonders intensive betriebliche Ausbildung bedingt sein.

Effizienzlohntheoretische Gedankengänge können ebenfalls zur Begründung hoher Entlohnungen in Großbetrieben herangezogen werden. Je nach den spezifischen betrieblichen Gegebenheiten liefern verschiedene Ansätze plausible Erklärungen. So konfrontiert z. B. die hohe Spezialisierung der in Großbetrieben Beschäftigten die Arbeitsnachfrager mit dem Problem, daß gleichqualifizierte Arbeitsanbieter auf dem Arbeitsmarkt kaum vorhanden sind. Latent drohende Arbeitsstättenwechsel Beschäftigter wird ein Arbeitsnachfrager dann durch eine hohe, unter Umständen sogar den unmittelbar meßbaren Produktivitätsbeitrag um drohende Produktivitätsausfälle und die Kosten einer Neubesetzung übersteigende Entlohnung zu vermeiden suchen. Auch der Erhalt der Arbeitsmotivation für Tätigkeiten, deren Produktivität nur schwer kontrollierbar ist und in denen "Shirking" starke Auswirkungen zeigt, fördert die Bereitschaft der Arbeitsnachfrager zur Zahlung hoher Löhne. Durch die

---

194 Vgl. Gerlach, K./Schmidt, E. M. (1989): Unternehmensgröße und Entlohnung, in: Mitteilungen aus der Arbeitsmarkt- und Berufsforschung, 22. Jg., S. 356

195 Spöri, D. (1972): Ursachen der regionalen Verdienstunterschiede in der Industrie, in: Ifo-Schnelldienst, Heft 18, Jg. 25, S. 15

hierarchischen und bürokratischen Strukturen gelten Großbetriebe für "Shirking" als besonders anfällig[196].

Insider-Outsider-Ansätze erklären im Unterschied zur Effizienzlohnhypothese von den Beschäftigten erzwungene hohe Entlohnungen. Beschäftigte in Großunternehmen besitzen günstige Voraussetzungen zur Durchsetzung ihrer Interessen. So erlaubt die fortgeschrittene Arbeitsteilung in Großbetrieben den Beschäftigten, die über spezielle Branchen- und Betriebskenntnisse verfügen, ihre Lohnforderungen durchzusetzen, wenn die Arbeitsnachfrage nicht über gleichqualifizierte Outsider verfügen kann. Wie bereits in Kapitel 6.1.9.4 beschrieben, bieten Großbetriebe außerdem günstige Voraussetzungen zur Etablierung gewerkschaftlicher Organisation.

Auch die Exportbasistheorie läßt sich zur Erklärung eines positiven Zusammenhangs heranziehen. Wird eine regional konstante oder eine von der regionalen Produktion unabhängige Konsumstruktur angenommen, so deutet ein hoher Anteil der regional in Großbetrieben Beschäftigten auf eine Exportorientierung der regionalen Wirtschaft hin. Großbetriebe setzen ihre Produktion dann nicht primär auf dem regionalen Gütermarkt, sondern außerhalb regionaler Grenzen ab. Durch den Export der regionalen Produktion gelangen Devisen in die Region, die zu einer verstärkten Güternachfrage auch in der Region erstellter Güter und durch den resultierenden Multiplikatorprozeß zu einem regional hohen Lohnniveau führen.

Machtgesichtspunkte können ebenfalls zur Erklärung eines positiven Zusammenhangs zwischen regionalem Lohnniveau und einem großen Anteil der in Großbetrieben einer Region Beschäftigten herangezogen werden[197]. Diese Macht kann zum einen Marktmacht auf dem Absatzmarkt sein, die es den Großbetrieben erlaubt, Lohnerhöhungen relativ leicht durch Preiserhöhungen weiterzugeben[198], ein Aspekt, der bereits bei der Erörterung des Zusammenhangs von sektoraler Konzentration und Lohnniveau erörtert wurde. Zum anderen ist es zumindest sehr großen Betrieben oder bei Zugehörigkeit zu einer Branche mit homogenen Interessen auch möglich vor dem Hintergrund drohender regionaler Arbeitslosigkeit gemeinsam mit den Gewerkschaften politischen Druck auszuüben. Dadurch sind je nach Interessenlage regionale Infrastrukturinvestitionen[199] oder auch Marktbeschränkungen und direkte Subventionen durchsetzbar, die auch dem Erhalt zu hoher Lohnniveaus dienen

---

196 Vgl. Bellmann, L.: a.a.O., S. 117; Hübler, O. /Gerlach, K. (1990): a.a.O., S. 114
197 Vgl. Gerlach, K./Schmidt, E. M.: a.a.O., S. 356
198 Vgl. Bellmann, L.: a.a.O., S. 117
199 Vgl. Olbrich, J.: a.a.O., S. 230

können[200]. Die regionalpolitischen Konsequenzen dieser Durchsetzung von Gruppeninteressen sind in der Realität in allgemeiner Form kaum zu beurteilen. Einerseits verzögert ein hohes Lohnniveau den Strukturwandel. Potentiell ansiedlungswillige Branchen können angesichts eines hohen Lohnniveaus andere Regionen zur Ansiedlung wählen, in denen geeignete Arbeitskräfte zu geringeren Löhnen verfügbar sind[201]. Andererseits kann die Verweigerung einer Förderung oder Subvention zu ernsten regionalpolitischen Konsequenzen führen. Regionale strukturelle Arbeitslosigkeit, hieraus unter Umständen folgende interregionale Abwanderungen und damit regional sinkende Bevölkerungszahlen, stellt für z. B. für Branchen des tertiären Sektors, die Basis einer positiven wirtschaftliche Entwicklung einer Region sein könnten, keine attraktive Rahmenbedingung dar.

Eine weitere naheliegende Vermutung wird durch eine Untersuchung von Görzig[202] bestätigt. Großbetriebe einer Branche produzieren kapitalintensiver als kleinere Betriebe der gleichen Branche, so daß auch die unter 6.1.9.1 angeführten Erklärungen relevant sind. Görzigs Analyse beschränkt sich zwar auf das verarbeitende Gewerbe, eine Verallgemeinerung seiner Ergebnisse für andere Wirtschaftszweige erscheint aber nicht unplausibel.

Der erwartete positive Zusammenhang zwischen dem regionalen Beschäftigtenanteil in Großbetrieben und dem regionalen Lohnniveau kann dadurch verstärkt werden, daß Betriebe mit geringer Lohnzahlungsfähigkeit aufgrund der hohen Löhne in regionalen Großbetrieben nicht mehr über ausreichend qualifizierte Arbeitsanbieter verfügen. Als Folge könnte die Produktion in der Region aufgeben werden. Gelingt es den nun Erwerbslosen nicht, in der Region eine mindestens gleich entlohnte Tätigkeit zu erhalten, steigt das durchschnittliche Lohnniveau pro Arbeitnehmer in der Region zusätzlich.

Zur Quantifizierung des Einflusses großer Betriebe auf das regionale Lohn- und Gehaltsniveau wird der Anteil der Beschäftigten in Betrieben mit mehr als 1000 Beschäftigten an den insgesamt in der Region Beschäftigten verwendet.

---

200 Vgl. Gundlach, E. (1986): Gibt es in der Bundesrepublik genügend Lohndifferenzierung?, in: Die Weltwirtschaft, H. 1, S. 79

201 Vgl. Schmidt, K.-D. (1992): Lohnstruktur und Arbeitsmärkte - internationale Erfahrungen: Kann eine größere regionale und sektorale Lohndifferenzierung Arbeitslosigkeit abbauen?, in: IHK für München und Oberbayern (Hrsg.): Regionale Arbeitsmärkte im Umbruch, München, S. 40f.

202 Vgl. Görzig, B. (1991): Zeitreihen des Anlagevermögens in Industriezweigen nach Beschäftigtengrößenklassen, in: Deutsches Institut für Wirtschaftsforschung, Beiträge zur Strukturforschung, Heft 123, S. 61

Die Betriebsgröße erweist sich in vielen empirischen Untersuchungen als eine wichtige Determinante von Individualeinkommen[203] sowie regionaler[204] und sektoraler[205] Lohnniveaus. Interessanterweise scheint der positive Einfluß der Betriebsgröße auf die Entlohnung trotz einer mit der Betriebsgröße steigenden Kostenbelastung durch Personalnebenkosten zu bestehen[206].

6.1.10.2 Ein- und Mehrbetriebsunternehmen

Mehrbetriebsunternehmen gelingt die gezielte Nutzung spezifischer regionaler Vorteile durch Aufspaltung von Verwaltungs- und Produktionstätigkeiten in Hauptverwaltungen und Zweigbetriebe[207]. In der regionalwissenschaftlichen Literatur stellt diese Folge betrieblicher Standortpolitik einen Aspekt der funktionalen Arbeitsteilung zwischen den Regionen dar. Die Nutzung standortspezifischer Vorteile durch Zweigbetriebe hat zur Konsequenz, daß Kontroll- und Entscheidungsbefugnisse von einer außerhalb der Region oder auch Nation ansässigen Unternehmenszentrale ausgeübt werden. In der regionalwissenschaftlichen Diskussion gelten daher Zweigbetriebe in peripheren Regionen als "verlängerte Werkbank"[208] zentraler Unternehmenseinrichtungen. Diese Abhängigkeit muß sich allerdings nicht allein auf die Existenz von Zweigbetrieben beziehen, sondern läßt sich auch als grundsätzliches Problem der produktionsbezogenen Ausrichtung regionaler Wirtschaftsstruktur peripherer Regionen interpretieren. Da auf Nachfrageschwankungen in den Gütermärkten durch Anpassungen der Produktion der Zweigbetriebe reagiert wird, gelten periphere Regionen als besonders empfindlich bezüglich saisonaler und konjunktureller Einflüsse[209].

---

203 Vgl. Blien, U. (1995): a.a.O., S. 160; Wagner, J.: a.a.O., S. 75, Jakoby, H.; a.a.O., S. 52f.; Quinn, J./McCormick, K.: a.a.O., S. 195f., Mellow, W.: a.a.O., S. 497ff.

204 Vgl. Bellmann, L.: a.a.O., S. 117

205 Vgl. Haworth, C. T./Reuther, C. J.: a.a.O., S. 87ff., Hood, W./Rees, R. D.: a.a.O., S. 177 bzw. 180f., Masters, S. H. (1969): An interindustry analysis of wages and plant size, in: The Review of economics and statistics, Vol. 51, S. 344f.

206 Vgl. Neumann, M./Böbel, I./Haid, A.: a.a.O., S. 232, Albach, H. (1989): Dienstleistungen in der modernen Industriegesellschaft, München, S. 89

207 Vgl. Bade, F.-J. (1981): Die Standortstruktur großer Industrieunternehmen, in: Jahrbücher für Nationalökonomie und Statistik, Bd. 196, S. 346

208 Bade, F.-J. (1986): a.a.O., S. 15

209 Vgl. Gerlach, K./Lippmann, P. (1972): Konjunkturelle Aspekte der Industrialisierung peripherer Regionen - dargestellt am Beispiel des ostbayerischen Regierungsbezirks Oberpfalz, in: Jahrbücher für Nationalökonomie und Statistik, Bd. 187, S. 2ff.

Hauptverwaltungen befinden sich vorwiegend in Zentren[210]. Hier sind die Standortfaktoren in besonderem Maß vorhanden, die für industrielle Führungsfunktionen von Bedeutung sind. Das hohe Qualifikationsniveau des Arbeitsmarktes fördert die Ansiedlung von Verwaltungs- und Entscheidungstätigkeiten sowie Forschungs- und Entwicklungsaktivitäten[211]. Fertigungsleistungen werden hingegen in Zweigbetrieben peripherer Regionen erstellt, wenn standortspezifische Vorteile wie z. B. geringe Grundstückspreise, geringe Steuerbelastungen[212] und geringes Lohnniveau[213] standortspezifische Nachteile überkompensieren. Sollen standardisierte Produkte durch einen Transfer von Produktions-Know-How an dem Ort mit den geringsten Lohnkosten erstellt werden, konkurrieren periphere inländische Regionen vor allem mit ausländischen Produktionsorten um die Ansiedlung von Zweigbetrieben. Hier ist eine weitgehende Entkoppelung von Entlohnung und Produktivität denkbar, wenn identische Fertigungsleistungen mit stark unterschiedlichen Entlohnungen realisiert werden können.

Die regionalwirtschaftlichen Konsequenzen der räumlichen Arbeitsteilung werden vor allem vor dem Hintergrund einer zunehmenden Bedeutung von Mehrbetriebsunternehmen als Folge wirtschaftlicher Konzentrationsprozesse diskutiert[214]. Für die vorliegende Untersuchung genügt die Vermutung, daß Regionen mit einem hohen Anteil an Beschäftigten in Mehrbetriebsunternehmen ein hohes Lohnniveau aufweisen, während ein regional großer Anteil von Beschäftigten in Einbetriebsunternehmen einen negativen Erklärungsbeitrag leisten werden. In vielen Punkten ist hier eine analoge Argumentation mit den Auswirkungen von Großunternehmen auf das regionale Lohnniveau möglich, ein insbesondere dann naheliegender Ansatz, wenn vor allem die einzelnen Betriebe von Mehrbetriebsunternehmen Großbetriebe darstellen.

Einbetriebsunternehmen haben außer der Erstellung von Fertigungs- und Dienstleistungen durch Fremdunternehmen keine Möglichkeit an der räumlichen Arbeitsteilung im Sinne einer gezielten Kombination standortspezifischer Vorteile von Regionen teilzunehmen. Dies muß für kleine Unternehmen kein Nachteil sein, wenn

---

210 Vgl. Olbrich, J.: a.a.O., S. 230
211 Vgl. ebenda, sowie Bade, F.-J. (1981): a.a.O., S. 343
212 Vgl. Ifo-Institut für Wirtschaftsforschung (Hrsg.) (1990): Bild der Woche: Regionale Standortnachteile und -vorteile, in: Ifo-Schnelldienst, 43. Jg., Heft 10/11, S.1
213 Vgl. Sengenberger, W.: a.a.O., S. 34
214 Vgl. z. B. Müller, K. (1980): Regionale Auswirkungen allgemeiner Unternehmenskonzentration, in: Schweizer Nationalfond, Nationales Forschungsprogramm "Regionalprobleme", Informationsbulletin der Programmleitung Nr. 7, Bern, S. 13ff., Sengenberger, W.: a.a.O., S. 34

an einem nach dem Tätigkeitsschwerpunkt gewählten Standort durch die Konzentration aller Unternehmensfunktionen an einem Ort eine schnelle innerbetriebliche Kommunikation genutzt werden kann. Dieser Aspekt dürfte als hohe Flexibilität auf den Produktmärkten honoriert werden, eine überdurchschnittlich hohe Entlohnung ist damit allerdings nicht unbedingt verbunden.

Der regionale Anteil der Beschäftigten in Hauptverwaltungen, Zweigbetrieben und Einbetriebsunternehmen wird den Angaben der Arbeitsstättenzählung entnommen[215]. Beschäftigte der Wirtschaftszweige 8 (Organisationen ohne Erwerbszweck) und 9 (Gebietskörperschaften, Sozialversicherung) bleiben unberücksichtigt. Untersucht werden folgende vier Variablen:

- Anteil der in Mehrbetriebsunternehmen Beschäftigten
- Anteil der in Einbetriebsunternehmen Beschäftigten
- Anteil der in Hauptverwaltungen Beschäftigten
- Anteil der in Zweigbetrieben Beschäftigten.

Der Anteil der in Zweigbetrieben Beschäftigten ist eine mit Vorsicht zu interpretierende Variable, da den Angaben der Arbeitsstättenzählung nicht entnommen werden kann, ob und in welchem Umfang Zweigbetriebe güterproduzierende Betriebe im oben diskutierten Sinn sind oder ob bzw. inwieweit in den Zweigbetrieben hauptverwaltungstypische Aufgaben als Folge "hauptverwaltungsinterne[r] Standortspaltung"[216] wahrgenommen werden. In die Regressionsschätzungen in Kapitel 8 wird daher auf diese Variable verzichtet, Zusammenhänge mit anderen Variablen können den Korrelationsmatrizen des Anhangs 8 entnommen werden. Hier findet sich auch die Variable "Anteil der regional in Hauptverwaltungen Beschäftigten", die in den hier verwendeten räumlichen Abgrenzungen schwächere Korrelationen als die Variable "Anteil der in Mehrbetriebsunternehmen Beschäftigten" mit dem regionalen Lohn- und Gehaltsniveau aufwies und daher zur Vermeidung von Multikollinearität in den Regressionsschätzungen nicht berücksichtigt wurde.

In empirischen Untersuchungen liefert die Variable "Unternehmensgröße" zumeist signifikant positive Erklärungsbeiträge zur Erklärung regionaler Entlohnungen[217].

---

215 Vgl. Statistisches Bundesamt (Hrsg.) (1991b): Unternehmen und Arbeitsstätten Arbeitsstättenzählung vom 25. Mai 1987, Fachserie 2, Heft 14: Unternehmen, ihre Niederlassungen und deren Beschäftigung nach Unternehmens- und Niederlassungssitz, Wiesbaden, S. 156ff.

216 Olbrich, J.: a.a.O., S. 232. Hier finden sich auch Beispiele spezifischer Standortvorteile bestimmter Agglomerationen.

217 Vgl. Mellow, W.: a.a.O., S. 498. Goldfarb/Yezer erklären die fehlende Signifikanz des Koeffizienten für die Variablen "firm size" durch hohe Interkorrelation mit der Variablen

6.2 Regionales Arbeitsproduktivitätsniveau

Ein starker Zusammenhang bzw. im Idealfall die exakte Übereinstimmung von Produktivitätsbeitrag und Entlohnung kann als typisches Kennzeichen funktionierender Märkte gelten. Die Kopplung der Entlohnung eingesetzter Produktionsfaktoren an ihren Produktivitätsbeitrag folgt aus den restriktiven Annahmen des Modells: Vollständige Transparenz wirtschaftlicher Vorgänge und das konsequent verfolgte Ziel der Anbieter von Produktionsfaktoren zur Maximierung ihrer Entlohnung bei gegebenem (Arbeits)Einsatz zwingen Arbeitsnachfrager zu diesem Verhalten. Sollen mit dem theoretischen Modell reale ökonomische Zusammenhänge in einem marktwirtschaftlichen Wirtschaftssystem erklärt werden, so liegt die Vermutung nahe, daß der Zusammenhang zwischen Produktivität und Entlohnung umso stärker sein wird, je besser die Annahmen des Modells erfüllt sind.

Zur Überprüfung des theoretisch behaupteten Zusammenhangs zwischen Produktivitätsbeitrag und Entlohnung wird in der Regel eine bestimmte Produktionsfunktion angenommen, welche die realen Zusammenhänge zutreffend erfassen soll und die Schätzung der Produktionselastizitäten erlaubt. Im vorliegenden Fall ist dieser Weg nicht möglich, da Angaben zum regionalen Kapitalstock als einem wesentlichen Produktionsfaktor auf der Ebene der Arbeitsmarktregionen nicht verfügbar sind.

Anstelle der unbekannten Grenzproduktivität wird eine Durchschnittsgröße, die regionale Arbeitsproduktivität, zur Quantifizierung des Zusammenhangs zwischen regionalem Produktivitäts- und regionalem Lohnniveau verwendet. Da die "wahre" Produktionsfunktion unbekannt ist, sind keine allgemeinen Aussagen über den Zusammenhang von Grenz- und Durchschnittsproduktivität möglich. Wäre aber z. B. die unbekannte Produktionsfunktion eine linear homogene Cobb-Douglas-Produktionsfunktion, so stünden Grenz- und Durchschnittsproduktivitäten der Produktionsfaktoren in einem festen Verhältnis zueinander, das durch die Produktionselastizität des jeweiligen Produktionsfaktors bestimmt wird[218]. Aufgrund der Restriktionen des Wertebereichs der Produktionselastizität nimmt die Grenzproduktivität der Produktionsfaktoren immer kleinere Werte als die Durchschnittsproduktivität an. Die Durchschnittsproduktivität ist in diesem Fall eine lineare Transformation der Grenzproduktivität, d. h. daß ihre ersatzweise Verwendung zwar zu verzerrten

"Stadtgröße" (vgl. Goldfarb, R. S./Yezer, A. M. J.(1976): Evaluating alternative theories of intercity and interregional wage differentials, in: Journal of regional science, Vol. 16, S. 350f.)

218 Vgl. Rudolf, H. (1973): Die Problematik makro-ökonomischer Produktionsfunktionen -dargestellt am Beispiel der westdeutschen Industrie, (Diss. Würzburg) Bonn, S. 7ff., Kuh, E.: a.a.O., S. 337

Koeffizientenschätzungen führt, ihre Korrelation mit dem regionalen Lohn- und Gehaltsniveau aber unberührt bleibt.

Die durchschnittliche regionale Arbeitsproduktivität stellt in dieser Untersuchung eine unter vielen Variablen dar. Dieser Ansatz erlaubt es, die Relevanz dieser Produktivitätsgröße im Vergleich mit anderen Einflußgrößen zu sehen. So gelingt eine umfassende Beschreibung der Vorgänge auf realen Arbeitsmärkten, die durch die restriktiven Annahmen des Modells nur näherungsweise beschrieben werden können. Schließlich ist zu beachten, daß die analysierte Produktivitätsgröße auf Umsatzzahlen beruht, die nur zum Teil auf perfekten Gütermärkten erzielt wurden. Neben rein marktwirtschaftlicher Leistungsfähigkeit kann damit auch Leistungsfähigkeit in der politischen Durchsetzung und Bewahrung von Marktbeschränkungen Ursache des Umsatzes sein. Die Arbeitsproduktivität wird dann zwar geringer sein als im Fall freier Märkte, allerdings ist den Wertschöpfungsgrößen das Ausmaß dieser Produktivitätsverluste nicht zu entnehmen.

Als regionale Wertschöpfungsgröße auf einer räumlichen Ebene unterhalb der Bundesländer ist nur die Bruttowertschöpfung verfügbar. Es ist zu prüfen, ob diese Größe zur Quantifizierung regionaler Arbeitsproduktivität geeignet ist. Die ideale Wertschöpfungsgröße sollte gemäß dem Inlandskonzept ermittelt werden[219]. So darf z. B. die in Zweigbetrieben erbrachte Wertschöpfung nicht in der Region der Hauptverwaltung, sondern muß in den Regionen nachgewiesen werden, in denen die Leistung erstellt wurde[220]. Zudem sollte die Wertschöpfungsgröße nur die Faktoreinkommen umfassen.

Während das erstgenannte Kriterium von den Inlands- und Wertschöpfungsgrößen der amtlichen Statistik erfüllt wird[221], ist der zweite Aspekt anhand der folgenden Stichpunkte ausführlicher zu erörtern:

- Wertschöpfungsgröße zu Marktpreisen oder zu Faktorkosten
- Netto- oder Bruttowertschöpfungsgröße.

---

219 Vgl. Wangenheim, J. v.: a.a.O., S. 23f.

220 Vgl. Treek, H. J. (1979): Materialgrundlagen, Berechnungsverfahren und Fehlerquellen bei der Ermittlung des Bruttoinlandsproduktes der Kreise und kreisfreien Städte, in: Statistische Rundschau für das Land Nordrhein-Westfalen, 31. Jg., S. 178

221 Vgl. Gemeinschaftsveröffentlichung der Statistischen Landesämter (1991): Volkswirtschaftliche Gesamtrechnungen der Länder, Bruttowertschöpfung der kreisfreien Städte, der Landkreise und der Arbeitsmarktregionen in der Bundesrepublik Deutschland 1980 und 1988, Stuttgart, S. 11

Eine Wertschöpfungsgröße zu Faktorkosten enthält die erhaltenen Subventionen, während Produktionssteuern herausgerechnet sind[222]. Da Subventionen, nicht aber zu zahlende Produktionssteuern zur Entlohnung der Produktionsfaktoren eingesetzt werden können, ist die Verwendung einer Wertschöpfungsgröße zu Faktorkosten angebracht[223].

Als ideale Wertschöpfungsgröße gilt das Nettoinlandsprodukt zu Faktorkosten[224], da Abschreibungen auf Kapitalgüter kein verteilbares Produktionsergebnis darstellen. Diese Größe wird aber in der hier erforderlichen räumlichen Disaggregation nicht ausgewiesen. Verfügbar ist hingegen die Bruttowertschöpfung zu Faktorkosten. Die Verwendung dieser Größe hat zur Konsequenz, daß eine Größe analysiert wird, die größer ist als der tatsächlich zur Entlohnung der Faktorleistungen zur Verfügung stehende Teil der Wertschöpfung. Aufgrund der regional unterschiedlichen Branchenstrukturen führt die Verwendung der Bruttowertschöpfung zu systematischen Abweichungen gegenüber der Verwendung einer Nettowertschöpfungsgröße. In Branchen mit kapitalintensiver Produktion werden z. B. die Abschreibungen höher sein als in einer Branche mit geringerer Kapitalintensität, so daß in Regionen mit einem großen Anteil kapitalintensiver Branchen die tatsächlich verteilbare Wertschöpfung stärker überschätzt werden wird als in Regionen, in denen Branchen mit geringer Kapitalintensität dominieren[225]. Verfügen verdichtete Regionen gegenüber nicht verdichteten Regionen durchschnittlich über die kapitalintensivere Produktion, so führt die Verwendung einer Bruttogröße "zu einer Überbewertung der Arbeitsproduktivität mit steigendem Verdichtungsgrad"[226].

Weitere Verzerrungen zum Zusammenhang von Produktivitäts- und Lohnniveau folgen, da in der Arbeitsstättenzählung landwirtschaftliche Betriebe weitgehend nicht erfaßt sind, während die Bruttowertschöpfung zu Faktorkosten die Wertschöpfung dieses Sektors enthält, d. h. es geht zwar die Wertschöpfung der im primären Sektor abhängig Beschäftigten, nicht aber deren Entlohnung in die Analyse ein. Durch die geringe Bedeutung des primären Sektors für die regionale Wertschöpfung sind allerdings keine starken Verzerrungen zu erwarten[227].

---

222 Vgl. ebenda
223 Vgl. Kertels, W. (1994): Die Bruttowertschöpfung in den kreisfreien Städten und Landkreisen 1980 bis 1990, in: Statistische Monatshefte Rheinland-Pfalz, 47. Jg., S. 1
224 Vgl. Wangenheim, J. v.: a.a.O., S. 35 und Neumann, H.: a.a.O., 34ff.
225 Vgl. Neumann, H.: a.a.O., S. 35
226 Wangenheim, J. v.: a.a.O., S. 31
227 Nur für wenige Landkreise übersteigt der Anteil der Wertschöpfung des primären Sektors an der gesamten regionalen Wertschöpfung 10% (vgl. Gemeinschaftsveröffentlichung der Statistischen

Eine wichtige potentielle Fehlerquelle der verfügbaren regionalen Wertschöpfungsgrößen auf Kreis- bzw. Arbeitsmarktregionenebene liegt in ihrer nicht originären Berechnung. "Die zum großen Teil originär berechneten Landeswerte der Bruttowertschöpfung der einzelnen Wirtschaftsbereiche [werden] in tiefer fachlicher Gliederung mit Hilfe eines Schlüsselverfahrens auf die kreisfreien Städte und Landkreise aufgeteilt"[228]. Als Schlüsselgrößen dienen auf der Ebene kreisfreier Städte und Landkreise für jeden Wirtschaftsbereich originär erhobene Hilfsgrößen, von denen eine hohe Korrelation mit der regionalen Bruttowertschöpfung angenommen werden kann[229]. Im Unterschied zu den bisher genannten Fehlerquellen ist hier allerdings eine verzerrte Überschätzung des tatsächlichen Zusammenhangs von Lohn- und Produktivitätsniveau zu vermuten, da die regionalen Lohn- und Gehaltsniveaus eine wichtige Schlüsselgröße darstellen. Aussagen zur Zuverlässigkeit der so ermittelten regionalen Bruttowertschöpfungsgrößen selbst sind vom Ausmaß der tatsächlichen, unbekannten Korrelation zwischen regionaler Bruttowertschöpfung und der Schlüsselgröße abhängig und daher nicht quantifizierbar[230]. Für die hier vorliegende Untersuchung bleibt aber festzuhalten, daß aufgrund der Verteilung der Produktivitätsgrößen gemäß der regionalen Verteilung der Lohn- und Gehaltsniveaus die tatsächliche Korrelation zwischen den beiden Variablen eher über- als unterschätzt werden wird.

Um einen Vergleich der durchschnittlichen regionalen Arbeitsproduktivität mit dem durchschnittlichen Pro-Kopf-Lohn- und Gehaltseinkommen zu ermöglichen, wird mit der regionalen Beschäftigtenzahl eine Bezugsgröße gewählt, die die Anzahl der die Wertschöpfung Erstellenden vollständig und unabhängig von ihrem Wohnort berücksichtigt[231]. Wie auch die zu erklärende Größe stellt die Variable "Arbeitsproduktivitätsniveau" eine Stromgröße dar. Schon die Relation der Produktivität als Stromgröße zu einer Bestandsgröße kann zu Verzerrungen führen, wenn die Bestandsgröße Schwankungen in dem für die Stromgröße relevanten Zeitraum unterliegt. Da sich die in der Arbeitsstättenzählung erhobene Lohn- und Gehaltssumme weitgehend auf das Jahr 1986 bezieht, ist es sinnvoll, auch die Bruttowertschöpfung zu Faktorkosten des gleichen Jahres zugrunde zu legen. Die Beschäftigtenzahl bezieht sich hingegen auf einen Zeitpunkt des Jahres 1987.

Landesämter (Hrsg.) (1989): Volkswirtschaftliche Gesamtrechnungen der Länder: Heft 18, Bruttowertschöpfung der kreisfreien Städte und Landkreise in der Bundesrepublik Deutschland 1980 und 1986, Stuttgart, S. 74ff.).

228 Treek, H. J.: a.a.O., S. 179

229 Vgl. ebenda, S. 179ff.

230 Vgl. ebenda, S. 185

231 Vgl. ebenda, S. 185f.

Die empirischen Ergebnisse zum Zusammenhang zwischen der regionalen Arbeitsproduktivität und dem regionalen Lohnniveau dürfen aufgrund der Mängel der Größe "regionale Arbeitsproduktivität" offensichtlich nicht überinterpretiert werden. Die Korrelationen zwischen regionaler Arbeitsproduktivität und regionalem Lohnniveau können sowohl unter- als auch überschätzt sein.

Trotz der Bedeutung der Arbeitsproduktivität in der Theorie für die Höhe der Entlohnung findet diese Variable in empirischen Querschnittsanalysen nur wenig Berücksichtigung. In diesen Schätzungen zeigt sich der erwartete positive Einfluß auf den Regressanden. Während in den Schätzungen Seiberts[232] das Bruttoinlandsprodukt pro Kopf der Wirtschafts- bzw. Wohnbevölkerung die Variable mit dem höchsten Erklärungsanteil aller Variablen[233] ist, zeigen andere Untersuchungen, daß das Arbeitsproduktivitätsniveau nur eine Variable unter mehreren wichtigen Einflußgrößen ist[234].

6.3 Regionales Preisniveau

Die hier betrachteten regionalen Lohn- und Gehaltsniveaus sind eine nominale Größe. Es liegt daher nahe, auch regionale Preisniveauunterschiede als eine Erklärung nominaler Lohnniveauunterschiede einzubeziehen, d. h. es wird im folgenden angenommen, daß das regionale Lohnniveau eindeutig Folge des regionalen Preisniveaus ist. Erweist sich der erwartete positive Zusammenhang beider Größen als wesentlicher Bestandteil der Spezifikationen, so läßt sich anhand des Koeffizientenschätzwertes für die Variable "Preisniveau" erkennen, inwieweit regional divergierende nominale Lohnniveaus durch divergierende Preisniveaus kompensiert werden. So besteht zwischen divergierenden nominalen Lohnniveaus real kein Unterschied, wenn die Lohnunterschiede exakt durch entsprechende Preisniveauunterschiede kompensiert werden.

---

232 Vgl. Seibert, O.: a.a.O., S. 108ff.

233 Die Korrelation zwischen den regionalen Lohnniveaus und den Variablen zur Messung der regionalen Arbeitsproduktivität betrug in den verdichteten Regionen +0,70, in den peripheren ländlichen Regionen +0,65 (vgl. ebenda, S. 110 und S. 113).

234 Vgl. Haworth, C. T./Reuther, C. J.: a.a.O., S. 89ff., Jakoby, H.: a.a.O., S. 52

Für kreisfreie Städte und Landkreise sowie Arbeitsmarktregionen weist die amtliche Statistik flächendeckend keine regionalen Preisniveaus aus. Anstelle des unbekannten tatsächlichen regionalen Preisniveaus wird daher das durchschnittliche regionale Mietpreisniveau pro Quadratmeter aus der Gebäude- und Wohnungszählung 1987 verwendet. Diese Variable stellt eine systematisch verzerrte Approximation des tatsächlichen regionalen Preisniveaus dar. Nicht alle Güter weisen regional die gleichen Preisunterschiede wie die Mietniveaus auf. Da Wohnungen ein lokales Gut darstellen, werden sich auf diesem Markt große und dauerhafte Preisunterschiede herausbilden[235]. Die tatsächlichen regionalen Preisniveauunterschiede, die nur anhand eines gemäß der tatsächlichen Konsumgewohnheiten gebildeten Warenkorbs zu ermitteln wären, sind daher geringer als durch diese Variable angegeben. Ein anhand regionaler Mietpreis- und Lohnniveaus ermitteltes real gleiches Lohnniveau stellt somit tatsächlich einen Lohnvorteil der Regionen mit hohem Mietpreisniveau dar, da in diesen Regionen über mehr Güter mit geringen regionalen Preisdifferenzen verfügt werden kann. Als Indikator regionaler Preisniveaus ist der Quadratmetermietpreis daher nur mit Einschränkungen zu interpretieren. Allerdings spricht für die Berücksichtigung dieser Preisniveaugröße die Bedeutung des Gutes Wohnung als wesentlicher Bestandteil der Einkommensverwendung der Haushalte. Diese Größe stellt eine wichtige Determinante bei der Festlegung der Lohnforderungen dar.

Das durchschnittliche Mietpreisniveau in den Arbeitsmarktregionen wird durch Gewichtung der regionalen Mietpreisniveaus der kreisfreien Städte und Landkreise mit ihrer Bevölkerungszahl gebildet. Zwecks leichterer Interpretation geschätzter Koeffizientenwerte zum durchschnittlichen Einfluß des Mietpreisniveaus auf das Lohnniveau gehen nicht durchschnittliche Monatsmieten pro Quadratmeter, sondern Jahreswerte in die Analyse ein.

Die Interpretation des Koeffizientenschätzwertes erfordert eine Angabe zur durchschnittlichen Größe von Wohnungen im Untersuchungsraum. Ein Vergleich der durchschnittlichen Wohnflächen der Bundesländer weist darauf hin, daß die durchschnittliche Wohnfläche in verdichteten Regionen geringer als in nicht verdichteten Regionen ist und daß Eigentumswohnungen eine durchschnittlich größere durchschnittliche Wohnfläche als Mietwohnungen aufweisen[236]. Als durchschnittlich ge-

---

235 Vgl. Götzinger, H. J. H.: a.a.O., S. 109f., Struff, R./Wilamowitz-Moellendorf, U. v.: a.a.O., S. 150

236 Vgl. Statistisches Bundesamt (Hrsg.) (1989c): Bautätigkeit und Wohnungen. Gebäude- und Wohnungszählung vom 25. Mai 1987, Fachserie 5, Heft 1: Ausgewählte Strukturdaten für Bund und Länder, Wiesbaden, S. 46f.

mietete Wohnfläche pro Person werden im folgenden unabhängig vom Regionentyp 33,0 m^2 angenommen[237]. Die durchschnittliche Haushaltsgröße infrastrukturell gut ausgestatteter Regionen beträgt 2,3, die durchschnittliche Haushaltsgröße infrastrukturell schlecht ausgestatteter Regionen 2,6 Personen. Für die Gesamtbetrachtung werden 2,5 Personen pro Haushalt angenommen[238]. Die durchschnittlich geringere Wohnfläche je Wohnung im Regionentyp I beträgt somit als Folge einer durchschnittlich geringeren Haushaltsgröße 76 m^2, die durchschnittliche gemietete Wohnfläche im Regionentyps II 86 m^2. Die durchschnittliche Wohnfläche im gesamten Untersuchungsraum ist 82,5 m^2.

Nimmt der Koeffizientenschätzwert für die Variable "Mietpreisniveau" z. B. für die Schätzungen der Arbeitsmarktregionen des Regionentyps I einen Wert an, der deutlich kleiner als der Wert 76 ist, so werden die regionalen Mietpreisniveauunterschiede durch die regionalen Lohnniveauunterschiede nicht vollständig ausgeglichen. Würde also das Mietpreisniveau regionale Preisniveauunterschiede korrekt wiedergeben, so würden im dargestellten Fall die nominalen Unterschiede in den Lohnniveaus durch regionale Preisunterschiede überkompensiert, d. h. das Lohnniveau in Regionen mit hohem nominalem Lohnniveau wäre im Durchschnitt real geringer als das nominale Lohnniveau in Regionen mit niedrigerem Lohnniveau.

Bei der Interpretation der Koeffizientenschätzwerte sollten auch folgende Einschränkungen beachtet werden:

- Die Analyse nominaler Bruttolohnniveaus überschätzt auf Grund des progressiven Einkommenssteuersystems die Unterschiede verfügbarer Lohnniveaus.
- Regionentypisch abweichendes Erwerbsverhalten der Haushalte kann zu Verzerrungen führen. Anhand der analysierten Daten läßt sich nicht feststellen, ob in einem Haushalt ein oder mehrere Erwerbstätige Lohneinkommen erhalten.
- Unterschiedliche Qualitätsstandards der Wohnungen in verdichteten und ländlichen Regionen bleiben unberücksichtigt.

---

237 Vgl. ebenda

238 Vgl. Statistisches Bundesamt (Hrsg.) (1990c): Bevölkerung und Erwerbstätigkeit. Volkszählung vom 25. Mai 1987, Fachserie 1, Heft 8: Ergebnisse für nichtadministrative Gebietsgliederungen, Teil 1: Ausgewählte Strukturdaten, Wiesbaden, S. 42f. (eigene Berechnungen)

- Der Zusammenhang zwischen regionalem Mietpreis- und Lohnniveau variiert in Abhängigkeit vom betrachteten Regionentyp. Da in den Regionen des Regionentyps I ein größerer Anteil der Bevölkerung in Mietwohnungen als in den Regionen des Regionentyps II lebt[239], ist zu erwarten, daß für die Regionen des Regionentyps II eine vergleichsweise geringe Korrelation zwischen Mietpreis- und Lohnniveau zu beobachten sein wird.

Den theoretisch plausiblen Einfluß von Preisniveauunterschieden zur Erklärung nominaler Lohnniveaus bestätigen empirische Untersuchungen städtischer Regionen. Regionale nominale Lohnniveauunterschiede werden durch regionale Preisniveauunterschiede entweder kompensiert oder überkompensiert[240]. Eine Untersuchung der realen Kaufkraft unter Einbeziehung städtischer und ländlicher Regionen führt hingegen zum Ergebnis, daß regionale Preisniveau- nominale Einkommensunterschiede nicht vollständig ausgleichen[241].

6.4 Regionales Infrastrukturniveau

Regional divergierende ökonomische Größen können durch natürliche Ursachen, wie z. B. regional nicht gleichmäßig verteilte Vorkommen von Rohstoffen oder als Folge menschlicher Gestaltung des Lebensraums, erklärt werden. Da sich diese Gestaltung in industrialisierten Volkswirtschaften vor allem durch den Einsatz von Kapital äußert, sind regionale Unterschiede insbesondere durch akkumulierten Kapitaleinsatz in der Vergangenheit zu erklären. Das in einer Region investierte und dann dort zumindest zeitweise gebundene Kapital ist entweder Folge privatwirtschaftlich effizienzorientierter Entscheidungen, wie z. B. Standortentscheidungen, oder beruht auf dem Einsatz öffentlicher Mittel, deren Zielbündel weitere Gesichtspunkte umfaßt. Als Infrastruktur gilt im folgenden die "Gesamtheit des öffentlichen Kapitals"[242].

Infrastruktur stellt "für die Unternehmen externe Ersparnisse im Sinne von eingesparten Aufwendungen für infrastrukturelle Vorleistungen"[243] dar und muß als eine

---

239 Vgl. Statistisches Bundesamt (Hrsg.) (1990d): Bautätigkeit und Wohnungen. Gebäude- und Wohnungszählung vom 25. Mai 1987, Fachserie 5, Heft 5: Ergebnisse für nichtadministrative Gebietsgliederungen, Teil I: Ausgewählte Strukturdaten, Wiesbaden, S. 20ff.

240 Vgl. Jakoby, H.: a.a.O., S. 134ff., Quinn, J./McCormick, K.: a.a.O., S. 196

241 Vgl. Struff, R./Wilamowitz-Moellendorf, U. v.: a.a.O., S. 220ff.

242 Frey, R. L.: a.a.O., S. 18. Zum Problem der Definition des Begriffs "Infrastruktur", vgl. ebenda, S. 17ff.

243 Kunz, V.: a.a.O., S. 583

Voraussetzung für wirtschaftliche Aktivitäten betrachtet werden[244]. Infrastruktur ist damit eine notwendige, aber keine hinreichende Bedingung für die wirtschaftliche Entwicklung von Regionen[245].

Regionen mit sehr guter Infrastruktur vereinen die wichtigsten Standortfaktoren für industrielle Führungsfunktionen: günstige Verkehrsanbindung, qualifizierter Arbeitsmarkt und die Möglichkeit zu persönlichen Geschäftskontakten[246]. Die Vermutung, daß zwischen der regionalen Infrastrukturausstattung einer Region und ihrer Wirtschaftskraft ein positiver Zusammenhang besteht[247], wird durch die Angaben in Kapitel 3.2 bestätigt. Angesichts der Rolle der Infrastrukturausstattung für privatwirtschaftliche Entscheidungen überrascht es nicht, daß Infrastruktur auch gelegentlich in neoklassischen Produktionsfunktionen explizit Berücksichtigung findet[248].

Die empirische Analyse wird aus Gründen der Datenverfügbarkeit ausschließlich unter Betrachtung der Ausgabenseite der öffentlichen Haushalte durchgeführt. Da hochwertige Infrastrukturausstattung privatwirtschaftlich offensichtlich erwünscht und insbesondere in den verdichteten Regionen zu beobachten ist[249], dürfte eine Betrachtung der Einnahmenseite der öffentlichen Haushalte und damit der höheren steuerlichen Belastung in verdichteten Regionen agierender Wirtschaftssubjekte weniger relevant sein. Aus ihrer regionalen Präsenz kann geschlossen werden, daß sie von dem hohen Infrastrukturniveau zumindest adäquat zur Steuerlast profitieren.

Zur Unterscheidung der Arbeitsmarktregionen gemäß ihrer Infrastrukturausstattung wird einer Veröffentlichung von Gatzweiler u.a.[250] gefolgt. Aus den in Kapitel 2.2 angegebenen Überlegungen heraus werden die dort unterschiedenen fünf

---

244 Vgl. ebenda, sowie Gatzweiler, H.-P./Irmen, E./Janich, H.: a.a.O., S. 599

245 Vgl. Frey, R. L.: .a.a.O., S. 104

246 Vgl. Olbrich, J.: a.a.O., S. 230

247 Vgl. Kunz, V.: a.a.O., S. 584

248 Zu Ansätzen und Schätzungen, vgl. Aschauer, D. A. (1990): Why is infrastructure important?, in: Munnell, A. H. (ed.): Is there a shortfall in public capital investment?, Conference Series No. 34, Federal reserve bank of Boston, S. 31ff.). Die von Aschauer angegebenen Schätzergebnisse sollten aber mit Skepsis betrachtet werden (vgl. den Diskussionsbeitrag von Aaron, H. J. zu diesem Aufsatz von Aschauer, ebenda, S. 53ff.). Vgl. auch: Eisner, R. (1991): Infrastructure and regional economic performance: comment, in: New England economic review, Sept/Okt., S. 47-58

249 Vgl. die Infrastrukturniveaus der Arbeitsmarktregionen, in: Gatzweiler, H.-P./Irmen, E./Janich, H.: a.a.O., S. 605, und die Siedlungsstruktur von Kreistypen, in: Bundesforschungsanstalt für Landeskunde und Raumordnung (Hrsg.) (1991): Regionalstatistische Informationen aus der laufenden Raumbeobachtung, in: Informationen zur Raumentwicklung, Heft 11/12, Bonn, S. 783

250 Vgl. Gatzweiler, H.-P./Irmen, E./Janich, H.: a.a.O., S. 599ff.

Regionentypen in zwei Regionentypen zusammengefaßt. Gatzweiler unterscheidet zwischen sach-, humankapital- und haushaltsorientierter Infrastruktur:

- Sachkapitalorientierte Infrastruktur umfaßt die "traditionell als ein zentraler Bestimmungsgrund für regionalökonomische Disparitäten"[251] geltende Verkehrsinfrastruktur sowie das regionale Ausstattungsniveau unternehmensrelevanter Kommunikations-, Ver- und Entsorgungseinrichtungen. "Diese Einrichtungen sind Teil des gesamtwirtschaftlichen Sachkapitalstocks und besitzen zwei wesentliche Eigenschaften: Es handelt sich zum einen um Vorleistungen, die allgemein verwendbar in den Produktionsprozeß eingehen und zum anderen um standortgebundene Nutzungen, deren Leistungserstellung und -verbrauch räumlich festgelegt ist"[252]. Angesichts des "zunehmenden Einsatz[es] neuer Produktions- und Lagerhaltungstechnologien, wie z. B. Just-in-time Produktion"[253], könnte zukünftig die regionale Ausstattung mit sachleistungsorientierter Infrastruktur die regionale wirtschaftliche Situation noch entscheidender beeinflussen als in der Vergangenheit.
- Humankapitalorientierte Infrastruktur erfaßt das regionale Angebot an beruflichen Erstqualifikations- und Weiterbildungs- sowie Wissenstransfereinrichtungen[254]. Die Förderung der regionalen Akkumulation von Humankapital durch entsprechende Einrichtungen ist nicht nur in Agglomerationen von Bedeutung, sondern gilt unter dem Aspekt des Abbaus regionaler ökonomischer Disparitäten auch für periphere Regionen. So soll durch Verfügbarkeit qualifizierter Arbeitskräfte in peripheren Gebieten deren industrielle Erschließung gefördert werden, um langfristig einer Zunahme regionaler Entwicklungsunterschiede entgegenzusteuern. Dem Bildungs- und Ausbildungswesen fällt im Rahmen der regionalen Strukturpolitik somit eine Schlüsselrolle zu[255]. Auch für das Humankapital wird eine "im Zuge des technischen und ökonomischen Fortschritts"[256] große und noch steigende Bedeutung für den Standort Deutschland im internationalen Wettbewerb erwartet[257].
- Unter haushaltsorientierter Infrastruktur werden verschiedene regionale öffentliche Leistungen zusammengefaßt, von denen erwartet wird, daß sie die Ent-

---

[251] Kunz, V.: a.a.O., S. 583. Aschauer bezeichnet diese Infrastruktur als "core infrastructure" (vgl. Aschauer, D. A. (1990): a.a.O., S. 31)

[252] Gatzweiler, H.-P./Irmen, E./Janich, H.: a.a.O., S. 600

[253] Kunz, V.: a.a.O., S. 583

[254] Vgl. Gatzweiler, H.-P./Irmen, E./Janich, H.: a.a.O., S. 602f.

[255] Vgl. Ministerium für Wirtschaft und Verkehr, Rheinland-Pfalz (Hrsg.) (1986): Regionale Strukturpolitik, Mainz, S. 39

[256] Ebenda, S. 39

[257] Vgl. Buttler, F./Tessaring, M. (1993): a.a.O., S. 467

scheidung des Arbeitsangebots zur Wahl des Wohnortes beeinflussen. Vor allem im Wettbewerb um hochqualifizierte Arbeitsanbieter gelten diese sogenannten "weichen Standortfaktoren"[258] als Determinante des Wohn- und Freizeitwertes und des Images einer Region als wichtig[259]. Aspekte sind Angebote zur Betreuung und Ausbildung von Kindern, zur Freizeitgestaltung und der Versorgungsumfang mit modernen Ver- und Entsorgungseinrichtungen[260]. Angesichts der Bedeutung, die der haushaltsorientierten Infrastruktur für Wohnort- und damit in der Regel auch räumliche Arbeitsangebotsentscheidungen insbesondere hochqualifizierter Arbeitsanbieter zugeschrieben werden, überrascht es nicht, daß auch diese Kategorie regionalen Infrastrukturangebots im Wettbewerb der Regionen von wachsender Bedeutung sein wird[261].

Empirische Untersuchungen zum Zusammenhang zwischen Infrastruktur und ökonomischen Größen werden durch Probleme bei der Quantifizierung von Infrastruktur erschwert, wie sie z. B. bei der Bewertung des Werteverzehrs auftreten[262]. Angesichts dieses Problems, welches zur Reduzierung möglicher Meßfehler aus pragmatischen Gründen eine nominale Skalierung des Infrastrukturniveaus nahelegt, sowie einer nicht eindeutigen Ursache-Wirkungs-Beziehung[263] zwischen regionalem Lohn- und regionalem Infrastrukturniveau, geht das regionale Infrastrukturniveau als Kriterium für die Gruppierung der Arbeitsmarktregionen in Form der beiden betrachteten Regionentypen in die Analyse ein.

Eine der wenigen empirischen Untersuchungen zum Einfluß regionaler Infrastrukturniveaus auf regionale Lohnniveaus zeigt für einkommensschwache Regionen einen signifikant positiven Einfluß[264]. In der gleichen Untersuchung betont der zusätzlich signifikant negative Erklärungsbeitrag einer Variablen "Entfernung (km) vom Regionszentrum zur nächsten Autobahn"[265] die Bedeutung der regionalen Verkehrsinfrastruktur für das regionale Lohnniveau.

---

258 Vgl. Hummel, M. (1990): Kultur als Standortfaktor, in: Ifo-Schnelldienst, 43. Jg., Heft 10/11, S. 3ff.

259 Vgl. Kunz, V.: a.a.O., S. 584

260 Aschauer faßt haushaltsorientierte Infrastruktur unter dem Aspekt "Infrastructure and quality of life" zusammen (vgl. Aschauer, D. A. (1990): a.a.O., S. 22ff.).

261 Vgl. Kunz, V.: a.a.O., S. 584

262 So sind metrisch skalierte regionale Infrastrukturniveaus, wie sie z. B. in Biehl u.a. (vgl. Biehl, D./ Hußmann, E./Rautenberg, K./Schnyder, S./Südmeyer, V. (1975): Bestimmungsgründe des regionalen Entwicklungspotentials. Infrastruktur, Agglomeration und sektorale Wirtschaftsstruktur, Kieler Studien 133, Tübingen, S. 166ff.) angegeben werden, mit Vorsicht zu interpretieren.

263 Vgl. hierzu Eisner, R.; a.a.O., S. 49

264 Vgl. Seibert, O.: a.a.O., S. 112

265 Ebenda, S. 112

7 Das Schätzmodell

Zur Schätzung des durchschnittlichen Einflusses der in Kapitel 6 diskutierten Determinanten regionaler Lohn- und Gehaltsniveaus wird das lineare Regressionsmodell

(10) $\mathbf{y} = \beta\mathbf{X} + \varepsilon$

angewendet. **y** ist ein Nx1 Vektor der abhängigen Variablen, **X** eine NxK Matrix unabhängiger Variabler, β ein Kx1 Vektor der Koeffizienten und ε ein Nx1 Vektor nicht beobachtbarer Restgrößen. **N** gibt die Anzahl der untersuchten Einheiten, in einer regionalen Querschnittsanalyse also die Zahl der Regionen, und K die Zahl der unabhängigen Variablen an.

Da die Vektoren β und ε unbekannt sind, werden sie durch statistische Verfahren geschätzt. Der geschätzte Koeffizientenvektor sei **b**, der Vektor der geschätzten Residuen **e**. Für die Schätzung wird das KQ-Verfahren verwendet, da es bei Einhaltung seiner Modellannahmen die gewünschten BLU-Eigenschaften[266] besitzt.

Für die Zuverlässigkeit des Schätzverfahrens sind hier die nachfolgend aufgeführten Modellannahmen relevant[267]:

- Homoskedastizität der Residualvarianzen,
- Nichtautokorrelation der Residuen,
- Normalverteilung der Residuen,
- keine Multikollinearität,
- Konstanz aller geschätzten Koeffizienten β über die Regionentypen,
- Signifikanz des aufgrund theoretischer Überlegungen plausiblen Zusammenhangs zwischen Regressor und Regressand.

Im folgenden werden die angewendeten Testverfahren zur Überprüfung dieser Annahmen dargestellt. Mit Ausnahme des Tests auf räumliche Autokorrelation finden aus der Zeitreihenökonometrie bekannte Verfahren Anwendung.

---

266 Z. B. Krämer, W./Sonnberger, H. (1986): The linear regression model under test; Heidelberg, Wien, S. 3f.; Maddala, G. S. (1992): Introduction to econometrics, 2nd ed., New York usw., S. 114ff.

267 Vgl. auch Krämer, W./Sonnberger, H. S.: a.a.O., 3f.; Maddala, G.: a.a.O., S. 76ff; Martin, R. L. (1974): On autocorrelation, bias and the use of first spatial differences in regression analysis, in: Area, 6, S. 186ff.

Ist die Modellannahme der Heteroskedastie verletzt, so bleiben die Schätzungen für **b** erwartungstreu und stellen somit brauchbare Schätzungen für den unbekannten Koeffizientenvektor β dar. Aussagen zur Signifikanz des Einflusses der Variablen auf den Regressanden sind allerdings nicht zulässig, da die Streuungen der geschätzten Koeffizienten sowohl verzerrte als auch ineffiziente Schätzungen sind[268].

Auf Einhaltung der Modellannahme konstanter Residualvarianzen wird der White-Test auf Heteroskedastie angewendet. Die Wahl dieses Tests ist in seiner Robustheit gegenüber autokorrelierten[269] und nicht normalverteilten Residuen[270] sowie der von vornherein unbekannten Struktur der vermuteten Heteroskedastie begründet. Die χ^2- verteilte Prüfgröße wird über

(11) $\chi^2_{K(K+1)/2} \sim N^* R^2_H.$

ermittelt. R^2_H stellt den Determinationskoeffizienten einer Hilfsregression aller Regressoren einschließlich Absolutglied, deren Quadrate sowie der Kreuzprodukte zur Erklärung der quadrierten Residuenwerte einer Spezifikation dar[271]. N gibt den Stichprobenumfang an. Die Freiheitsgrade der χ^2- verteilten Prüfgröße entsprechen der Zahl aller Regressoren der Hilfsregression. Die Zahl der Freiheitsgrade ist geringer als K(K+1)/2, wenn identische Regressoren, wie sie z. B. bei Spezifikationen unter Einbeziehung von Dummyvariablen in der Ursprungsregression entstehen können, vorhanden sind. Solche identischen Regressoren sind zu entfernen und die Zahl der Freiheitsgrade für jede entfernte Variable um einen Freiheitsgrad zu reduzieren[272]. Übersteigt die Anzahl der zu schätzenden Koeffizienten in der Hilfsregression die Zahl der Regionen, dieser Fall ist hier für die Schätzung von Spezifikationen für den Regionentyp I in zwei Fällen relevant, so wird der Variablensatz in zwei Gruppen unterteilt, für die der White-Test getrennt durchgeführt wird. Zur Ablehnung der Nullhypothese müssen beide Prüfgrößen kleiner als der kritische Wert sein[273].

---

268 Zu den Konsequenzen einer Verletzung der Modellannahme Autokorrelation, vgl. z. B. Koutsoyannis, A. (1977): Theory of econometrics, 2. ed., London Basingstoke, S. 208ff.; zu den Konsequenzen einer Verletzung der Modellannahme Heteroskedastie, z. B. Maddala, G.: a.a.O., S. 209ff.

269 Vgl. Anselin, L./Griffith, D. A. (1988): Do spatial effects really matter in regression analysis?, in: Papers of the regional science association, Vol. 65, S. 24ff.

270 Vgl. Hübler, O. (1989): Ökonometrie, Stuttgart/New York; S. 171

271 Vgl. White, H. (1980): A heteroskedasticity-consistent covariance matrix estimator and a direct test for heteroskedasticity, in: Econometrica, Vol. 48, S. 825

272 Vgl. ebenda

273 Vgl. Parikh, A./Bailey, D. (1990): Techniques of economic analysis with applications, New York London usw., S. 43

Bei Vorliegen von Heteroskedastie bietet das Verfahren der gewichteten kleinsten Quadrate (GKQ-Verfahren) Schätzungen mit BLU-Eigenschaften[274]. Als Gewichtungsfaktor erweist sich in der vorliegenden Untersuchung die Variable einer Spezifikation als geeignet, die mit den quadrierten Restwerten der Spezifikation am stärksten korreliert ist[275]. Ein Vergleich der Determinationskoeffizienten von KQ- und GKQ-Schätzungen ist nicht unbedenklich, da keine Transformation mit einer Konstanten, sondern mit einer Variablen erfolgt und somit Veränderungen des Zusammenhangs zwischen Variablen möglich sind[276].

Die Konsequenzen einer Verletzung der Modellannahme nichtautokorrelierter Residuen entsprechen denen der verletzten Modellannahme der Homoskedastie.

Die Verfahren zum Test auf Nichtautokorrelation der Residuen in der Querschnittsanalyse geographischer Einheiten sind erheblich aufwendiger als die aus der Zeitreihenanalyse bekannten Verfahren. Die grundsätzlichen Probleme entsprechen zunächst den in Kapitel 4.2 aufgeführten Problemen der Messung räumlicher Autokorrelationen. Zusätzlich ist zu beachten, daß die Regressorenmatrix berücksichtigt werden muß. Dieses Problem ergibt sich wie folgt: Die Koeffizienten **b** werden durch

(12) $\mathbf{b} = (\mathbf{X'X})^{-1}\mathbf{X'y}$

geschätzt. Die Bestimmung des Residuenvektors **e** erfolgt durch

(13) $$\begin{aligned}\mathbf{e} &= \mathbf{y}\text{-}\mathbf{Xb}\\ &= \mathbf{y}\text{-}\mathbf{X}((\mathbf{X'X})^{-1}\mathbf{X'y})\\ &= (\mathbf{I}\text{-}\mathbf{X}(\mathbf{X'X})^{-1}\mathbf{X'})\mathbf{y}\\ &= \mathbf{My}.\end{aligned}$$

Zwischen dem Vektor der geschätzten Residuen **e** und dem Vektor der "wahren" Residuen ε besteht folgender Zusammenhang. Wird die Ausgangsgleichung (10) durch den Ausdruck **M** ($\mathbf{M} = (\mathbf{I}\text{-}\mathbf{X}(\mathbf{X'X})^{-1}\mathbf{X'})$) erweitert, so ergibt sich

(14) $\mathbf{My} = \mathbf{M}(\beta\mathbf{X}+ \varepsilon)$.

Da $\mathbf{MX} = (\mathbf{I}\text{-}\mathbf{X}(\mathbf{X'X})^{-1}\mathbf{X'})\mathbf{X}$ und somit $\mathbf{MX} = 0$ ist, folgt

(15) $\mathbf{My} = \mathbf{M}\varepsilon$.

---

274 Vgl. Gujarati, D. (1978): Basic econometrics, New York, S. 197, Maddala, G. S.: a.a.O., S. 210ff.
275 Vgl. Maddala, G. S.: a.a.O., S. 212f.
276 Vgl. ebenda, S. 215ff.

Einsetzen in Gleichung (13) ergibt[277]

(16) $\mathbf{e} = \mathbf{M}\varepsilon$.

Auch wenn die Varianz-Kovarianz-Matrix der wahren Residuen die Modellannahme $E(\varepsilon\varepsilon') = \sigma^2\mathbf{I}$ erfüllt, gilt für die KQ-Residuen die Varianz-Kovarianz-Matrix

(17) $E(\mathbf{ee'}) = \sigma^2\mathbf{M}$.

Das KQ-Verfahren weist daher nur dann die gewünschten BLU-Eigenschaften auf, wenn bei homoskedastischen Residuen die Hypothese räumlicher Autokorrelation durch einen geeigneten Test abgelehnt werden kann. Dieser Test muß neben einer Messung der Autokorrelation der Residuen auch die jeweils zugrundeliegende Regressorenmatrix **X** berücksichtigen[278]. Auf graphische Darstellungen der regionalen Verteilung der Residuen analog zu der regionalen Verteilung regionaler Lohn- und Gehaltsniveaus in Kapitel 4 wird verzichtet, da infolge der Nichtberücksichtigung der Regressorenmatrix **X** graphische Darstellungen ein verzerrtes Bild der Testergebnisse ergeben können.

Das Verfahren zur Ermittlung räumlicher Autokorrelation in Kapitel 4.2 führt somit bei der Überprüfung der Signifikanz räumlicher Autokorrelation von Regressionsresiduen zu verzerrten Ergebnissen. Einen Test der Hypothese "keine räumliche Autokorrelation" für Regressionsresiduen haben Cliff/Ord unter der Annahme $\varepsilon \approx NV(0, \sigma^2\mathbf{I})$ abgeleitet. Anstelle der Merkmalsausprägungen in Kapitel 4 sind nun die Residuen **e** Gegenstand der Analyse. Die Bezeichungen entsprechen der Beschreibung zu (1). Es ergibt sich, da das arithmetische Mittel von e Null ist,

$$(18)\ c = \frac{N}{S_0}\,\frac{\sum_{r=1}^{N}\sum_{s=1}^{N} e_r w_{rs} e_s}{\sum_{r=1}^{N} e_r^2} \quad \text{mit } w_{rr} = 0.$$

Neben der Analyse des gesamten Untersuchungsraums -hier ist die Gewichtungsmatrix **W** eine Matrix mit 103x103 Stellen- werden zusätzlich die Residuen der Schätzungen für die Regionentypen auf räumliche Autokorrelation überprüft. Für den Regionentyp I beruhen die Schätzungen auf 33 Arbeitsmarktregionen und der Test auf räumliche Autokorrelation somit auf einer Gewichtungsmatrix von 33x33 Stellen.

---

277 Vgl. Theil, H. (1971): Principles of econometrics, Amsterdam, S. 193ff.

278 Die Existenz des Unsicherheitsbereichs im Durbin-Watson-Test auf Autokorrelation in der Zeitreihenanalyse ist auf die Nichtbeachtung dieses Zusammenhangs zurückzuführen (vgl. ebenda, S. 200).

Die Schätzungen für den Regionentyp basieren auf 70 Arbeitsmarktregionen, so daß die Gewichtungsmatrix 70x70 Stellen aufweist, die Nachbarschaft zu Arbeitsmarktregionen des gleichen Regionentyps anzeigen. Wie bereits in Kapitel 4 werden auch hier die Tests auf räumliche Autokorrelation sowohl für binäre als auch standardisierte Gewichtungsmatrizen durchgeführt.

Zur Überprüfung der Signifikanz des Koeffizienten c leiten Cliff/Ord den Erwartungswert[279]

$$(19)\ E(c) = -\frac{N * sp(\mathbf{A})}{S_0(N-K)}$$

und die Varianz

$$(20)\ Var(c) = \frac{N^2}{S_0^2(N-K)(N+K-2)}\left\{S_1 + 2sp(\mathbf{A}^2) - sp(\mathbf{B}) - \frac{2(sp(\mathbf{A}))^2}{N-K}\right\}$$

her[280]. Sp(**A**) gibt die Summe der Diagonalelemente der Matrix $(\mathbf{X'X})^{-1}\mathbf{X'UX}$, Sp(**B**) die Summe der Diagonalelemente der Matrix $\mathbf{4(X'X)^{-1}X'U^2X}$ an[281].

Die normalverteilte Prüfgröße wird durch

$$(21)\ z = \frac{c - E(c)}{\sqrt{Var(c)}}$$

ermittelt. Da zwar positive Autokorrelation vermutet, negative Autokorrelation aber nicht ausgeschlossen werden kann, ist ein zweiseitiger Test durchzuführen. Eine Ablehnung der Nullhypothese signalisiert eine verzerrte Schätzung. In diesem Fall lassen sich die Spezifikationen aufgrund folgender Überlegungen modifizieren.

Autokorrelation der Residuen läßt sich prinzipiell durch

$$(22)\ \varepsilon = \rho\mathbf{W}\varepsilon + \mathbf{u}$$

messen. **u** ist ein Nx1 Vektor der Restwerte. Der Koeffizient ρ mißt im hier betrachteten Fall der Autokorrelation erster Ordnung die durchschnittliche Abhängigkeit von Residuen einer Region von den Residuen unmittelbar benachbarter Regionen.

279 Anselins Ansatz (vgl. Anselin, L. (1988): Spatial econometrics: Methods and models, Dordrecht usw., S. 102f.) zum Test auf räumliche Abhängigkeit der Regressionsresiduen führt zu identischen Ergebnissen.

280 Vgl. Cliff, A. D./Ord, J. K. (1981): a.a.O., S. 201ff.

281 **U** = 0,5 (**W** + **W'**). Für symmetrische Gewichtungsmatrizen, wie die binäre Matrix, ist **U** = **W**. Vgl. ebenda, S. 202

Bestünde keine Abhängigkeit, so wäre $\rho = 0$. Allerdings führt die direkte Bestimmung des Koeffizienten ρ über

(23) $\mathbf{e} = \rho\mathbf{We} + \mathbf{v}$

zu verzerrten Schätzungen[282].

Ist $(\mathbf{I}-\rho\mathbf{W})$ invertierbar, so ergibt sich aus (22)

(24) $\varepsilon = (\mathbf{I}-\rho\mathbf{W})^{-1} \cdot \mathbf{u}$.

Durch Einsetzen entsteht aus dem Ausgangsmodell (10) das allgemeinere Modell

(25) $(\mathbf{I}-\rho\mathbf{W})\mathbf{y} = (\mathbf{I}-\rho\mathbf{W})\mathbf{X}\beta + \mathbf{u}$.

Nach Umformungen ließe sich der entstehende Ausdruck

(26) $$\begin{aligned}\mathbf{y} &= \alpha + \rho\mathbf{Wy} + \mathbf{X}\beta - \rho\mathbf{WX}\beta + \mathbf{u}\\ &= \alpha + \rho\mathbf{Wy} + \mathbf{X}\beta - \gamma\mathbf{WX} + \mathbf{u}\end{aligned}$$

prinzipiell mit dem KQ-Verfahren schätzen. Aber auch in diesem Fall führt das KQ-Verfahren zu verzerrten und inkonsistenten Schätzungen[283], unabhängig davon, ob die durch einen geeigneten Test zu überprüfende Annahme eines Common Factor[284] $\rho\cdot\beta = \gamma$ als Voraussetzung einer sinnvollen KQ-Schätzung von (26) erfüllt ist oder nicht[285].

Bodson/Peeters diskutieren daher ebenso wie Cliff/Ord[286] und Hordijk[287] andere Ansätze zur Bestimmung des Koeffizientenwertes ρ. Neben verschiedenen Maximum-Likelihood-Verfahren[288] und einer iterativen Bestimmung von ρ auf Basis von (23) wird auch ein Suchverfahren[289] vorgeschlagen, das dem Hildreth-Lu-Verfahren entspricht[290]. Grundlage dieses einfachen Verfahrens ist die Schätzung einer Spezifikation für verschiedene Werte von ρ. Um jenen Wert von ρ, an dem die Summe der Residuenquadrate minimal ist, werden engmaschig weitere Werte von ρ angenommen und die Spezifikationen bis zur gewünschten Genauigkeit von ρ erneut

---

282 Vgl. Bodson, P./ Peeters, D.: a.a.O., S. 459f.
283 Vgl. Case, A. C. (1991): Spatial patterns in household demand, in: Econometrica, Vol. 59, S. 956
284 Vgl. Bivand, R. S. (1984): Regression modelling with spatial dependence: An application of some class selection and estimation methods, in: Geographical analysis 16, S. 27
285 Vgl. Cliff, A. D./Ord, J. K. (1973): a.a.O., S. 102ff. und S. 128ff.
286 Vgl. ebenda
287 Vgl. Hordijk, L. (1974): a.a.O., S. 131f.
288 Einen Überblick bietet Schulze, P. M. (1993/1994): a.a.O., S. 75
289 Vgl. Bodson, P./ Peeters, D.: a.a.O., S. 193; Martin, R. L.: a.a.O., S. 193
290 Vgl. z. B. Maddala, G. S.: a.a.O., S. 212f., siehe auch Martin, R. L.: a.a.O., S. 193

geschätzt. Die Analyse von Bodson/Peeters zeigt die Übereinstimmung dieses Such- und eines iterativen Verfahrens zur Bestimmung von ρ[291].

Nach Bestimmung des ρ, für welches die Residuenquadratsumme der jeweiligen Spezifikation minimal ist, und der Transformation der Variablen gemäß (25) wird die Spezifikation erneut geschätzt. Im Unterschied zur Zeitreihenanalyse bleibt die Anzahl der Beobachtungseinheiten hier konstant. Auch die transformierte Spezifikation wird auf Einhaltung der oben aufgeführten Modellbedingungen untersucht. Führt die Transformation nicht zur Beseitigung der Autokorrelation, dann sind die räumlichen Abhängigkeiten entweder komplexer als dies durch eine durchschnittliche Größe ρ ausgedrückt werden kann oder die Spezifikation ist aufgrund des Fehlens wesentlicher Erklärungsgrößen oder der nicht korrekten Annahme eines Common-Faktors fehlspezifiziert. Im Vorgriff auf die Schätzergebnisse in Kapitel 8 sei darauf hingewiesen, daß diese Modifikation von Spezifikationen in keinem betrachteten Fall zu befriedigenden Schätzergebnissen führte. Nach der Transformation ergab sich in allen Fällen eine signifikant negative Autokorrelation[292]. Die Schätzergebnisse der transformierten Spezifikationen werden daher nur exemplarisch für einen Fall aufgeführt.

Eine weitere Modellannahme des Schätzverfahrens ist die Normalverteilung der Residuen, deren Einhaltung die Exaktheit der geschätzten Intervalle signalisiert[293]. Die Annahme wird durch den bereits in Kapitel 4 dargestellten Bera-Jarque-Test[294] überprüft.

Die Verletzung der Modellannahme nicht miteinander korrelierter Regressoren äußert sich durch unplausible Schätzergebnisse, wie z. B. eine unerwartete Nichtsignifikanz einzelner Variabler oder unerwarteter Koeffizientenvorzeichen in multiplen Regressionen. Alle Schätzungen werden daher auf Übereinstimmung der geschätzten Koeffizientenvorzeichen mit den Vorzeichen in der Korrelationsmatrix überprüft[295]. Weichen diese Vorzeichen voneinander ab oder liegen nichtsignifikante, aber mit dem Regressanden hochkorrelierte Variable vor, so kann sich nach Eliminierung einzelner hochkorrelierter Regressoren eine korrekte Schätzung ergeben. Von zwei hochkorrelierten Variablen zu einem theoretischen Sachverhalt

---

291 Vgl. Bodson, P./ Peeters, D.: a.a.O., S. 468f.
292 Vgl. auch Cliff, A. D./Ord, J. K. (1973): a.a.O., S. 103 und S. 129
293 Vgl. Krämer, W. (1991): Modellspezifikationstests in der Ökonometrie, in: RWI-Mitteilungen, Jg. 42, S. 287
294 Vgl. (8)
295 Die Korrelationsmatrizen aller Spezifikationen sind in den Anhängen 3-8 aufgeführt.

wird hier grundsätzlich die Variable aus der Spezifikation entfernt, welche die geringere Korrelation mit dem Regressanden aufweist. Da dieses Vorgehen zu Fehlspezifikationen aufgrund Eliminierung wichtiger Variabler führen kann, ist die Einhaltung der Modellannahmen des Regressionsmodell nach erneuter Schätzung der Spezifikation sicherzustellen. Auf spezielle Testverfahren auf Multikollinearität wird verzichtet, um statistisch oder theoretisch unplausible Ergebnisse nicht durch ein Testverfahren zu legitimieren, das möglicherweise zur Nichtablehnung der Modellannahme führt. Entscheidungen über zu eliminierende Variablen in Schätzungen mit statistisch unplausiblen Ergebnissen werden allein aus sachlogischen Überlegungen heraus getroffen.

Durch die Formulierung des klassischen Regressionsmodells bedingt, muß der durchschnittliche Einfluß β einer unabhängigen Variablen $\mathbf{X}$ über alle Beobachtungseinheiten auf die abhängige Variable $\mathbf{y}$ konstant sein. Die Problematik dieser Annahme ist auch aus der Analyse von Zeitreihen in Form von Strukturbrüchen, z. B. durch Ölpreisschocks, bekannt. In der Querschnittsanalyse von Regionen liegt es nahe, Regressionsschätzungen auf die Existenz regionentypisch differierender Zusammenhänge wie z. B. zwischen verdichteten und ländlichen Regionen zu überprüfen. Liegt ein Strukturbruch vor, so führen identische Merkmalsausprägungen von Regressoren zu regionentypisch abweichendem Einfluß auf den Regressanden. Ebenso denkbar ist eine regionentypisch variierende Intensität des Zusammenhangs zwischen Regressoren und Regressand.

Liegen abweichende Zusammenhänge zwischen den Regionentypen vor, im folgenden als räumlicher Strukturbruch bezeichnet, so werden die geschätzten Koeffizientenwerte bzw. die Signifikanz des Einflusses einzelner Variabler auf den Regressanden in den Schätzungen für die Regionentypen differieren[296]. Eine Schätzung unter Einbeziehung aller Regionen des Untersuchungsraums unter Annahme eines konstanten Zusammenhangs kann dann Ursache einer Fehlspezifikation sein, die zu verletzten Modellannahmen führt[297].

Um Fehlspezifikationen dieser Art eindeutig erkennen zu können, werden alle Spezifikationen sowohl für den gesamten Untersuchungsraum als auch separat für die Regionentypen I und II geschätzt. Durch einen Vergleich der geschätzten

---

296 Vgl. Gujarati, D. (1978): a.a.O., S. 226

297 Vgl. Consigliere, I. (1981): The Chow-Test with serially correlated errors, in: Rivista Internationale di scienze sociali, Vol. 89, S. 132ff.

Koeffizientenwerte und ihrer Signifikanz sind erste Vermutungen zur Hypothese eines regionentypisch (nicht) variierenden Zusammenhangs möglich. Zur Frage der Signifikanz zu beobachtender Unterschiede müssen Strukturbruchtests herangezogen werden.

Ein weit verbreiteter Test auf Strukturbruch ist der Chow-Test, in dem die Existenz eines Strukturbruchs durch einen Vergleich der geschätzten Residuenquadratsummen der Schätzung für alle Regionen des Untersuchungsraums sowie der Teilräume des Untersuchungsraums überprüft wird. Daher erfordert dieser Test die Einhaltung der Modellannahmen nicht autokorrelierter sowie homoskedastischer Residuen der drei zu vergleichenden Schätzungen. Die Prüfgröße wird mit

$$(27)\ F_{K,N-2K} = \frac{(SSE_U - (SSE_I + SSE_{II}))/K}{(SSE_I + SSE_{II})/(N-2K)}$$

angegeben[298]. SSE_U, SSE_I und SSE_{II} sind hier die Residuenquadratsummen der Schätzung unter Einbeziehung aller Regionen bzw. der Schätzungen für die Regionentypen I und II. Führt der Chow-Test zu einer Ablehnung der Nullhypothese konstanter Koeffizientenschätzungen, so gibt dieser Test keine Information zu einer möglichen Modifikation der Spezifikation, da nicht die einzelnen geschätzten Koeffizienten Berücksichtigung finden. Für multiple Regressionsschätzungen läßt sich daher die Frage, welche bzw. wie viele Koeffizienten nicht konstant sind, nicht beantworten.

Unabhängig von der Frage erfüllter Modellannahmen in der Schätzung aller Regionen können für den Fall, daß sich beide Teilregressionen als korrekt spezifiziert erweisen, vermutete räumliche Strukturbrüche mit einem Wald-Test auf Signifikanz getestet werden[299]. Die χ^2- verteilte Prüfgröße des Wald-Tests wird durch

$$(28)\ \chi^2_K \sim (\mathbf{b}_1-\mathbf{b}_2)'(s_1^2(\mathbf{X}'\mathbf{X})^{-1}+s_2^2(\mathbf{X}'\mathbf{X})^{-1})^{-1}(\mathbf{b}_1-\mathbf{b}_2)$$

---

298 Vgl. Chow, G. C. (1960): Tests of equality between sets of coefficients in two linear regressions, in: Econometrica, Vol. 28, S. 591-605; sowie Pesaran, M. H./Smith, R. P./Yeo, J. S. (1985): Testing for structural stability and predictive failure, in: The Manchester school of economic and social studies, Vol. 53, S. 280-295

299 Vgl. Pesaran, M. H./Smith, R. P./Yeo, J. S.: a.a.O., S. 280-295; Honda, Y. (1982): On tests of equality between sets of coefficients in two linear regressions when disturbance variances are unequal, in: The Manchester school of economic and social studies, Vol. 50, S. 116-125; Watt, P. A. (1979): Tests of equality between sets of coefficients in two linear regressions when disturbance variances are unequal: Some small sample properties, in: The Manchester school of economic and social studies, Vol. 47, S. 391-396

bestimmt. $\mathbf{b}_1$ und $\mathbf{b}_2$ sind die Koeffizientenvektoren zweier zu vergleichender Schätzungen. Wenn für mindestens eine Variable stark abweichende Koeffizientenschätzungen für die Schätzungen der beiden Regionstypen zu beobachten sind, kann dieser Test zur Ablehnung der Annahme vom Regionentyp unabhängiger Koeffizienten führen. Die Testergebnisse sind aber dann mit Vorsicht zu interpretieren, wenn für einzelne Koeffizienten in multiplen Regressionsschätzungen nicht oder nur in einem Teilraum signifikante Erklärungsbeiträge vorliegen. Weisen beide Teilräume eine identische Zahl an Beobachtungseinheiten auf, so könnte dies bereits als Hinweis auf regionentypisch abweichende Strukturen interpretiert werden. Weicht die Zahl der Beobachtungseinheiten in den Teilräumen jedoch stark voneinander ab, so ist dieser Schluß nicht zulässig, wenn die Nichtsignifikanz in der Schätzung mit der geringeren Zahl an Beobachtungseinheiten vorliegt. Dieses Problem wird an einigen Beispielen in Kapitel 8 deutlich.

Eine separate Überprüfung jedes einzelnen Koeffizienten auf Strukturbruch ermöglicht die Erweiterung der Ausgangsspezifikation mit Dummyvariablen[300]. Dieser Ansatz kann als eine Variante des RESET-Tests interpretiert werden. Leisten zusätzliche Variablen anhand von F-[301] oder t-Test[302] signifikante Erklärungsbeiträge, so enthalten die Residuen der ursprünglichen Spezifikation nicht berücksichtigte Einflußgrößen. Üblicherweise diskutiert werden Erweiterungen von Spezifikationen durch zusätzliche theoretisch plausible Variablen und diverse Hilfsvariablen[303]. Dummyvariablen stellen eine spezielle Variante dieser Erweiterungen dar. In den Dummyspezifikationen des Kapitels 8 nehmen die Merkmalsausprägungen für Variablen der Arbeitsmarktregionen des Regionentyps II den Wert "Null" und für den Regionentyp I einen Wert größer als "Null" an.

Wird die Hypothese gleicher Zusammenhänge zwischen den Regionentypen aufgrund signifikanter Prüfgrößen des Chow- oder Wald-Tests oder mindestens einer signifikanten Dummyvariablen unter Einhaltung der Modellannahmen abgelehnt, so muß der offensichtlich regionentypisch variierende Zusammenhang auf Plausibilität überprüft werden. Dies geschieht durch Rückgriff auf die zugrundeliegenden theore-

---

300 Vgl. Gujarati, D. (1970): Use of dummy variables in testing for equality between sets of coefficients in two linear regressions: A note, in: The American Statistican, Vol. 24, S. 50ff.; Haining, R. P. (1990): Spatial data analysis in the social and environmental sciences; Cambridge, S. 338

301 Vgl. Krämer, W.: a.a.O., S. 288f.

302 Vgl. Maddala, G. S.: a.a.O., S. 477

303 Vgl. Thursby, J. G./Schmidt, P. (1977): Some properties of tests for specification error in a linear regression model, in: The Journal of the American Statistical association, Vol. 72, S. 637.

tischen Vorstellungen. Um die Gefahr von Verfälschungen durch die gewählte Abgrenzung der Regionentypen zu vermindern, erlauben die im Anhang angegebenen Korrelationsmatrizen eine Überprüfung systematisch mit der Abgrenzung der Regionentypen variierender Intensität des Zusammenhangs zwischen Variablen.

Korrelationen zwischen Variablen können durch die t-verteilte Prüfgröße[304]

$$(29)\ t = \frac{r*}{\sqrt{(1-r*^2)/(N-2)}}$$

auf Signifikanz getestet werden, wobei r^* den Korrelationskoeffizient nach Bravias-Pearson darstellt. Liefern die t-Werte in den Regressionsschätzungen aufgrund verletzter Modellannahmen verzerrte Ergebnisse, dann ist diese Überprüfung eines Zusammenhangs zwischen einzelnen Regressoren und dem Regressand sinnvoll. Untersuchte Spezifikationen lassen sich so durch Entfernung nicht signifikant mit dem Regressand korrelierter Regressoren modifizieren. Ein zusätzlicher Effekt dieses Vorgehens ist auch, daß Variablen, die keinen Zusammenhang mit dem Regressanden aufweisen, aber über Interkorrelationen fälschlicherweise Signifikanz signalisieren, erkannt und aus der Spezifikation eliminiert werden können. Anhang 9 führt die relevanten Richtgrößen für eine Beurteilung der in den Anhängen 3-8 ausgewiesenen Korrelationen auf.

Als Zusammenfassung bietet die nachfolgende Übersicht eine Kurzbeschreibung der zur Beurteilung der Qualität von Spezifikationen in den Tabellen des Kapitels 8 angegebenen Größen:

- Der (adjustierte) Determinationskoeffizient R^2 zur Beurteilung des Erklärungswertes der Spezifikation
- Prüfgröße des White-Tests zur Überprüfung der Annahme homoskedastischer Residualvarianzen
- Prüfgrößen zu Morans Koeffizient für die binäre und die standardisierte Gewichtungsmatrix zur Überprüfung der Annahme nicht autokorrelierter Residuen
- Prüfgröße des Bera-Jarque-Tests zur Normalverteilung der Residuen
- Prüfgrößen des Wald- und Chow-Test sowie Schätzungen von Dummyspezifikationen zur Überprüfung der Signifikanz von Strukturbrüchen, wenn die Einhaltung der Anwendungsvoraussetzungen statistisch korrekte Ergebnisse erwarten läßt
- Summe der Abweichungsquadrate
- Anzahl der Beobachtungseinheiten.

---

304 Vgl. z. B. Dougherty, C. (1992): Introduction to econometrics, New York Oxford, S. 112f.

8 Empirische Untersuchung

In Kapitel 8.1 dienen ausgewählte, in der Literatur diskutierte Ansätze in als Ausgangsspezifikationen für Step-backward-Regressionen. Die Spezifikationen in Kapitel 8.2 werden anhand hoher Korrelationen mit dem Regressanden auf Grundlage der Idee der Step-forward-Regressionen gebildet.

Alle Spezifikationen werden auf Grundlage von Daten für das Jahr 1987 sowohl für den gesamten Untersuchungsraum als auch die beiden Regionentypen separat geschätzt. Neben der Überprüfung der Plausibilität geschätzter Koeffizientenvorzeichen und der Interpretation der Koeffizientenwerte erlaubt ein Vergleich dieser drei Schätzungen ein vorläufiges Urteil zur Frage, ob die geschätzten Koeffizienten und die Intensität des Zusammenhangs mit dem regionalen Lohn- und Gehaltsniveau über die Regionentypen variieren oder, wie im Regressionsmodell angenommen, konstant sind. Die Signifikanz regionentypisch variierender Unterschiede läßt sich durch Strukturbruchtests und Schätzungen von Dummyspezifikationen überprüfen. Testergebnisse auf räumlichen Strukturbruch werden nur dann angegeben, wenn die Annahmen des Test- bzw. Schätzverfahrens erfüllt sind.

8.1 Step-backward-Spezifikationen

In den Step-backward-Verfahren werden ausschließlich die Erklärungsgrößen der angegebenen Quelle berücksichtigt. Weisen die Schätzergebnisse für den Untersuchungsraum unplausible Vorzeichen einzelner Koeffizienten auf, leisten einzelne Variablen keinen signifikanten Erklärungsbeitrag, oder zeigen Tests Verletzungen der Modellannahmen des Schätzverfahrens, so sind die Spezifikationen zu modifizieren.

- Das Vorzeichen jedes signifikanten Koeffizienten der Regressionsgleichung muß mit dem Vorzeichen des Korrelationskoeffizienten zwischen dem jeweiligen Regressor und dem Regressand übereinstimmen. Weichen die Vorzeichen voneinander ab, so ist dieses Phänomen Folge hoher Korrelationen zwischen einzelnen Regressoren. In diesem Fall wird die Spezifikation nach Beseitigung hochkorrelierter Einflußgrößen erneut geschätzt.
- Theoretische Vorüberlegungen bestimmen, ob zwischen Regressor und Regressand ein positiver oder ein negativer Zusammenhang bestehen muß. Weichen sowohl das geschätzte Koeffizientenvorzeichen als auch das jeweilige Vor-

zeichen in der Korrelationsmatrix von diesem theoretisch plausiblen Zusammenhang ab, so bietet entweder der theoretisch plausible Zusammenhang keine ausreichende Erklärung des wahren Zusammenhangs oder es liegen für zumindest eine der Variablen Meßfehler vor. Da der zuletzt genannte Fall im folgenden ausgeschlossen wird, darf im Fall unplausibler Koeffizientenvorzeichen die Variable nur dann in der Analyse Verwendung finden, wenn der beobachtete abweichende Zusammenhang durch alternative theoretische Ansätze erklärt werden kann.

- Verletzungen der Modellannahmen Nicht-Autokorrelation der Residuen sowie homoskedastischer Residualvarianzen führen zu verzerrten Schätzungen der Koeffizientenvarianzen. Durch geeignete Variablentransformationen werden die Spezifikationen, wie in Kapitel 7 dargestellt, modifiziert.
- Mit dem Regressanden nicht signifikant korrelierte Variablen werden aus der Spezifikation entfernt. Zur Beurteilung der Signifikanz dienen die t-Werte von Schätzungen, die alle Modellannahmen erfüllen. Sind die Varianzschätzungen aufgrund verletzter Modellannahmen verzerrt, so erfolgt eine Beurteilung der Signifikanz des Zusammenhangs zwischen Regressor und Regressand durch den in Kapitel 7 angegebenen Test auf Grundlage der Korrelationsmatrix. Anhand dieses Tests können auch Variablen, die keinen signifikanten Zusammenhang mit dem regionalen Lohn- und Gehaltsniveau aufweisen, aber in einer Schätzung aufgrund von Interkorrelationen zwischen Regressoren unplausiblerweise signifikante t-Werte zeigen, erkannt und aus der Spezifikation entfernt werden.

Aus den in der Literatur veröffentlichten Spezifikationen wurden die Schätzungen in Kapitel 8.1 anhand zweier Kriterien ausgewählt:

- Datenverfügbarkeit
- Zumindest für die Betrachtung der Arbeitsmarktregionen eines Regionentyps können mit dem verwendeten Instrumentarium statistisch befriedigende Schätzergebnisse erzielt werden.

8.1.1 Die Spezifikation von Scully

Scully erklärt den durchschnittlichen Stundenlohn in der Produktion Beschäftigter anhand von Branchendaten für 26 Bundesstaaten der USA im Jahr 1960. Seine Spezifikationen umfassen die Einflußgrößen Kapitalintensität, Humankapital, gewerkschaftliche Aktivitäten sowie den Anteil der Nichtweißen und den Anteil der

Frauen an der Gesamtzahl der Arbeitskräfte[309]. Zusätzlich verwendet er einen Nord-Süd- und mehrere Absolutglieddummies, um spezifische Regional- oder Brancheneinflüsse erfassen zu können. Zur Überprüfung auf Einhaltung der Modellannahmen des Regressionsverfahrens führt Scully nur den Farrar-Glauber-Test auf Multikollinearität durch, ohne indes einzelne Testgrößen anzugeben[310].

Signifikante Koeffizienten seiner separaten Branchenschätzungen weisen bei einer Irrtumswahrscheinlichkeit von 5% in allen Fällen die erwarteten Vorzeichen auf. Für keine der Variablen kann allerdings ein signifikanter Einfluß in allen Branchen nachgewiesen werden[311]. Schätzergebnisse für Hoch-, Mittel- und Niedriglohnbranchen zeigen aber in allen drei Gruppen einen hochsignifikanten Einfluß des Humankapitals auf das Lohnniveau[312]. In der gepoolten Regressionsschätzung aller Branchen und in den Schätzungen nördlicher und südlicher Bundesstaaten sind alle fünf Variablen hochsignifikant. Bis auf das positive Vorzeichen der Variablen "Nichtweiße Arbeitskräfte" für die nördlichen Bundesstaaten entsprechen alle Vorzeichen den Erwartungen[313]. Erweiterungen der Schätzungen durch Absolutglieddummies für 16 Branchen zeigen für die meisten Branchen hochsignifikante Koeffizienten[314] und deuten daher auf zusätzliche branchenspezifische Erklärungsbeiträge hin. Da sich eine Dummyvariable zur Erfassung eines Nord-Süd-Gefälles in den Lohnniveaus nicht signifikant erweist, scheinen die relevanten Variablen zur Erklärung des Nord-Süd-Gefälles in der Spezifikation enthalten zu sein[315].

Folgende Modifikationen bezüglich der Variablenspezifikation werden zur Schätzung der bundesdeutschen Daten durchgeführt. Der Anteil der Nichtweißen in der amerikanischen Spezifikation wird durch den Anteil der ausländischen Arbeitnehmer an der Anzahl aller regional beschäftigten Arbeitnehmer ersetzt. Um die Spezifikation von Scully, welche auf durchschnittlichen Stundenlöhnen fußte, für die vorliegenden Daten kompatibel zu gestalten, wird angenommen, daß die durchschnittliche Arbeitszeit in den Regionen gleich ist[316]. Die zusätzliche Berücksichtigung des regionalen Anteils der Teilzeitbeschäftigten in der Spezifikation ergibt in keiner

309 Scully, G. W.: a.a.O., S. 758ff.
310 Vgl. ebenda, S. 763
311 Vgl. ebenda, S. 764
312 Vgl. ebenda, S. 766
313 Scully erklärt diese Abweichung unter Aufrechterhaltung der Diskriminierungshypothese durch die Vermutung, daß "discrimination ... in the North ... takes the form of nonwhite job exclusion" (Ebenda, S. 768).
314 Ebenda, S. 767 Fußnote
315 Vgl. ebenda, S. 763 Fußnote
316 Große Abweichungen in den Ergebnissen sind nicht zu erwarten (vgl. Scully, G. W.: a.a.O., S. 758 Fußnote).

Regionsabgrenzung einen signifikanten Zusammenhang mit dem regionalen Lohnniveau[317]. Diese Variable bleibt daher im folgenden unberücksichtigt.

Die zwei Einflußgrößen "Kapitalintensität der regionalen Wirtschaftsstruktur" und "regionales Qualifikationsniveau der Erwerbstätigen" gehen in jeweils zwei Varianten in die Schätzungen ein:

- Neben dem Anteil der hochqualifizierten Erwerbstätigen, ausgedrückt durch den Anteil der Erwerbstätigen mit (Fach-)Hochschulabschluß an der Gesamtzahl der Erwerbstätigen in der Region, geht zusätzlich der Anteil der durchschnittlich geringer Qualifizierten in einer Region in die Analyse ein. Diese Größe wird durch den Anteil der Erwerbstätigen mit Hauptschulabschluß als höchstem allgemeinbildenden Schulabschluß ausgedrückt.
- Ergänzend zum Anteil der Arbeitnehmer in Branchen mit hoher Kapitalintensität gemessen an der Gesamtzahl der Arbeitnehmer in einer Arbeitsmarktregion wird auch der Anteil der regional beschäftigten Arbeitnehmer in Branchen mit geringer Kapitalintensität in die Schätzung einbezogen.

Die Idee dieses Vorgehens ist zum einen eine Überprüfung der Zuverlässigkeit der geschätzten Koeffizienten in der Spezifikation. Unabhängig davon, ob die Schätzung z. B. mit der vermutlich positiv auf das regionale Lohnniveau wirkenden Variablen "Anteil hochqualifizierter Arbeitnehmer" oder mit der den Regressanden vermutlich negativ beeinflussenden Variablen "Anteil geringer qualifizierter Arbeitnehmer" erfolgt, sollten die geschätzten Koeffizienten anderer Einflußgrößen kaum variieren. Zum anderen erlauben die Korrelationen zwischen zwei Variablen weitere Schlüsse. So ist zwischen den beiden Variablen zur Messung des regionalen Humankapitals eine hohe negative Korrelation zu erwarten, wenn bei einem großen Anteil hochqualifizierter Arbeitsanbieter in einer Region die Arbeitsleistung gering Qualifizierter nur in geringem Umfang nachgefragt wird. Gelingt es geringer Qualifizierten nicht, qualifikatorische Defizite z. B. durch Einkommensverzicht zu kompensieren, werden sie ihre Arbeitsleistung in Regionen mit einem geringeren Angebot hochqualifizierter Arbeitskräfte anbieten[318]. Auch zwischen den beiden Variablen zur Messung der Kapitalintensität wäre eine hohe negative Interkorrelation plausibel. Dieses Ergebnis könnte dahingehend interpretiert werden, daß kapitalintensive Branchen mit hoher Lohnzahlungsfähigkeit Branchen mit geringer Kapitalintensität verdrängen, da letztere nicht über ein ausreichendes Arbeitsangebot verfügen können.

---

317 Vgl. Anhang 3.A sowie Anhang 9

318 Vgl. Buttler, F./Gerlach, K.: a.a.O., S. 223

Der Grund für die Entscheidung, die beiden Schätzungen für die Regionentypen ohne die Variable "Gastarbeiterquote" durchzuführen, wird anhand der Erörterungen zur Schätzung (1.1) deutlich werden.

Tabelle 3: KQ-Schätzungen der Spezifikation nach Scully (in Klammern t-Werte)[319]

	GS (1.1)	GS (1.2)	RTYP I (1.3)	RTYP II (1.4)
Konst.	41206,332 (10,428)	37458,342 (7,619)	45222,180 (3,957)	31758,912 (6,727)
HAQ	-25,590 (-0,623)	-107,546 (-2,165)	-174,294 (-1,498)	-50,121 (-1,054)
(F)HQ	424,029 (4,200)	440,761 (3,482)	300,135 (1,005)	575,552 (3,931)
KAPMIN	-183,032 (-5,835)	-192,887 (-4,909)	-378,219 (-1,822)	-174,165 (-4,965)
KAP	47,277 (1,451)	151,550 (4,105)	379,410 (3,216)	116,292 (3,540)
GW	31,523 (1,719)	103,805 (5,313)	157,166 (2,710)	96,877 (4,937)
WBLQ	-262,150 (-4,722)	-56,709 (-0,937)	-112,028 (-0,662)	-39,798 (-0,729)
GASTQ	370,577 (7,476)			
Morans c (binär)	1,964	1,868	0,908	1,285
Morans c (stnd.)	2,313	2,096	0,996	1,123
White χ^2_{28}		63,160	26,935	17,521
White χ^2_{36}	73,851			
Bera-Jarque χ^2_2	4,180	2,618	0,463	0,669
Wald χ^2_7			9,537	
R^2 (adj.)	0,877	0,807	0,668	0,807
R^2	0,886	0,818	0,730	0,824
SSE	$8{,}9708 \cdot 10^7$	$1{,}4248 \cdot 10^8$	$5{,}9981 \cdot 10^7$	$5{,}6979 \cdot 10^7$
N	103	103	33	70

(Kritische Werte, α=0,05: χ^2_2 = 5,991; χ^2_7 = 14,067; χ^2_{28} =41,337, χ^2_{36} =50,998)

Schätzung (1.1) zeigt die Verletzung der Modellannahme homoskedastischer Residuen. Die Prüfgrößen des Tests auf räumliche Autokorrelation signalisieren zudem die Abhängigkeit der Testentscheidung von der Wahl der Gewichtungsmatrix. Für die Schätzungen der beiden Regionentypen (1.3) und (1.4) können hingegen keine Verletzungen der Annahmen des Regressionsmodells festgestellt werden. Aufgrund der Vielzahl nicht signifikanter Einflußgrößen sind aber auch hier weitere

319 Erläuterungen zu den verwendeten Abkürzungen sind dem Symbol- und Abbildungsverzeichnis zu entnehmen.

Schätzungen durchzuführen. Zunächst aber soll die Schätzung für den gesamten Untersuchungsraum modifiziert werden.

In der Schätzung (1.1) fällt insbesondere das unerwartet positive Vorzeichen der Determinante "Gastarbeiterquote" auf, da aufgrund der theoretischen Überlegungen unter dem Aspekt der Lohndiskriminierung ein negatives Vorzeichen zu erwarten war. Die Korrelationsmatrix bestätigt, daß die Gastarbeiterquote mit dem Regressanden tatsächlich stark positiv korreliert ist[320]. Als Ursache des positiven Zusammenhangs dürfte eine größere Mobilität der Bevölkerungsgruppe der ausländischen Arbeitnehmer gegenüber inländischen Arbeitnehmern sein, da Einkommensverzicht als Folge von Immobilität angesichts einer angestrebten Rückkehr in die Heimatländer kein rationales Verhalten darstellt. Dann aber muß die angenommene Wirkungsrichtung korrigiert werden, da der hohe Anteil ausländischer Arbeitnehmer in Arbeitsmarktregionen mit hohem Lohnniveau Folge und nicht Ursache hoher regionaler Lohnniveaus ist. Da sowohl für alle Arbeitsmarktregionen des Untersuchungsraums als auch für die Analyse der Regionentypen ein positiver Zusammenhang zwischen dem regionalen Lohnniveau und dem Anteil der Gastarbeiter besteht[321], bleibt die Variable "Gastarbeiterquote" in den weiteren Schätzungen aufgrund der unzutreffenden Annahme zum kausalen Zusammenhang dieser beiden Größen unberücksichtigt.

Aber auch ohne die Variable "Gastarbeiterquote" bleiben in Schätzung (1.2) die Modellannahmen der Homoskedastie und Nichtautokorrelation der Residuen verletzt. Eine Transformation der Spezifikation zur Beseitigung der Heteroskedastie führt aber zu einem befriedigenden Schätzergebnis. Als Gewichtungsfaktor dient die Variable "Anteil der hochqualifizierten Erwerbstätigen in einer Region", da diese Variable unter den Variablen der Hilfsregression des White-Tests die stärkste Korrelation mit dem Regressanden der Hilfsregression aufweist und somit Ursache der verletzten Modellannahme sein dürfte.

Die Schätzung (1.6) in Tabelle 4 verletzt die Modellannahmen nicht und ergibt plausible Ergebnisse. Gegenüber Schätzung (1.2) sind deutliche Abweichungen, insbesondere auch der Verzicht auf eine Humankapitalvariable, zu beobachten. Dieses Ergebnis ist aufgrund der hohen Interkorrelation zwischen beiden Humankapitalvariablen plausibel. Ein weiterer wesentlicher Unterschied zwischen der GKQ-

---

320 Vgl. Anhang 3.A

321 Vgl. alle Korrelationsmatrizen des Anhangs 3

Schätzung (1.6) und der KQ-Schätzung (1.2) liegt in dem nunmehr signifikant negativen Einfluß des Anteils der weiblichen Arbeitnehmer. Erst die GKQ-Schätzung zeigt, daß in Regionen mit hoher Erwerbsbeteiligung weiblicher Arbeitnehmer signifikant geringere durchschnittliche Lohnniveaus realisiert werden als in Regionen mit geringer weiblicher Erwerbsbeteiligung. C. p. ist in der Region mit einem um ein Prozentpunkt höheren Anteil weiblicher Arbeitnehmer das regionale Lohnniveau signifikant um 113 DM niedriger. Da die Signifikanz des Zusammenhangs trotz der Berücksichtigung einer Humankapitalvariablen besteht, kann zumindest eine geschlechtsspezifisch geringere allgemeine Qualifikation nicht Ursache der durchschnittlich geringeren Entlohnung sein.

Tabelle 4: GKQ-Schätzungen der Spezifikation nach Scully (in Klammern t-Werte)[322]

	GS (1.5)	GS (1.6)
Konst.	34880,480	30323,028
	(8,237)	(12,915)
HAQ	-55,884	
	(-1,291)	
(F)HQ	638,069	782,111
	(5,014)	(12,728)
KAPMIN	-189,129	-182,307
	(-6,007)	(-5,854)
KAP	99,086	91,901
	(3,031)	(2,843)
GW	86,049	84,235
	(5,303)	(5,193)
WBLQ	-101,219	-113,000
	(-2,162)	(-2,453)
Morans c (binär)	1,883	1,576
Morans c (stnd.)	2,109	1,193
White χ^2_{21}		23,443
White χ^2_{28}	34,072	
Bera-Jarque χ^2_2	0,170	0,105
R^2 (adj.)	0,972	0,972
R^2	0,974	0,973
SSE	1563030	1590176
N	103	103

(Kritische Werte (α=0,05): χ^2_2 = 5,991; χ^2_{21} =32,671; χ^2_{28} =41,337)

Träfe aber die in der Spezifikation von Scully unterstellte Annahme zur Kausalität zwischen den beiden Variablen "Anteil weiblicher Arbeitnehmer" und "regionales

322 In der GKQ-Schätzung sind die geschätzten Koeffizienten des Absolutglieds sowie des Gewichtungsfaktors (hier FHQ), gegenüber der KQ-Schätzung vertauscht. In Tabelle 4 ist dies zwecks leichterer Vergleichbarkeit mit den KQ-Schätzungen korrigiert. Erläuterungen zu den verwendeten Abkürzungen sind dem Symbol- und Abbildungsverzeichnis zu entnehmen.

Lohn- und Gehaltsniveau" nicht zu, so wäre Schätzung (1.6) allerdings fehlspezifiziert. In diesem Fall müßte die deutlich negative Korrelation zwischen regionalem Lohnniveau und dem regionalen Anteil weiblicher Arbeitnehmer dann dahingehend interpretiert werden, daß Frauen dann auf eine Erwerbstätigkeit verzichten, wenn auch ohne ihre Erwerbstätigkeit ein hohes Haushaltseinkommen realisiert werden kann.

Der Erklärungswert der Schätzung (1.6) ist sehr hoch. Ein Vergleich der Determinationskoeffizienten dieser Schätzung mit den Determinationskoeffizienten von KQ-Schätzungen kann allerdings problematisch sein, da die Transformation nicht mit einer Konstanten, sondern einer Variablen erfolgt.[323].

Die folgende Analyse der Schätzungen für die Regionentypen führt zu weiteren interessanten Aspekten, da regionentypisch differierende Zusammenhänge zwischen dem regionalen Lohnniveau und den Regressoren ermittelt werden können. Die Schätzungen (1.3) und (1.4) weisen plausible Koeffizientenvorzeichen auf und verletzen, wie bereits festgestellt, die Annahmen des Schätzverfahrens nicht, so daß ein Wald-Test auf Strukturbruch durchgeführt werden kann. Anhand der Prüfgröße des Wald-Tests wird die Nullhypothese eines räumlichen Strukturbruchs zwar abgelehnt, da aber einige Variablen keinen signifikanten Erklärungsbeitrag leisten, erlaubt dieses Testergebnis noch kein endgültiges Urteil.

Die Ursache nicht signifikanter Erklärungsbeiträge einzelner Variabler kann durch das hier gewählte Vorgehen bedingt sein, die theoretisch plausiblen Einflußgrößen "regionales Humankapitalniveau" und "regionale Kapitalintensität" durch jeweils zwei Variablen zu erfassen und dadurch Multikollinearität in die Schätzungen zu erhalten. Für beide Regionentypen weisen die Korrelationsmatrizen wieder die bereits in der Gesamtbetrachtung festgestellte hohe Interkorrelation zwischen den beiden Humankapitalvariablen auf. Auffällig ist hingegen die geringe Korrelation zwischen den beiden Variablen zur Messung der regionalen Kapitalintensität[324]. In den Arbeitsmarktregionen bestehen offensichtlich Branchen mit unterschiedlich hoher Kapitalintensität und daher unterschiedlicher Lohnzahlungsfähigkeit nebeneinander, d. h. das Arbeitsnachfrager in Branchen mit geringem Lohnniveau offensichtlich über ein ausreichendes Arbeitsangebot verfügen können, obwohl sie Arbeit durchschnittlich geringer entlohnen. Dieses Ergebnis kann durch qualifikationsbedingte Unterschie-

---

323 Vgl. Maddala, G. S.: a.a.O., S. 215ff.
324 Vgl. Anhang 3.A.1

de der Beschäftigten bedingt oder Folge einer begrenzten Menge an nachgefragter Arbeit zu einem hohen Lohnniveau sein. Trotz einer, verglichen mit dem nationalen Arbeitsmarkt, vermuteten relativ hohen Mobilität der Arbeitsanbieter in regionalen Arbeitsmärkten, scheinen also zwischen Branchen deutliche Mobilitätshemmnisse zu bestehen. Da die Spezifikationen eine Humankapitalvariable beinhalten, liegt aufgrund der Konstruktion der Humankapitalvariablen die Vermutung nahe, daß betriebs- und branchenspezifisches Know-How hier von entscheidender Bedeutung ist und zur sektoralen Segmentation des Arbeitsmarktes führt.

Für die Arbeitsmarktregionen des Regionentyps II können zusätzlich hohe Korrelationen zwischen den Variablen "Anteil in kapitalintensiven Branchen beschäftigter Arbeitnehmer" und "Anteil weiblicher Arbeitnehmer" festgestellt werden. Ob dieser Zusammenhang durch eine selektive geschlechtsabhängige Auswahl von Arbeitsanbietern durch die Arbeitsnachfrage hoch entlohnender kapitalintensiver Branchen zu erklären ist oder ob Frauen bei Realisierung eines hohen Haushaltseinkommens tendenziell auf eigene Erwerbstätigkeit verzichten, kann hier nicht entschieden werden. Allerdings sollte dieser Zusammenhang angesichts der nicht sehr starken Korrelation nicht überinterpretiert werden[325].

Die Korrelationsmatrix für den Regionentyp I zeigt[326], daß in den infrastrukturell gut ausgestatteten Regionen zwischen den Variablen "gewerkschaftlicher Organisationsgrad" und dem regionalen Lohnniveau kein signifikanter Zusammenhang besteht. Der signifikante Erklärungsbeitrag in Schätzung (1.3) für die Variable "gewerkschaftlicher Organisationsgrad" dürfte daher in hohen Interkorrelationen zwischen den Regressoren begründet sein. Eine Erklärung des fehlenden Zusammenhangs zwischen hohem gewerkschaftlichen Organisationsgrad und regionalem Lohnniveau in infrastrukturell gut ausgestatteten Regionen könnte die durchschnittlich höhere Qualifikation der Erwerbstätigen und ihre daraus resultierenden speziellen Fähigkeiten sein, welche die individuelle Durchsetzung von Lohnforderungen begünstigt bzw. ihre explizite Artikulation gemäß den Vorstellungen der Effizienzlohntheorien erst gar nicht erfordert. Die vergleichsweise homogen qualifizierten und damit leichter zu substituierenden Beschäftigten der meist kleinen infrastrukturell schlecht ausgestatteten Arbeitsmarktregionen profitieren dagegen in besonderem Maß von der Verhandlungsmacht der Gewerkschaften. Die folgenden Schätzungen für den Regionentyp I werden daher ohne die Gewerkschaftsvariable und den Anteil der

---

325 Vgl. Anhang 3.B

326 Vgl. Anhang 3.A.1.2 sowie Anhang 9

weiblichen Arbeitnehmer, der in den infrastrukturell gut ausgestatteten Regionen ebenfalls keinen signifikanten Zusammenhang mit dem regionalen Lohnniveau aufweist, erneut geschätzt. Die Schätzungen (1.7) und (1.8) in Tabelle 5 für den Regionentyp I unterscheiden sich lediglich durch die verwendete Humankapitalvariable.

Die Korrelationsmatrix der Schätzung (1.4) für die Arbeitsmarktregionen mit geringem Infrastrukturniveau bestätigt hohe und theoretisch plausible Korrelationen aller Variablen mit dem regionalen Lohn- und Gehaltsniveau. Eine Erklärung der ausschließlich hier signifikant negativen Korrelation des Anteils weiblicher Arbeitnehmer[327] in einer Region läßt sich aus Erörterungen von Mieth[328] herleiten. Arbeitsmarktregionen mit schlechter Infrastrukturausstattung sind kleine Regionen, in denen nicht nur vergleichsweise wenige Arbeitsanbieter, sondern auch wenige Arbeitsnachfrager ansässig sind. Sind Ehefrauen an den Arbeitsort des Mannes gebunden und damit interregional immobil, so sind die Wahlmöglichkeiten zwischen verschiedenen Arbeitsnachfragern begrenzt. Selbst wenn das Qualifikationsniveau von Frauen in verdichteten und ländlichen Regionen ähnlich wäre, könnten vorhandene Qualifikationen nur in geringem Maß verwertet und hohe Lohnforderungen somit kaum durchgesetzt werden.

Als Humankapitalvariable findet für den Regionentyp II aufgrund der höheren Korrelation mit dem Regressanden der Anteil der Erwerbstätigen mit (Fach-)Hochschulabschluß Verwendung. Hier wird der Einfluß der Variablen "Anteil der kapitalintensiv produzierenden Branchen" und "Anteil weiblicher Arbeitnehmer" wird in zwei getrennten Spezifikationen (1.9) und (1.10) ermittelt.

Wie bereits in den Schätzungen (1.3) und (1.4) erfüllen die Schätzungen in Tabelle 5 die Modellannahmen des Regressionsmodells. Auch hier sind die Koeffizientenvorzeichen in allen Schätzungen plausibel und stimmen mit den Vorzeichen in den Korrelationsmatrizen überein.

---

327 Der mit sinkendem Infrastrukturniveau steigende negative Zusammenhang zwischen dem Anteil weiblicher Arbeitnehmer und dem regionalen Lohn- und Gehaltsniveau bestätigt sich bei Analyse der Korrelationsmatrizen in Anhang 3.

328 Mieth, W.: a.a.O., S. 21f. Fußnote

Tabelle 5: KQ-Schätzungen der Spezifikation nach Scully für die Regionentypen (in Klammern t-Werte)[329]

	RTYP I (1.7)	RTYP I (1.8)	RTYP II (1.9)	RTYP II (1.10)
Konst.	41396,095 (10,764)	56544,128 (13,040)	25532,497 (23,158)	33023,541 (14,608)
HAQ		-181,675 (-3,201)		
(F)HQ	345,432 (2,619)		674,091 (8,612)	835,019 (10,346)
KAPMIN	-773,080 (-4,138)	-764,610 (-4,312)	-168,012 (-4,844)	-186,137 (-5,017)
KAP	270,139 (2,617)	255,612 (2,592)	127,362 (4,887)	
GW			103,181 (6,111)	62,072 (3,380)
WBLQ				-157,025 (-3,337)
Morans c (binär)	0,049	1,181	0,629	1,357
Morans c (stnd.)	-0,072	0,975	0,642	1,406
White χ^2_{10}	20.107	19.018		
White χ^2_{15}			4.956	9.415
Bera-Jarque χ^2_2	0.327	0.868	0.447	1.052
R^2 (adj.)	0,559	0,597	0,807	0,775
R^2	0,600	0,635	0,819	0,788
SSE	$8{,}8727 \cdot 10^7$	$8{,}1067 \cdot 10^7$	$5{,}8681 \cdot 10^7$	$6{,}8510 \cdot 10^7$
N	33	33	70	70

(Kritische Werte, α=0,05: χ^2_2 = 5,991 χ^2_{10} = 18,307; χ^2_{15} = 24,996)

Für den Regionentyp I zeigen die Schätzungen (1.7) und (1.8) für die beiden Variablen zur Erfassung der Kapitalintensität der regionalen Wirtschaftsstruktur keine großen Abweichungen. Neben der Einhaltung der Modellannahmen kann dies als zusätzliches Indiz einer zuverlässigen Schätzung gewertet werden. Bei gleichem Qualifikationsniveau Erwerbstätiger und gleichem Besatz mit Branchen geringer Kapitalintensität führt c. p. ein regionaler Unterschied von einem Prozentpunkt im Anteil von Arbeitnehmern in kapitalintensiv produzierenden Branchen zu regionalen Lohnniveaus, die je nach Spezifikation durchschnittlich um 256 bzw. 270 DM differieren.

Die Schätzungen (1.9) und (1.10) für die 70 Arbeitsmarktregionen des Regionentyps II ergeben deutlich stärkere Einflüsse interregionaler Qualifikationsunterschiede auf das regionale Lohnniveau als die beiden Schätzungen für den Regionentyp I. Regional um einen Prozentpunkt abweichende regionale Qualifikationsniveaus

329 Vgl. Fußnote 319

erklären c. p. etwa doppelt so große regionale Lohnniveauunterschiede verglichen mit infrastrukturell gut ausgestatteten Regionen. Dieses Ergebnis könnte durch eine höhere interregionale Mobilitätsbereitschaft Hochqualifizierter zu erklären sein. Da in den infrastrukturell schlecht ausgestatteten Arbeitsmarktregionen durch das durchschnittlich geringere Bildungsniveau und die kleineren Arbeitsmärkte oft Arbeitskräfte aus anderen Arbeitsmarktregionen angeworben werden müssen, würde sich die Entlohnung mangels eines intraregionalen Arbeitsmarktes für eine spezielle Qualifikation an der Entlohnung anderer, und in diesem Fall meist großer, Arbeitsmärkte mit hohen Lohnniveaus orientieren. Zusätzlich kann die geringe Attraktivität von Regionen mit schlechter Infrastrukturausstattung vor allem für hochqualifizierte Erwerbstätige dazu führen, daß überdurchschnittliche Entlohnungen im Sinne kompensierender Lohndifferentiale erfolgen. Diese Kompensation steht im direkten Gegensatz zur Idee einer Kompensation agglomerationsbedingter Nachteile, wie sie in Kapitel 6.1.1 erörtert wurde. Der Saldo agglomerationsbedingter Vor- und Nachteile wäre dann nicht nur für die Arbeitsnachfrager, sondern auch zumindest für hochqualifizierte Arbeitsanbieter positiv. Allerdings darf aus den Ergebnissen nicht geschlossen werden, daß Hochqualifizierte in ländlichen Regionen grundsätzlich höher entlohnt werden. Vielmehr zeigen die Korrelationsmatrizen für verschiedene Abgrenzungen der Regionentypen, daß, verglichen mit den infrastrukturell gut ausgestatteten Regionen, ein relativ schwacher Zusammenhang zwischen regionalem Qualifikations- und Lohnniveau in Regionen mit geringerem Infrastrukturniveau vorliegt[330]. Im Zusammenhang mit den Interpretationen zu den regionentypisch abweichenden Koeffizientenschätzungen läßt sich dies so erklären, daß die individuellen Möglichkeiten einer Verwertung spezieller Qualifikationen in Regionen mit geringem Infrastrukturniveau, d. h. den ländlichen Regionen nur spezielle interregional mobile Qualifikationen sehr hoch entlohnt werden, während z. B. bei einem Verzicht auf die interregionale Verwertung von Qualifikationen das relativ geringe regionale Lohnniveau relevant ist. Die Streuung der Entlohnung Hochqualifizierter ist in den ländlichen Regionen sehr viel höher als in verdichteten Regionen.

Die Intensität des Zusammenhangs zwischen der Kapitalintensität der regionalen Wirtschaftsstruktur und dem regionalen Lohn- und Gehaltsniveau hingegen erweist sich über die verschiedenen Abgrenzungen der Regionentypen als in etwa konstant.

---

330 Vgl. Anhang 3.A. Die Korrelationen zwischen den Variablen "regionales Lohnniveau" und "regionales Qualikationsniveau" in Anhang 3.B sind allerdings verzerrt, da sich die erstgenannte Variable auf den Arbeits-, letztere hingegen auf den Wohnort bezieht.

In der Regressionsanalyse nehmen die geschätzten Koeffizienten in den Arbeitsmarktregionen des Regionentyps II deutlich geringere Werte an als in den Arbeitsmarktregionen des Regionentyps I. Angesichts der Bedeutung der regionalen Infrastruktur für die Funktionsfähigkeit des Arbeitsmarktes überrascht es nicht, daß sich regionale Unterschiede in der Kapitalintensität der Produktion, und damit wird in der Regel eine höhere Produktivität assoziiert, auf das regionale Lohn- und Gehaltsniveau nicht so stark auswirken wie in den infrastrukturell gut ausgestatteten Arbeitsmarktregionen.

Für die Arbeitsmarktregionen des Regionentyps II liefert die Variable "Gewerkschaftliche Organisation" einen signifikant positiven Erklärungsbeitrag, während die Variable "Anteil weiblicher Arbeitnehmer" einen signifikant negativen Beitrag leistet. Zu den regionentypisch vaiierenden Korrelationen dieser beiden Variablen mit dem regionalen Lohn- und Gehaltsniveau sei auf die Erörtungen zu Schätzung (1.1) bzw. (1.6) verwiesen.

Ein Vergleich der Determinationskoeffizienten der Schätzungen (1.7) - (1.10) deutet darauf hin, daß Scullys Spezifikation insbesondere für regionale Lohn- und Gehaltsniveaus in infrastrukturell schlecht ausgestatteten Arbeitsmarktregionen wesentliche Einflußgrößen erfaßt.

Die Schätzung (1.11) einer Dummyspezifikation in Tabelle 11 bestätigt die festgestellten regionentypisch abweichende Koeffizientenwerte der Schätzungen (1.7-1.10), in dem Unterschiede zwischen den Regionentypen durch die Vorzeichen der Dummyvariablen nachgezeichnet werden. Signifikante Erklärungsbeiträge liefern der Absolutglieddummy sowie der Steigungsdummy der mit geringer Kapitalintensität produzierenden Branchen. Humankapital und die Kapitalintensität der regionalen Wirtschaftsstruktur sind unabhängig vom Regionentyp wichtige Variablen zur Erklärung des regionalen Lohn- und Gehaltsniveaus, während der gewerkschaftliche Organisationsgrad und der Anteil der weiblichen Arbeitnehmer nur in den infrastrukturell schlecht ausgestatteten Arbeitsmarktregionen signifikante Erklärungsbeiträge leisten.

Tabelle 6: GKQ-Schätzung einer Dummyspezifikation nach Scully (in Klammern t-Werte)[331]

	GS (1.11)
Konst.	30579,408
	(13,124)
(F)HQ	853,934
	(9,084)
ST(F)HQ	-187,805
	(-1,296)
KAPMIN	-182,616
	(-5,662)
STKMIN	-324,600
	(-2,237)
KAP	72,897
	(2,147)
STKAP	158,514
	(1,754)
GW	78,789
	(4,596)
WBLQ	-124,850
	(-2,695)
ABSDUM	5986,074
	(2,036)
Morans c (binär)	1,534
Morans c (stnd.)	1,268
White χ^2_{40}	28.037
Bera-Jarque χ^2_2	0.142
R^2 (adj.)	0,973
R^2	0,975
SSE	1473746
N	103

(Kritische Werte, α=0,05: χ^2_2 = 5,991; χ^2_{40} = 55,758)

Der Steigungsdummy für Branchen, die in infrastrukturell gut ausgestatteten Regionen mit geringer Kapitalintensität produzieren, zeigt die Signifikanz der bereits in Tabelle 5 festgestellten Unterschiede zwischen den Koeffizienten beider Regionentypen. Während in infrastrukturell schlecht ausgestatteten Arbeitsmarktregionen Differenzen von einem Prozentpunkt dieser Variablen c. p. Lohnniveauunterschiede von etwa 180 DM erklären, führt die gleiche Konstellation für infrastrukturell gut ausgestattete Regionen zu Lohnniveauunterschieden von etwa 500 DM[332]. Eine Erklärung könnte der möglicherweise intensivere intraregionale Wettbewerb auf dem Arbeitsmarkt in den Arbeitsmarktregionen des Regionentyps I bieten, der dazu führt, daß sektorale Unterschiede in der Kapitalintensität der Produktion in

[331] Vgl. Fußnote 322

[332] Vgl. Schätzung (1.11). Die Differenzen zwischen den geschätzten Koeffizienten in (1.7-1.10) sind noch etwas größer.

größerem Umfang an die Arbeitnehmer weitergegeben werden. Die in Schätzungen (1.7) sowie (1.9) und (1.10) festgestellten regionentypisch abweichenden Koeffizientenschätzungen werden zwar in Schätzung (1.11) prinzipiell bestätigt, die Unterschiede sind aber deutlich geringer und zudem nicht signifikant.

Der signifikante Erklärungsbeitrag des Absolutglieddummies in der Schätzung der Dummyspezifikation (1.11) zeigt, daß bei regional gleichem Qualifikationsniveau, gleichen Kapitalintensitäten der Produktion, gleichem gewerkschaftlichem Organisationsgrad und gleichem Erwerbstätigenanteil von Frauen das nominale Lohnniveau in den infrastrukturell gut ausgestatteten Regionen um annähernd 6000 DM höher als in den infrastrukturell schlecht ausgestatteten Regionen ist. Dieses Ergebnis ist, neben den geringen Determinationskoeffizienten der Schätzungen (1.7) und (1.8), ein Hinweis darauf, daß trotz Einhaltung der statistischen Modellannahmen die Variablenauswahl von Scully insbesondere für verdichtete Regionen nicht alle relevanten Einflußgrößen erfaßt.

Im Gegensatz zum Wald-Test in Tabelle 3, der im vorliegenden Fall aufgrund der Vielzahl nicht signifikanter Variabler nicht unbedingt zu sinnvollen Ergebnissen führt, bestätigt die Signifikanz einzelner Dummyvariablen die Hypothese eines räumlichen Strukturbruchs. Dieses Ergebnis ist angesichts der in Abhängigkeit vom Regionentyp deutlichen variierenden Korrelationen zwischen einzelnen Variablen mit dem regionalen Lohnniveau und den hieraus resultierenden unterschiedlichen Spezifikationen für die Regionentypen sowie den regionentypisch differierenden Koeffizientenschätzungen plausibel.

Scullys Ergebnisse stimmen mit den Ergebnissen dieser Analyse weitgehend überein, wenn infrastrukturell gut ausgestattete Regionen in der vorliegenden Untersuchung mit den Hochlohnbranchen in der Untersuchung von Scully bzw. infrastrukturell schlecht ausgestattete Regionen mit Mittel- und Niedriglohnbranchen gleichgesetzt werden[333]:

- In infrastrukturell gut ausgestatteten Regionen bzw. in Hochlohnbranchen ist der Gewerkschaftseinfluß auf das Lohnniveau geringer als in infrastrukturell schlechter ausgestatteten Regionen bzw. Mittel- und Niedriglohnbranchen.
- In infrastrukturell schlecht ausgestatteten Regionen bzw. Mittel- und Niedriglohnbranchen ist der Einfluß der Kapitalintensität der Branchen auf das Lohnniveau

---

333 Vgl. Scully, G. W.: a.a.O., S. 765ff.

deutlich geringer als in infrastrukturell gut ausgestatteten Regionen bzw. in Hochlohnbranchen.

- Die Erwartung einer Diskriminierung weiblicher Arbeitskräfte kann zumindest für infrastrukturell gut ausgestattete Arbeitsmarktregionen bzw. Hochlohnbranchen nicht bestätigt werden.
- Humankapital ist der wichtigste Einflußfaktor. Der geschätzte Koeffizient für den Einfluß der Variablen "qualifizierte Arbeitskräfte" für Niedriglohnbranchen bzw. infrastrukturell schlecht ausgestattete Regionen ist deutlich höher als in Hochlohnbranchen bzw. infrastrukturell gut ausgestatteten Regionen[334].

8.1.2 Die Spezifikation von Bellmann

Bellmann[335] untersucht die Bestimmungsgründe regionaler Lohnniveaus unter Verwendung der Shift-Share- und der Regressionsanalyse für Arbeitsamtsbezirke in der Bundesrepublik Deutschland im Jahr 1970. Seine Spezifikationen beinhalten eine spezielle Dichtevariable "Arbeitsmarktdichte" zur Abbildung "regioneninterner Agglomerationseffekte"[336] und den Anteil der regional in Großbetrieben Beschäftigten. Hier erwartet Bellmann überdurchschnittliche Lohnzahlungen als Folge von größerem dispositiven Aufwand, Hierarchielänge, Machtposition auf den Absatzmärkten und höherer gewerkschaftlicher Organisation[337]. Die erwartete durchschnittlich höhere Entlohnung dispositiver Funktionen berücksichtigt Bellmann zusätzlich durch die Einbeziehung der regionalen Angestellten- und Facharbeiterquote. Die von Bellmann in einer Spezifikation einbezogene Pendlervariable bleibt im folgenden unberücksichtigt. Zum einen dürfte in einer Analyse von Arbeitsmarktregionen interregionales Pendelverhalten von geringerer Bedeutung sein als bei einer Analyse administrativ abgegrenzter Arbeitsamtsbezirke, zum anderen bestehen Zweifel an der unterstellten Kausalität. Plausibler erscheint die Annahme, daß ein hohes Lohnniveau Pendelverhalten beeinflußt, als umgekehrt[338].

Für seine Variablen erwartet Bellmann positive Koeffizientenvorzeichen. Testergebnisse auf Einhaltung der statistischen Modellannahmen sind nicht angegeben. Im folgenden wird nur eine der Spezifikationen von Bellmann nachvollzogen. Seinen

334 Diese Parallele ist in Scullys Schätzung aggregierter Branchen zu beobachten. In seinen Nord-Süd-Schätzungen ist diese Differenz geringer (vgl. ebenda, S. 766 und S. 768).
335 Vgl. Bellmann, L.: a.a.O., S. 111ff.
336 Ebenda, S. 116
337 Vgl. ebenda, S. 117
338 Vgl. auch die Spezifikationen von Frey, R. L.: a.a.O., S. 149ff.

Regressionsanalysen mit Struktur- und Standortkomponenten wird nicht gefolgt, da diese in einer Shift-Share-Analyse ermittelten Komponenten nur begrenzt interpretierbar sind. Die von Bellmann angegebenen Korrelationskoeffizienten zwischen dem regionalen Lohnniveau und den Standort- und Strukturkomponenten zeigen zwar, daß die Standortkomponente eine höhere Korrelation mit dem regionalen Lohnniveau aufweist als die Strukturkomponente[339] und somit die Summe der Standortfaktoren offenbar wichtiger für die Erklärung regionaler Lohnniveaus als die regionale Branchenstruktur ist. Welche konkreten Standortfaktoren den engen Zusammenhang zwischen Lohnniveau und Standortkomponente begründen, bleibt aber unklar. Dies ist ein unbefriedigendes Ergebnis, da die Standortkomponente als "Konglomerat möglicherweise sehr konträr wirkender Größen"[340] gilt.

Tabelle 7: KQ-Schätzungen der Spezifikation nach Bellmann (in Klammern t-Werte)[341]

	GS (2.1)	GS (2.2)	RTYP I (2.3)	RTYP I (2.4)	RTYP II (2.5)	RTYP II (2.6)
Konst.	21579,27 (9,833)	23619,939 (20,844)	18188,211 (3,672)	23333,524 (10,799)	21760,136 (8,746)	23482,433 (16,060)
BTSD	127,733 (7,173)	134,882 (8,145)	74,173 (2,239)	80,131 (2,435)	134,753 (6,015)	144,025 (7,358)
ARND	26,797 (7,379)	26,094 (7,296)	21,684 (4,350)	22,639 (4,579)	35,532 (5,861)	34,351 (5,830)
AQ	167,399 (4,144)	144,817 (4,179)	247,131 (2,911)	178,416 (2,935)	150,046 (3,162)	135,249 (3,066)
FAQ	55,044 (1,085)		127,328 (1,153)		51,818 (0,856)	
Morans c (stnd.)	5,695	5,096	0,620	-0,006	4,056	3,697
Morans c (binär)	5,711	5,127	0,521	-0,037	4,292	3,833
White χ^2_{15}	8.992		10.461		11.417	
White χ^2_{10}		6.376		6.405		8.190
Bera-Jarque χ^2_2	2.159	2.067	5.091	5.709	1.158	0.986
R^2 (adj.)	0,818	0,817	0,845	0,843	0,686	0,687
R^2	0,825	0,823	0,864	0,858	0,704	0,700
SSE	$1{,}3747 \cdot 10^8$	$1{,}3913 \cdot 10^8$	$3{,}0195 \cdot 10^7$	$3{,}1628 \cdot 10^7$	$9{,}5774 \cdot 10^7$	$9{,}6855 \cdot 10^7$
N	103	103	33	33	70	70

(Kritische Werte, α=0,05: χ^2_2 = 5,991; χ^2_{10} = 18,307; χ^2_{15} = 24,996)

Die Erwartung positiver Koeffizientenvorzeichen für alle vier Variablen bestätigen die Schätzungen (2.1), (2.3) und (2.5)[342]. Aber die Schätzungen für den gesamten

339 Vgl. ebenda, S. 116

340 Neumann, H.: a.a.O., S. 153

341 Vgl. Fußnote 319

342 Vgl. Bellmann, L., a.a.O., S. 116f. Folgende Variablen werden in der vorliegenden Untersuchung abweichend definiert:

- Betriebsgrößenvariable: Statt dem Anteil der in der Region in Betrieben mit mehr als 500 Beschäftigten wird der Anteil der regional Beschäftigten in Betrieben mit mehr als 1000

Untersuchungsraum und den Regionentyp II weisen autokorrelierte Residuen auf, so daß die Schätzungen verzerrt sind. Für die Annahme bzw. Ablehnung der Nullhypothese fehlender räumlicher Autokorrelation hat die Spezifikation der Gewichtungsmatrix im vorliegenden Fall keine entscheidende Bedeutung[343].

Nur für den Regionentyp I zeigt die Schätzung (2.3) die Einhaltung der überprüften Modellannahmen und damit die korrekt geschätzte Nichtsignifikanz des t-Wertes für die Variable "Facharbeiterquote". In Schätzung (2.4) bleibt diese nichtsignifikante Variable daher unberücksichtigt. Diese Schätzung bestätigt die Ergebnisse von Schätzung (2.3) bei geringfügig veränderten Koeffizientenwerten. Die Dichte des regionalen Arbeitsmarktes, die regionale Angestelltenquote und die regionale Präsenz von Großbetrieben leisten eigenständige, positive Beiträge zur Erklärung regionaler Lohn- und Gehaltsniveaus[344]. Am Beispiel der Angestelltenquote lautet die Interpretation der geschätzten Koeffizienten wie folgt: Weisen zwei infrastrukturell gut ausgestattete Regionen die gleiche Arbeitnehmerdichte und den gleichen Besatz mit Großbetrieben auf, so ist in der Arbeitsmarktregion mit der höheren Angestelltenquote das regionale Lohn- und Gehaltsniveau signifikant höher. Regionale Unterschiede von einem Prozentpunkt dieser Variablen führen zu durchschnittlich 178 DM differierenden Lohnniveaus.

Die Schätzungen (2.2) und (2.6) stellen Modifikationen der Ausgangsspezifikation dar, da die Korrelationsmatrizen einen theoretisch unplausiblen negativen Zusammenhang bzw. einen nicht signifikanten Zusammenhang zwischen Facharbeiterquote und regionalem Lohnniveau aufzeigen[345]. Durch die Modifikation ändern sich allerdings für die anderen Variablen weder die geschätzten Koeffizientenwerte noch deren Signifikanz erheblich. Auch die Verletzung der Modellannahme nichtautokorrelierter Residuen bleibt bestehen. Ein Vergleich der geschätzten Koeffizientenwerte für den gesamten Untersuchungsraum und die beiden Regionentypen in Tabelle 3 kann zwar als Hinweis auf abweichende Zusammenhänge zwischen den Regionentypen interpretiert werden, aufgrund verletzter Modellannahmen ist aber auf eine weitergehende Interpretation der Schätzergebnisse zu verzichten. Auf

Beschäftigten betrachtet. Große Abweichungen bezüglich der Bedeutung der Betriebsgrößenvariablen sind dadurch nicht zu erwarten (vgl. Masters, S. H.: a.a.O., S. 344).

- Dichtevariable: Anstelle Bellmanns Variable "Arbeitsmarktdichte" erfolgt die Messung der Dichte hier anhand der Arbeitnehmerdichte. Eine exemplarische Berechnung der Arbeitsmarktdichte für die kreisfreien Städte und Landkreise in Rheinland-Pfalz zeigte eine Korrelation von +0,98 mit der Arbeitnehmerdichte, so daß wesentliche Abweichungen nicht zu erwarten sind.

[343] Vgl. auch Hordijk, L. (1979): a.a.O., S. 103

[344] Vgl. auch Anhang 4.A.1.2

[345] Vgl. Anhang 4.A.1.1 und 4.A.1.3, sowie Anhang 9

Strukturbruchtests, die die Annahme konstanter Koeffizienten in der Schätzung aller Regionen bestätigen könnten, wird verzichtet, da sich nur eine Spezifikation als korrekt geschätzt erweist und Strukturbruchtests somit zu verzerrten Ergebnissen führen würden. Auch Dummyspezifikationen zeigen positiv autokorrelierte Residuen, so daß auf einen Ausweis dieser Schätzungen verzichtet wird.

Wie bereits erwähnt, leistet im Unterschied zu den Schätzergebnissen Bellmanns die Variable "Facharbeiterquote" in Schätzung (2.3) keinen signifikanten Erklärungsbeitrag. Die Korrelationsmatrix zeigt sogar einen deutlich negativen Zusammenhang zwischen der Variablen "Facharbeiterquote" und dem Regressanden. Auch die Korrelationsmatrizen für die Schätzungen (2.1) und (2.5) können die Annahme eines deutlich positiven Zusammenhangs nicht bestätigen. Eine Erklärung dieses von den Angaben Bellmanns abweichenden Ergebnisses bietet die Annahme einer veränderten Bedeutung der Qualifikation eines Facharbeiters zwischen der Untersuchung Bellmanns, die sich auf Angaben aus dem Jahr 1970 stützte, und der hier vorliegenden Analyse auf Basis von Angaben aus dem Jahr 1987. Ein Vergleich der Korrelationen zwischen der Facharbeiterquote und dem regionalen Lohn- und Gehaltsniveau für die verschiedenen Abgrenzungen der Regionentypen des Untersuchungsraums zeigt[346], daß der Zusammenhang zwischen beiden Variablen ausgehend von der "engsten" Abgrenzung infrastrukturell gut ausgestatteter Arbeitsmarktregionen[347] zur "engsten" Abgrenzung infrastrukturell schlecht ausgestatteter Arbeitsmarktregionen[348] systematisch variiert. Während in infrastrukturell gut ausgestatteten Arbeitsmarktregionen die Korrelation zwischen Facharbeiterquote und Regressand negativ ist, zeigen nur Arbeitsmarktregionen mit geringer Infrastrukturausstattung einen deutlich positiven Zusammenhang[349]. Unter der Annahme, daß die durchschnittliche Qualifikation der Arbeitnehmer in infrastrukturell gut ausgestatteten Regionen höher ist als in infrastrukturell schlecht ausgestatteten Regionen, kann dieses Ergebnis dahingehend interpretiert werden, daß die Qualifikation des Facharbeiters nur in den infrastrukturell schlecht ausgestatteten Arbeitsmarktregionen eine überdurchschnittliche Qualifikation darstellt. Aus der hohen Korrelation der Facharbeiterquote mit der Betriebsgrößenvariable in infrastrukturell schlecht ausgestatteten Arbeitsmarktregionen[350] kann geschlossen werden, daß die Qualifikation der Facharbeiter im Jahr 1987 vor allem für die komplexen Strukturen

[346] Vgl. Anhänge 4.A.1.2, 4.A.1.3 und 4.A.2
[347] Es handelt sich um Arbeitsmarktregionen der Infrastrukturniveaus 1 und 2. Vgl. Anhang 4.A.2.1
[348] Es handelt sich um Arbeitsmarktregionen des Infrastrukturniveaus 5. Vgl. Anhang 4.A.2.4
[349] Vgl. ebenda
[350] Vgl. ebenda

von Großbetrieben des verarbeitenden Gewerbes nachgefragt wird. Die von Bellmann vermutete ergänzende Ausübung dispositiver Funktionen durch Angestellte und Facharbeiter[351] läßt sich angesichts hoher negativer Korrelationen zwischen Facharbeiter- und Angestelltenquote nicht bestätigen. Da aber auch Blien[352] in einer Untersuchung individueller Tageslöhne aus dem Jahr 1989 einen signifikant positiven Einfluß des Facharbeiterstatus ermittelte, könnte der nicht signifikante Einfluß dieser Variablen in der vorliegenden Untersuchung Folge der Beschränkung auf den Untersuchungsraum Süddeutschland sein. Dann bestünde ein räumlicher Strukturbruch zwischen Süd- und Norddeutschland.

Nicht nur der Zusammenhang zwischen Facharbeiterquote und Lohnniveau variiert systematisch über die verschiedenen Regionenabgrenzungen. Die Arbeitnehmerdichte und die Angestelltenquote weisen in allen Regionenabgrenzungen einen positiven Zusammenhang mit dem regionalen Lohnniveau auf. Der Zusammenhang ist für beide Variablen in der "engsten" Abgrenzung infrastrukturell gut ausgestatteter Arbeitsmarktregionen am stärksten und nimmt bei Hinzunahme bzw. ausschließlicher Berücksichtigung infrastrukturell schlechter ausgestatteter Arbeitsmarktregionen kontinuierlich ab[353]. Zwischen der Betriebsgrößenvariable und regionalem Lohnniveau läßt sich im Unterschied zu den anderen beiden Variablen über die verschiedenen Abgrenzungen der Regionentypen hinweg ein in etwa gleichbleibender Zusammenhang feststellen[354].

Ein Vergleich mit anderen räumlichen Ebenen bestätigt sowohl für die kreisfreien Städte und Landkreise[355] als auch die Bundesländer[356] des Untersuchungsraums die für die Arbeitsmarktregionen festgestellten Zusammenhänge weitgehend.

Da in Schätzung (2.2) beide Prüfgrößen des Tests auf räumliche Autokorrelation eine Verletzung der Modellannahme nichtautokorrelierter Residuen anzeigten, wird am Beispiel dieser Schätzung Ergebnisse zum in Kapitel 7 geschilderten Ansatz zur Beseitigung autokorrelierter Residuen dargestellt. Abbildung 3 zeigt die Residuenquadratsummen der Schätzung (2.2) bei Annahme verschiedener ρ.

---

351 Bellmann, L.: a.a.O., S. 117
352 Vgl. Blien, U. (1995): a.a.O., S. 160
353 Vgl. Anhang 4.A
354 Vgl. ebenda
355 Vgl. Anhang 4.C
356 Vgl. Anhang 4.B

Abbildung 3: Residuenquadratsummen (SSE) der Spezifikation nach Bellmann (Schätzung (2.2)) in Abhängigkeit von dem Parameter ρ

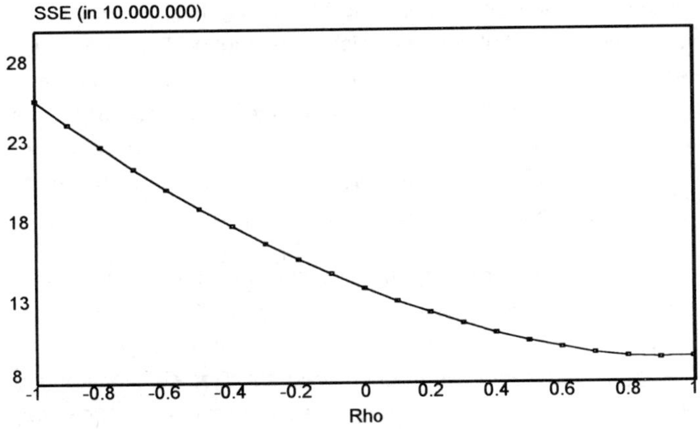

Minimum ρ=0,943, Summe der Residuenquadrate (Min.) = $9{,}4636 \cdot 10^7$.

Die Variablen werden anhand des Parameterwertes transformiert, bei dem die Residuenquadratsumme ein Minimum darstellt. Tabelle 8 ist das Schätzergebnis dieses Ansatzes zu entnehmen.

Tabelle 8: KQ-Schätzung der nach (25) transformierten Variablen für die Schätzung (2.2) (in Klammern t-Werte)[357]

	GS (2.7) (ρ=0,943)
Konst.	1271,882 (11,139)
BTSD	168,032 (12,595)
ARND	17,654 (5,322)
AQ	153,208 (4,510)
Morans c (binär)	-2,707
Morans c (stnd.)	-2,704
White χ^2_{10}	7.715
Bera-Jarque χ^2_2	1.694
R^2 (adj.)	0,852
R^2	0,857
SSE	$9{,}4636 \cdot 10^7$
N	103

(Kritische Werte, α=0,05: χ^2_2 = 5,991; χ^2_{10} = 18,307)

357 Vgl. Fußnote 319

Die Schätzung mit den transformierten Größen führt nicht zu statistisch befriedigenden Ergebnissen. Zwar werden die geschätzten Koeffizientenwerte der Schätzung (2.2) in etwa bestätigt, ein Hinweis auf die Erwartungstreue der Schätzung, allerdings sind auch hier die ermittelten t-Werte Folge verzerrter Schätzungen. Es liegt nun signifikant negative Autokorrelation vor, d. h. die ursprünglich positive Autokorrelation wird durch die Transformation überkorrigiert. Auf eine weitergehende Interpretation wird aufgrund der verletzten Modellannahme verzichtet.

Bellmanns Spezifikation führt im Unterschied zu der Spezifkation von Scully zu Schätzungen mit hohem Erklärungsgehalt für die Regionen des Regionentyps I. Der Variablensatz Scullys erfaßt daher zum bisherigen Stand der empirischen Untersuchung die relevanten Variablen zur Erklärung regionaler Lohnniveaus in infrastrukturell schlecht ausgestatteten Arbeitsmarktregionen, während die Variablen Bellmanns zur Erklärung infrastrukturell gut ausgestatteter Arbeitsmarktregionen besonders geeignet erscheinen.

8.1.3 Die Spezifikation von Kuh

Kuh[358] untersucht auf gesamtwirtschaftlicher Ebene verschiedene Ansätze zur Überprüfung der Phillips-Kurven-Relation. Er erweitert den in der Phillipskurvendiskussion postulierten einfachen Zusammenhang, der in mehreren empirischen Untersuchungen nicht in allen Fällen bestätigt werden konnte[359], durch Einbeziehung weiterer Variablen, von denen hier nur der Produktivitätsterm Berücksichtigung findet. Hinter diesem Ansatz steht die Erwartung, daß es im Fall von Produktivitätssteigerungen auch bei Arbeitslosigkeit zur Erhöhung des Lohnniveaus kommen kann. Im Unterschied zu den ursprünglichen theoretischen Überlegungen zur Philippskurve unterstellt Kuh in der hier untersuchten Spezifikation eine Abhängigkeit des Lohnniveaus von dem Niveau der Erwerbslosigkeit.

Mit der Annahme eines multiplikativ mit der Spezifikation verknüpften Residuenterms läßt sich der Ansatz von Kuh in eine logarithmisch-lineare Form bringen, so daß das KQ-Verfahren angewendet werden kann[359]. Ein Vergleich der Determinationskoeffizienten linearer und logarithmisch-linearer Spezifikationen sollte angesichts

---

358 Vgl. Kuh, E.:a.a.O., S. 333ff.

359 Vgl. ebenda, S. 338. Schätzungen unter Annahme eines linearen Zusammenhangs nicht logarithmierter Variabler ergeben sehr ähnliche Korrelationen und Determinationskoeffizienten wie in Tabelle 9 angegeben. Die geschätzten Koeffizientenwerte weichen hingegen zum Teil deutlich ab.

der Erklärung unterschiedlicher Varianzen des Regressanden nicht erfolgen[360]. In Anbetracht der reziproken Formulierung, die einen nichtlinearen Zusammenhang unterstellt[361], führen Unterschiede von einem Prozentpunkt in den regionalen Erwerbslosenquoten, je nach dem Niveau der regionalen Erwerbslosigkeit, zu einem unterschiedlichen Einfluß auf den Regressanden[362]. Kuh selbst führt für die hier vewendete Spezifikation keine Schätzungen durch. Wie bereits in den vorhergehenden Untersuchungen gilt die Annahme, daß die durchschnittlichen Arbeitszeiten in den Regionen gleich sind.

In der Schätzung unter Einbeziehung aller Regionen erweisen sich alle getesteten Modellannahmen als verletzt. Auf eine Interpretation der Schätzungen (3.1) und (3.2) in Tabelle 9 für den gesamten Untersuchungsraum wird daher verzichtet. Auch verschiedene Modifikationen der Spezifikation, darunter Erweiterungen durch Dummyvariablen, führten bei Analyse des gesamten Untersuchungsraums nicht zu befriedigenden Schätzergebnissen.

Tabelle 9: KQ-Schätzungen der Spezifikation nach Kuh (in Klammern t-Werte)[363]

	GS (3.1)	GS (3.2)	RTYP I (3.3)	RTYP II (3.4)	RTYP I (3.5)
Konst.	4,593	4,627	3,494	7,263	3,523
	(6,532)	(6,630)	(3,484)	(8,619)	(3,528)
LNBWS	0,522	0,521	0,632	0,288	0,624
	(8,203)	(8,218)	(6,946)	(3,826)	(6,919)
LN(1/EWLQ)	-0,014		0,031	0,064	
	(-0,548)		(0,882)	(2,031)	
Morans c (binär)	5,854	5,504	1,512	1,279	1,691
Morans c (stnd.)	5,199	4,878	1,019	1,439	1,265
White χ_3^2		52.303			3.142
White χ_6^2	55.929		4.293	9.891	
Bera-Jarque χ_2^2	8.851	9.182	1.086	0.483	1.025
Wald χ_3^2				16.739	
R^2 (adj.)	0,391	0,395	0,591	0,254	0,594
R^2	0,403	0,401	0,617	0,275	0,607
SSE	0,4463	0,4477	0,0706	0,2432	0,0725
N	103	103	33	70	33

(Kritische Werte, α=0,05: χ_2^2 = 5,991; χ_3^2 = 7,815; χ_6^2 =12,592)

[360] Vgl. Maddala, G.: a.a.O., S. 202 und S. 220

[361] Es handelt sich allerdings nicht um einen eigentlich nichtlinearen, sondern vielmehr um einen gebogen-linearen Zusammenhang, da weiterhin lineare Regressionsschätzverfahren benutzt werden (vgl. Ratkowsky, D. A. (1990): Handbook of nonlinear regression models, New York Basel, S. 5).

[362] Vgl. Maddala, G.: a.a.O., S. 97f.

[363] Vgl. Fußnote 319

Für die beiden Schätzungen der Regionentypen läßt sich hingegen die Einhaltung aller Modellannahmen feststellen, so daß der Wald-Test auf Strukturbruch zuverlässige Testergebnisse liefert. Dieser Test bestätigt trotz Nichtsignifikanz eines Koeffizienten in Schätzung (3.3) die Signifikanz der anhand der Schätzergebnisse naheliegenden Vermutung regionentypisch abweichender Zusammenhänge. Die geschätzten Vorzeichen der Koeffizienten sind plausibel. Es ist zu beachten, daß aufgrund der reziproken Formulierung eine hohe Erwerbslosenquote dämpfend auf das regionale Lohn- und Gehaltsniveau wirkt.

Nur in den Arbeitsmarktregionen des Regionentyps II besteht ein signifikanter Zusammenhang zwischen dem Niveau der Erwerbslosigkeit und dem regionalen Lohnniveau[364]. Eine Erklärung hierfür ist, daß ein Arbeitsmarkt umso segmentierter ist, je spezieller die von der Arbeitsnachfrage gewünschte Qualifikation und je differenzierter die Qualifikationen des Arbeitsangebots sind. Ist der Erwerb nachgefragter Qualifikationen ökonomisch (zeit-)aufwendig und die Qualifikation am Markt verfügbar, so ist die Anzahl der Erwerbslosen zur Erklärung des regionalen Lohn- und Gehaltsniveaus ohne Bedeutung. In den kleinen infrastrukturell schlecht ausgestatteten Arbeitsmarktregionen ist hingegen zu erwarten, daß spezielle Qualifikationen der Arbeitsanbieter nicht nachgefragt bzw. Qualifikationswünsche der Arbeitsnachfrager nicht angeboten werden. Arbeitsanbieter sind dann mit geringem ökonomischen Aufwand substituierbar, d. h. Erwerbslose und Erwerbstätige stehen in einem Konkurrenzverhältnis, das sich lohnniveausenkend auswirken kann. Eine andere Erklärung für den schwachen bzw. nicht existenten Zusammenhang zwischen Lohnniveau und Erwerbslosenquote liefert die Hypothese interregionaler Wohnortmobilität als Reaktion auf Erwerbslosigkeit. Arbeitsanbieter reagieren nur auf sehr große regionale Lohnunterschiede durch Verlagerung des Wohnortes, wie sie z. B. dann entstehen, wenn nur durch den Wohnortwechsel Einkommen erzielt werden kann. Das empirische Ergebnis für die infrastrukturell gut ausgestatteten Arbeitsmarktregionen wäre dann als hohe Bereitschaft zur interregionaler Verlagerung des Wohnortes als Reaktion auf Erwerbslosigkeit zu interpretieren. Erwerbslose in infrastrukturell schlechter ausgestatteten Regionen wären dann interregional vergleichsweise immobil. Ob dies die Folge mangelnder Qualifikation oder mangelnder Markttransparenz ist, kann hier nicht beantwortet werden.

Unabhängig von der Frage, welche dieser Erklärungen für die geringe Korrelation zwischen Lohn- und Erwerbslosenniveau als relevanter angesehen wird, ist festzu-

---

[364] Vgl. auch Anhang 5.A.1.3 sowie Anhang 9

stellen, daß der in der Lohnkurvendiskussion erörterte Zusammenhang, überdurchschnittlich hohe Erwerbslosigkeit gehe mit unterdurchschnittlicher Entlohnung einher[365], nur für die Arbeitsmarktregionen des Regionentyps II besteht. Allerdings ist der Erklärungsgehalt dieser Spezifikation gerade für den Regionentyp II sehr gering. Die Variablen dieser Spezifikation dürften daher trotz signifikanter Erklärungsbeiträge wohl kaum die wesentlichen Einflußgrößen darstellen. Demgegenüber weist der recht hohe Determinationskoeffizient für die Schätzung infrastrukturell gut ausgestatteter Regionen darauf hin, daß hier das Arbeitsproduktivitätsniveau tatsächlich als eine wesentliche Determinante regionaler Lohnniveaus aufgefaßt werden kann.

Der durchschnittliche Einfluß der regionalen Arbeitsproduktivität auf das Lohnniveau ist c. p. für den Regionentyp I mehr als doppelt so hoch wie für den Regionentyp II. Im Zusammenhang mit der festgestellten höheren Korrelation zwischen regionalem Arbeitsproduktivitäts- und regionalem Lohnniveau kann dieses Ergebnis als weiteres Indiz für eine stärker produktivitätsorientierte Entlohnung in den infrastrukturell gut ausgestatteten Regionen gelten. Durch die große Zahl von Arbeitsnachfragern in großen verdichteten Regionen können Beschäftigte bei unverändertem Wohnsitz innerhalb einer Region den Arbeitsnachfrager mit der höchsten Entlohnung ihrer Qualifikation, im Rahmen der gesetzlichen Regelungen, auch kurzfristig wählen. Insbesondere an Beschäftigten mit speziellen Kenntnissen besteht somit ein explizites Interesse der Arbeitsnachfrager, sie durch eine an der tatsächlichen bzw. einer um potentielle Such- und Einarbeitungskosten erweiterten produktivitätsorientierten Entlohnung an einen Betrieb zu binden.

Bei Betrachtung alternativer Abgrenzungen der Regionentypen bestätigen sich die beobachteten regionentypisch variierenden Zusammenhänge zwischen Regressoren und Regressand. Das regionale Arbeitsproduktivitätsniveau ist in der "engsten" Abgrenzung infrastrukturell gut ausgestatteter Regionen sehr stark mit dem regionalen Lohnniveau korreliert, in verschiedenen Abgrenzungen infrastrukturell schlecht ausgestatteter Regionen ist der Zusammenhang deutlich schwächer[366]. Auch die Korrelationsmatrizen für die kreisfreien Städte und Landkreise bestätigen dieses Muster. Die Erwerbslosenquote zeigt in Übereinstimmung mit den angegebenen Schätzungen nur für die verschiedenen Abgrenzungen infrastrukturell

[365] Vgl. Blien, U. (1995): a.a.O., S. 155
[366] Vgl. Anhang 5.A.2.1

schlecht ausgestatteter Regionen einen deutlichen Zusammenhang mit dem regionalen Lohnniveau[367].

8.2 Step-forward-Spezifikationen

In den Step-forward-Regressionen finden alle Variablen Berücksichtigung, deren Einfluß auf das regionale Lohn- und Gehaltsniveau in Kapitel 6 erörtert wurden. Ausgehend von der Einflußgröße, deren Korrelation mit dem Lohn- und Gehaltsniveau bei plausibler Richtung des Zusammenhangs am höchsten ist, werden die Spezifikationen durch weitere hochkorrelierte Einflußgrößen erweitert. Da für einzelne Sachverhalte wie regionale Kapitalintensität, regionale Ausstattung mit Humankapital oder funktionale Arbeitsteilung mehrere Variablen spezifiziert wurden, welche in vielen Fällen hohe Interkorrelationen aufweisen, wird für die Darstellung eines Sachverhaltes nur die Variable in die Schätzung einbezogen, deren Korrelation mit dem Regressanden am höchsten ist[368]. So können unplausible Vorzeichen oder sehr breite Konfidenzintervalle als Folge von Multikollinearität vermieden werden.

Das Step-forward-Verfahren wird dreimal durchgeführt. Neben einer Spezifikation für alle Arbeitsmarktregionen des Untersuchungsraums werden separat Spezifikationen für die beiden Regionentypen entwickelt. Dadurch ist auch die Gliederung von Kapitel 8.2 vorgegeben. Die im folgenden in der ersten Ergebnisspalte der folgenden Tabellen angegebenen Schätzungen, es wird immer nur ein Ergebnis der Step-forward-Prozedur angegeben, weisen unter Einhaltung der Modellannahmen des KQ-Verfahrens und Signifikanz der geschätzten Koeffizienten bei theoretisch plausiblen Vorzeichen den höchsten realisierbaren Erklärungsgehalt auf. Wären die entscheidenden Variablen zur Erklärung regionaler Lohnniveaus unabhängig vom Regionentyp in etwa gleich mit dem regionalen Lohnniveau korreliert und würden sich die geschätzten Koeffizienten nicht stark unterscheiden, so böten alle drei Ansätze das gleiche Ergebnis. Um also abweichende Determinanten zur Erklärung regionaler Lohn- und Gehaltsniveaus in infrastrukturell gut und weniger gut ausgestatteten Arbeitsmarktregionen über Unterschiede in den Korrelationsmatrizen

---

367 Vgl. Anhang 5.A.. Für die Korrelationsmatrizen der kreisfreien Städte und Landkreise in Anhang 5. B. ist der Zusammenhang verzerrt, da die Erwerbslosenquote für den Wohn-, das Lohnniveau hingegen für den Arbeitsort ausgewiesen wird. Erwerbslosigkeit, die am Arbeitsort entsteht, wird daher am möglicherweise abweichenden Wohnort ausgewiesen und bei Berechnung der Korrelation zu dem Lohnniveau des Wohnortes in Beziehung gesetzt.

368 Vgl. die jeweils relevanten Korrelationsmatrizen im Anhang. Informationen zu Interkorrelationen zwischen den Variablen zur regionalen Humankapitalausstattung sind Anhang 3 und 8, zwischen den Variablen zur regionalen Kapitalintensität Anhang 3 und zwischen den Variablen zur funktionalen räumlichen Arbeitsteilung Anhang 8 zu entnehmen.

hinaus identifizieren zu können, ist jede Spezifikation dreimal zu schätzen und auf Einhaltung der Modellannahmen zu überprüfen. Ausgangsvariable aller drei Spezifikationen ist die Arbeitnehmerdichte, da sie die höchste Korrelation aller berücksichtigten Variablen mit dem regionalen Lohn- und Gehaltsniveau aufweist.

8.2.1 Step-forward-Spezifikation für den gesamten Untersuchungsraum

Die Korrelationsmatrix für den gesamten Untersuchungsraum[369] zeigt neben der Arbeitnehmerdichte in theoretisch plausibler Richtung hoch korrelierte Zusammenhänge des regionalen Lohn- und Gehaltsniveaus mit der regionalen Ausstattung an Humankapital, dem Tertiärisierungsniveau, regional ansässigen Großbetrieben sowie Mehr-/Einbetriebsunternehmen, der Arbeitsproduktivität, der regionalen Kapitalintensität der Branchen sowie dem Mietpreisniveau.

Allerdings sind die Arbeitnehmerdichte, das Qualifikations- und das Mietpreisniveau sowie die Angestelltenquote untereinander so hoch korreliert, daß eine Berücksichtigung aller Variablen aufgrund von Multikollinearität zu nicht sinnvollen Ergebnissen führt. Nach Entfernung der Angestelltenquote ergeben sich hingegen plausible und statistisch befriedigende Schätzergebnisse. Der Verzicht auf die Einbeziehung der Variablen "Angestelltenquote" läßt sich dadurch begründen, daß hohe regionale Lohnniveaus nicht primär durch die regionale Angestelltenquote, sondern durch deren hohe Produktivität erklärt wird. Auch beide Variablen zur Beurteilung der Bedeutung räumlicher Arbeitsteilung auf die regionalen Lohnniveaus sind sowohl untereinander als auch mit dem Anteil der in Großbetrieben Beschäftigten hoch korreliert. Die Richtung der Interkorrelationen deutet darauf hin, daß insbesondere Betriebe von Mehrbetriebsunternehmen Großbetriebe sind. Da die Korrelation aller drei Variablen mit dem regionalen Lohnniveau plausibel ist, geht aufgrund der geringfügig höheren Korrelation mit dem regionalen Lohnniveau der Anteil der regional in Einbetriebsunternehmen beschäftigten Arbeitnehmer in die Analyse ein[370]. Neben diesen sehr hoch mit dem Regressanden korrelierten Variablen leisten zusätzlich die Kapitalintensität der regionalen Branchenstruktur, hochkonzentrierte sowie gewerkschaftlich gut organisierten Branchen signifikante Erklärungsbeiträge.

---

369 Vgl. Anhang 6.A.1.1. Die Korrelationsmatrix umfaßt eine Auswahl von Variablen anhand des Kriteriums hoher Korrelationen mit dem regionalen Lohnniveau.

370 Das gleiche Kriterium führt in Kapitel 8.1.2 zur Einbeziehung der Variablen "Anteil der regional in Mehrbetriebsunternehmen beschäftigen Arbeitnehmer". Vertiefende Betrachtungen unter Berücksichtigung der Variablen "Anteil der in Haupt-" bzw. "Anteil der in Zweigbetrieben Beschäftigten" können anhand der Korrelationsmatrizen in Anhang 8 angestellt werden.

Tabelle 10: KQ-Schätzung einer Step-forward-Spezifikation für den gesamten Untersuchungsraum (in Klammern t-Werte)[371]

	GS (4.1)	RTYP I (4.2)	RTYP II (4.3)	GS (4.4)	GS (4.5)
Konst.	26111,801	20910,901	27349,912	28733,567	26664,528
	(19,094)	(4,908)	(18,808)	(26,884)	(19,916)
ABSDUM				-5173,675	
				(-2,944)	
ARND	18,367	14,047	17,564	15,872	18,708
	(7,596)	(3,171)	(4,215)	(5,969)	(7,820)
(F)HQ	127,366	26,850	369,506	353,494	323,913
	(1,978)	(0,251)	(3,654)	(4,033)	(3,656)
ST(F)HQ				-309,036	-296,627
				(-3,205)	(-3,037)
BEINZ	-74,887	-87,861	-81,543	-85,925	-83,690
	(-4,619)	(-2,415)	(-4,493)	(-5,379)	(-5,180)
GW	88,000	99,335	80,641	87,195	76,240
	(7,581)	(3,146)	(5,821)	(7,148)	(6,459)
BWS	0,043	0,132	0,026		0,037
	(3,038)	(3,260)	(1,711)		(2,708)
STBWS				0,119	0,038
				(4,077)	(2,755)
KAPMIN	-114,187	-68,890	-115,044	-127,679	-123,068
	(-3,445)	(-0,563)	(-3,290)	(-4,035)	(-3,838)
QMJ	53,680	63,526	31,717	42,521	42,974
	(4,250)	(2,552)	(2,125)	(3,390)	(3,405)
KONZ	107,791	67,012	98,990	97,963	91,596
	(5,081)	(0,919)	(4,510)	(4,703)	(4,352)
Morans c (binär)	1,832	2,048	0,443	1,175	1,761
Morans c (stnd.)	1,475	1,720	0,275	0,991	1,403
White χ^2_{15}		10.722/14.537[372]			
White χ^2_{45}	50.944		49.196		
White χ^2_{60}				62.871	
White χ^2_{62}					65.755
Bera-Jarque χ^2_2	1.304	0.972	0.902	1.510	0.771
Wald χ^2_9			15.971		
Chow $F_{9,85}$		1.739			
R^2 (adj.)	0,917	0,903	0,880	0,925	0,924
R^2	0,924	0,927	0,894	0,932	0,931
SSE	5,9838*10^7	1,6119*10^7	3,4414*10^7	5,3401*10^7	5,4118*10^7
N	103	33	70	103	103

(Kritische Werte, α=0,05:

χ^2_2 =5,991; χ^2_9=16,919; χ^2_{15} =24,996; χ^2_{45}=61,656; χ^2_{60}=79,082, χ^2_{62} ≈81,372; $F_{9,85}$≈2,00)

---

371 Vgl. Fußnote 319

372 Da die Zahl der zu schätzenden Koeffizienten in der Hilfsregression die Zahl der Regionen übersteigt, wird der Variablensatz in zwei Variablensätze (ARND, (F)HQ, BEINZ, GW bzw. BWS, KAPMIN, QMJ, KONZ) aufgeteilt und der White-Test für beide Variablensätze durchgeführt (vgl. z. B. Parikh, A./Bailey, D.: a.a.O, S. 43).

In Schätzung (4.1) in Tabelle 10 leistet die Humankapitalvariable bei einem Signifikanzniveau von 95% trotz hoher Korrelation mit dem Regressanden noch keinen signifikanten Erklärungsbeitrag. Eine Ursache dürfte die hohe Interkorrelation mit dem regionalen Mietpreisniveau sein. Die Dummyspezifikationen (4.4) und (4.5) zeigen aber, daß Schätzungen ohne Humankapitalvariable einen interessanten Sachverhalt verdecken würden, der sich bereits in den Schätzungen in Kapitel 8.1.1 andeutete.

Mit Ausnahme der Schätzung (4.2), deren Residuen zumindest bei Verwendung einer binären Gewichtungsmatrix die Annahme der Nichtautokorrelation verletzen, halten die Schätzungen die Modellannahmen des Regressionsmodells ein. Der Wald- und der Chow-Test auf Strukturbruch, im hier untersuchten Kontext Tests auf regionentypisch variierende Zusammenhänge, lehnen die Nullhypothese konstanter Zusammenhänge nicht ab. Allerdings ist dieses Ergebnis vor dem Hintergrund der Schätzung (4.2) zu interpretieren, in der drei der acht Variablen keinen signifikanten Erklärungsbeitrag leisten und somit die Aussagefähigkeit der Strukturbruchtests reduzieren. Schließlich kann das Testergebnis nicht nur Folge der geringeren Zahl der analysierten Regionen in Schätzung (4.2), sondern auch durch ein regionentypisch abweichendes Korrelationsgefüge bedingt sein, das durch die breiten Konfidenzintervalle der nicht signifikanten Koeffizienten mit dem Wald-Test nicht identifiziert werden konnte. Die letztgenannte Variante erscheint aufgrund der Schätzungen (4.4) und (4.5) der Dummyspezifikationen plausibel. Trotz Einhaltung der statistischen Modellannahmen und der damit anscheinend vollständigen Erfassung der relevanten Einflußgrößen in (4.1) zeigen diese Schätzungen, daß die Hypothese regionentypisch unabhängiger konstanter Koeffizienten abgelehnt werden muß. Für die Einflußgrößen "regionales Qualifikations-" und "regionales Arbeitsproduktivitätsniveau" bestätigt Schätzung (4.5) die Signifikanz der in den Schätzungen (4.2) und (4.3) beobachbaren abweichenden Koeffizientenschätzungen.

Regionale Unterschiede von einem Prozentpunkt in dem Anteil hochqualifizierter Erwerbstätiger führen bei gleichen Merkmalsausprägungen der anderen Einflußgrößen zu signifikant größeren Lohnniveauunterschieden in infrastrukturell schlecht ausgestatteten Arbeitsmarktregionen als in infrastrukturell gut ausgestatteten Arbeitsmarktregionen. Wie bereits in Kapitel 8.1.1 erörtert, könnte dieser Unterschied auf die größere Knappheit Hochqualifizierter in den kleinen Arbeitsmarktregionen oder auf kompensierende Lohndifferentiale zurückzuführen sein. Interessanterweise sind in dieser Spezifikation im Unterschied zur Spezifikation (1.11) signifikante regionentypische Abweichungen zu beobachten und die Koeffizientenwerte sind erheblich niedriger. Letzteres könnte durch die Einbeziehung der Produktivitätsvariablen zu erklären sein. Diese Erklärung läßt sich auch bei einem Vergleich der Koeffizientenwerte der Humankapitalvariable sowie ihres Steigungsdummies in den Schätzungen (4.4) und (4.5) stützen. Wie sich aus der Differenz der Koeffizienten für die Humankapitalvariable und diesem Steigungsdummy ergibt, leisten regionale Unterschiede im Anteil hochqualifizierter Erwerbspersonen für die Regionen des Regionentyps I nur geringe, aber signifikante Beiträge zur Erklärung regionaler Lohnniveauunterschiede. In den Regionen des Regionentyps II sind diese Erklärungsbeiträge c. p. erheblich größer.

Unterschiede in der regionalen Arbeitsproduktivität werden in infrastrukturell gut ausgestatteten Regionen in signifikant größerem Umfang an die Arbeitnehmer weitergegeben. Dies zeigt sich in den differierenden Koeffizientenwerten der Schätzungen (4.2), (4.3), und (4.5) sowie der mit steigender Qualität des regionalen Infrastrukturniveaus engeren Korrelation zwischen den Variablen Arbeitsproduktivitäts- und Lohnniveau[373]. Als Folge einer höheren Markttransparenz, hoher intraregionaler Mobilität auf den großen, infrastrukturell gut ausgestatteten Arbeitsmarktregionen, die zudem durch ihre differenzierten Angebots- und Nachfragestrukturen die Verwertung von Qualifikationen der Arbeitsanbieter begünstigen, überrascht dieser enge Zusammenhang nicht. Schließlich sind hohe Mobilität der Teilnehmer und Transparenz über die Vorgänge auf dem Arbeitsmarkt nach klassischen theoretischen Vorstellungen als Ursache des engen Zusammenhangs beider Größen anzusehen. Der deutlich schwächere Zusammenhang zwischen der Produktivitäts- und der Lohnniveauvariablen, sowie der signifikant kleinere Koeffizient für die infrastrukturell schlecht ausgestatteten Arbeitsmarktregionen, stützen diese Interpretation. Starke Abweichungen zwischen den klassischen Annahmen des Arbeitsmarktes und den realen Gegebenheiten wie sie anscheinend insbesondere in den kleinen, infrastrukturell schlecht ausgestatteten Arbeitsmarktregionen vorliegen, führen zwangsläufig zu einem beschränkten Erklärungswert der Theorie.

Schätzung (4.4) bestätigt diese Interpretation, in der die Variable "regionales Arbeitsproduktivitätsniveau", welche mit dem Regressanden für die Arbeitsmarktregionen des Regionentyps II nur schwach korreliert ist[374], durch einen Absolut-

373 Vgl. Anhang 6.A und 6.B. Für infrastrukturell gut ausgestattete Regionen ist der Zusammenhang zwischen Produktivität und Entlohnung hoch und nimmt mit abnehmender Infrastrukturausstattung ab. Schätzung (4.3) bestätigt diesen Zusammenhang, die regionale Arbeitsproduktivität leistet hier keinen signifikanten Erklärungsbeitrag.

374 Vgl. Anhang 6.A.1.3

glieddummy ersetzt wird. Verglichen mit Schätzung (4.5) führt Schätzung (4.4) zu sehr ähnlichen Ergebnissen. Die geringe Relevanz der regionalen Arbeitsproduktivität zur Erklärung regionaler Lohn- und Gehaltsniveaus in den Arbeitsmarktregionen des Regionentyps II zeigt sich nun drastisch. Bei Konstanz aller anderen Einflußgrößen ist das regionale Arbeitsproduktivitätsniveau also nur in den infrastrukturell gut ausgestatteten Arbeitsmarktregionen eine wichtige Determinante regionaler Lohn- und Gehaltsniveaus. Im Unterschied zu den Schätzungen (4.2), (4.3) und (4.5) läßt sich hier angesichts des positiven Erklärungsbeitrags des Steigungsdummies für die Variable "Arbeitsproduktivität" und des negativen Koeffizienten des Absolutglieddummies aber nicht unmittelbar erkennen, ob die höheren Lohnniveaus in den Regionen des Regionentyps I auch durch eine produktivitätsorientiertere Entlohnung bedingt sind. Aus den Ergebnissen darf aber nicht gefolgert werden, daß eine produktivitätsorientiertere Entlohnung in den Regionen des Regionentyps II das durchschnittliche Lohnniveau dieser Regionen steigern würde. Vielmehr ist zu beachten, daß die interregionalen Unterschiede der regionalen Arbeitsproduktivitätsniveaus deutlich größer sind als die der regionaler Lohn- und Gehaltsniveaus. Eine produktivitätsorientiertere Entlohnung in den infrastrukturell schlecht ausgestatteten Regionen würde daher das durchschnittliche Lohnniveau dieser Regionen senken. Dieses plausible Ergebnis bietet angesichts der naheliegenden Argumentation der nicht originären und damit möglicherweise verzerrten Messung der Variablen "regionales Arbeitsproduktivitätsniveau" einen Ansatz zur Kritik. Allerdings sollte beachtet werden, daß die große Bedeutung der Variablen "Lohn- und Gehaltsniveau" als Schlüsselgröße zur Verteilung räumlich hochaggregierter Wertschöpfungsgrößen auf kreisfreie Städte und Landkreise auch die Interpretation einer Überschätzung der Zusammenhangs zwischen regionalem Produktivitäts- und Lohnniveau plausibel erscheinen läßt[375].

Die Interpretation geschätzter Koeffizientenwerte ist nicht nur für die Produktivitätsvariable, sondern auch für die Variable "Quadratmetermietpreis" von besonderem Interesse. Da regionale Lohn- und Gehaltsniveaus nominale Größen sind, gibt die Variable "Mietpreisniveau" Auskunft über die Kompensation nominaler Lohn- durch durchschnittliche regionale Mietpreisunterschiede. Die Koeffizientenschätzungen für die Variable Mietpreisniveau für den gesamten Untersuchungsraum besagen, daß c. p. regional um eine DM pro Quadratmeter abweichende regionale Mietpreisniveaus regionale Lohnniveauunterschiede von 54 DM (4.1), in den Dummyspezifikationen

[375] Siehe Kapitel 6.2

(4.4) bzw. (4.5) von 43 DM erklären. Angesichts gemieteter Wohnflächen von durchschnittlich etwa 82,5 qm werden Unterschiede in den regionalen Mietpreisniveaus also nur zum Teil durch höhere Lohnniveaus kompensiert. Wäre das regionale Mietpreisniveau ein idealer Indikator für regionale Preisniveauunterschiede, so würden die durchschnittlich höheren Lohnniveaus der Regionen des Regionentyps I durch regionale Preisniveauunterschiede überkompensiert. Allerdings ist die Verwendung des Mietpreisniveaus als Indikator regionaler Preisniveauunterschiede aus den in Kapitel 6.3 aufgeführten Gründen nur eingeschränkt sinnvoll, so daß angesichts geringerer regionaler Preisunterschiede für nicht lokale Güter die Interpretation real geringerer Lohnniveaus in Regionen mit hohem Lohnniveau nicht zulässig ist.

Die deutlich differierenden Korrelationen zwischen den Variablen "Mietpreisniveau" und "Lohnniveau" in infrastrukturell gut bzw. schlecht ausgestatteten Regionen entsprechen den Überlegungen in Kapitel 6.3[376]. Der Anteil gemieteten Wohnraums und damit die Relevanz dieser Variablen als Indikator regionaler Preisunterschiede variiert zwischen den Regionentypen. Auf die Interpretation des Koeffizenten der Variablen "Mietpreisniveau" wird daher in Kapitel 8.2.2, in dem ausschließlich infrastrukturell gut ausgestattete Arbeitsmarktregionen betrachtet werden, unter Rückgriff auf den Koeffizienten in Schätzung (4.2) erneut eingegangen.

Die Variable "Arbeitnehmer in Wachstumsbranchen" liefert in den multiplen Regressionsansätzen keinen signifikanten Erklärungsbeitrag. Die Korrelationsmatrizen in Anhang 6 zeigen, daß die Korrelation dieser Variablen mit dem regionalen Lohnniveau über alle räumlichen Abgrenzungen hinweg wie erwartet positiv und daß die Intensität des Zusammenhangs zumindest in infrastruktuell gut ausgestatteten Arbeitsmarktregionen sogar recht eng ist[377]. Gegenüber den anderen in die Spezifikation einbezogenen Variablen kommt dieser Einflußgröße aber keine eigenständige Bedeutung zu. Regionale Branchen- und betriebliche Strukturen bestimmen also das regionale Lohnniveau stärker als regional ansässige Branchen mit überdurchschnittlichem Wachstum.

[376] Vgl. Anhang 6.A und 6.B
[377] Vgl. Anhang 6.A sowie Anhang 9

8.2.2 Step-forward-Spezifikation für den Regionentyp I

Die Auswahl mit dem regionalen Lohn- und Gehaltsniveau hoch korrelierter Variabler für die Arbeitsmarktregionen des Regionentyps I führt zu den in Tabelle 11 angegebenen Schätzergebnissen. Auch hier lieferte keine weitere Variable einen zusätzlichen signifikanten Erklärungsbeitrag.

Arbeitnehmerdichte, Arbeitsproduktivtät, Angestelltenquote und (Miet-)Preisniveau sind in den Arbeitsmarktregionen des Regionentyps I die mit dem regionalen Lohnniveau am stärksten korrelierten Variablen[378]:

- Die Arbeitnehmerdichte ist Ausdruck günstiger Kommunikationsmöglichkeiten und geringer Wegstrecken. Diese Faktoren begünstigen Aufbau und Erhalt intensiver wirtschaftlicher Beziehungen und wirken sich positiv auf das Lohnniveau aus.
- Die durchschnittliche regionale Arbeitsproduktivität mißt, ob und inwieweit regionale Unterschiede im Produktivitätsniveau regionale Lohnniveauunterschiede erklären können. Hoch signifikante Koeffizientenwerte, die nahe dem Wert "Eins" liegen, würden auf eine primär produktivitätsorientierte Entlohnung hindeuten, nicht signifikante Koeffizientenwerte bzw. Koeffizientenwerte nahe dem Wert "Null" lassen auf die Relevanz anderer Einflußgrößen schließen.
- Die Angestelltenquote gibt in funktionaler Abgrenzung den Grad der Tertiärisierung und somit das Entwicklungsstadium der regionalen Wirtschaftsstruktur an. Sie ist mit dem Lohn- und Gehaltsniveau positiv korreliert.
- Das regionale Preisniveau wird approximativ anhand des durchschnittlichen regionalen Quadratmetermietpreises dargestellt. In dem erwarteten positiven Zusammenhang zwischen Lohn- und Preisniveau kommt zum Ausdruck, daß die realen Lohnniveauunterschiede geringer als die hier analysierten nominalen Lohnniveaudifferenzen sind oder diese u. U. sogar überkompensieren. Da das Mietpreisniveau größere regionale Preisunterschiede als ein Warenkorb anzeigt, ergibt sich ein eindeutiges Ergebnis nur, wenn der signifikante Koeffizientenwert der Variablen "Mietpreisniveau" mindestens so hoch ist wie die durchschnittliche Quadratmeterzahl gemieteter Wohnungen. In diesem Fall würden regionale Mietpreisunterschiede vollständig durch regionale Lohnunterschiede kompensiert. Mit dem nicht für Mietzahlungen verwendeten Teil des Lohneinkommens könnte in

[378] Vgl. Anhang 7.A.1.2

Regionen mit hohem Lohnniveau über mehr Güter mit geringen Preisunterschieden verfügt werden als in Regionen mit geringem Lohnniveau.

Aber auch zwischen diesen vier Größen liegen hohe Korrelationen[379] vor, die in der hier angestrebten Regressionsschätzung zu Multikollinearität und damit zu nicht sinnvoll interpretierbaren Schätzergebnissen führen. Wie bereits in den Schätzungen des Kapitels 8.2.1 ergibt auch hier eine Schätzung ohne die Variable "Angestelltenquote" sinnvolle Ergebnisse.

Tabelle 11: KQ-Schätzungen für den Regionentyps I (in Klammern t-Werte)[380]

	RTYP I (5.1)	RTYP II (5.2)	GS (5.3)
Konst.	22732,067	21880,204	22393,906
	(7,626)	(12,846)	(16,261)
ARND	13,896	22,179	17,277
	(3,216)	(4,115)	(6,052)
BWS	0,086	0,057	0,055
	(2,253)	(2,859)	(3,316)
MBU	105,968	102,052	105,367
	(3,397)	(5,124)	(6,448)
KAPMIN	-256,267	-193,448	-206,393
	(-2,561)	(-4,493)	(-6,119)
QMJ	64,344	78,211	78,197
	(3,258)	(5,385)	(7,038)
Morans c (binär)	1,895	1,720	3,520
Morans c (stnd.)	1,949	2,087	3,499
White χ^2_{21}	14.972	11.704	23.433
Bera-Jarque χ^2_2	0.436	2.118	1.910
Wald χ^2_6		3.034	
R^2 (adj.)	0,901	0,780	0,883
R^2	0,917	0,796	0,889
SSE	$1{,}8518 \cdot 10^7$	$6{,}6004 \cdot 10^7$	$8{,}7334 \cdot 10^7$
N	33	70	103

(Kritische Werte α=0,05: χ^2_2 = 5,991; χ^2_6 = 12,592; χ^2_{21} = 32,671)

Alle geschätzten Koeffizientenvorzeichen in Tabelle 11 sind theoretisch plausibel und entsprechen den Angaben in der Korrelationsmatrix. Verletzungen der Modellannahmen sind für die Schätzung des gesamten Untersuchungsraums (5.3) und in Abhängigkeit von der unterstellten Gewichtungsmatrix auch für die Arbeitsmarktregionen des Regionentyps II in (5.2) festzustellen. In beiden Fällen könnte die Ursache autokorrelierter Residuen in der Nichtberücksichtigung wichtiger Einflußfaktoren

379 Vgl. ebenda

380 Vgl. Fußnote 319

liegen, deren Einbeziehung in die Spezifikation an ihrem fehlenden Erklärungsbeitrag oder der geringen Zahl der Regionen des Regionentyps I scheitert.

Die Überprüfung der Nullhypothese eines räumlichen Strukturbruchs durch den Wald-Test kann aufgrund der Abhängigkeit des Testergebnisses auf räumliche Autokorrelation der Residuen von der räumlichen Gewichtungsmatrix u. U. verzerrte Ergebnisse liefern. Die Ablehnung der Hypothese eines räumlichen Strukturbruchs ist aber angesichts der nicht sehr stark voneinander abweichenden Koeffizientenschätzungen in (5.1) und (5.2) plausibel. Die alternative Überprüfung auf Strukturbruch durch Dummyspezifikationen führt zu signifikant positiv autokorrelierten Residuen, so daß auf den Ausweis dieser Schätzungen verzichtet wird.

Aus der deutlichen Verletzung der Modellannahme nicht autokorrelierter Residuen in Schätzung (5.3) kann aber geschlossen werden, daß die hier berücksichtigten fünf Variablen offensichtlich die wichtigsten Einflußgrößen nur für infrastruktuell gut ausgestattete Arbeitsmarktregionen darstellen. Zur Beschreibung von Arbeitsmarktregionen des gesamten Untersuchungsraums und speziell infrastrukturell schlecht ausgestatteter Regionen scheint also die Berücksichtigung weiterer Einflußgrößen, wie z. B. der gewerkschaftliche Organisationsgrad einer Region erforderlich zu sein.

Zur Erklärung regionaler Lohn- und Gehaltsniveaus in infrastrukturell gut ausgestatteten Regionen genügen hingegen die Einflußgrößen Arbeitnehmerdichte, regionales Arbeitsproduktivitäts- und Preisniveau, der Anteil der regional in Mehrbetriebsunternehmen Beschäftigten, diese Variable ist mit dem Anteil in Großbetrieben Beschäftigter hoch korreliert, sowie die regionale Kapitalintensität der Branchen. Das überraschend erscheinende Fehlen einer Humankapitalvariablen ist durch hohe Interkorrelationen mit dem regionalen (Miet-)Preisniveau bedingt.

Besonderes Interesse gilt den Koeffizientenwerten der Variablen "Mietpreisniveau" und "Arbeitsproduktivitätsniveau". Letztere weist prinzipiell ähnliche, wenn auch gegenüber den Schätzungen 8.2.1 regionentypisch weniger stark voneinander abweichende Koeffizientenwerte auf. Als Hinweis auf die Zuverlässigkeit der geschätzten Koeffizienten sei darauf hingewiesen, daß der Koeffizient für die Variable "Mietpreisniveau" dem geschätzten Koeffizient der Schätzung (4.2) sehr ähnlich ist. Durchschnittliche regionale Mietpreisunterschiede von einer DM erklären regional differierende Lohnniveaus von 64 DM, d. h. angesichts einer durchschnittlichen Wohnungsgröße von 76 Quadratmetern werden nominale Unterschiede regionaler

Lohnniveaus durch regionale Mietpreisunterschiede überkompensiert. Da die interregionalen Mietpreisunterschiede als Preis für ein lokales Gut größer sein werden als die Preisunterschiede für die meisten anderen Güter, bleibt unklar, ob die Lohnniveaus in Arbeitsmarktregionen des Regionentyps I mit hohem Mietpreisniveau tatsächlich real geringer sind als in Arbeitsmarktregionen des Regionentyps I mit geringem Mietpreisniveau. Ebenso wie in den Schätzungen des Kapitels 8.2.1 ist keine eindeutige Interpretation zu realen Lohnniveauunterschieden möglich. Eine Beantwortung dieser Frage müßte zusätzlich berücksichtigen, daß die hier implizit unterstellte Annahme nur eines Lohneinkommens pro Haushalt möglicherweise unzutreffend ist. So könnte z. B. argumentiert werden, daß nur Lohnniveaus bestimmter Haushaltsstrukturen über die Regionentypen vergleichbar sind.

8.2.3 Step-forward-Spezifikation für den Regionentyp II

Die gezielte Auswahl mit dem Regressanden hoch korrelierter Variabler für Arbeitsmarktregionen mit geringem Infrastrukturniveau zeigt enge Zusammenhänge der Variablen "regionales- Lohn- Gehaltsniveau" mit den Variablen "regionale Arbeitnehmerdichte", "Anteil der in kapitalintensiv produzierenden Branchen beschäftigten Arbeitnehmer, "Anteil in gewerkschaftlich hoch organisierten Branchen beschäftigten Arbeitnehmer", "Anteil der in Mehrbetriebsunternehmen Beschäftigten" und dem "Anteil der hochqualifizierten Erwerbstätigen"[381].

Interessante zusätzliche Informationen zum Einfluß unternehmens- bzw. betriebsspezifischer Einflußgrößen können den Korrelationsmatrizen des Anhangs 8 entnommen werden. Hier wird die Variable "Anteil der in Mehrbetriebsunternehmen Beschäftigten" zusätzlich in zwei Bestandteilen "Anteil der in Hauptverwaltungen Beschäftigten" und "Anteil der in Zweigbetrieben Beschäftigten" getrennt ausgewiesen. Beide Variablen sind mit dem regionalen Lohn- und Gehaltsniveau in allen Regionenabgrenzungen positiv korreliert. Hohe Interkorrelationen mit anderen Variablen können für den "Anteil der in Einzelbetrieben Beschäftigten" sowie den "Anteil der in Großbetrieben Beschäftigten" festgestellt werden. Interessanterweise ist nur für die infrastrukturell schlecht ausgestatteten Regionen die Korrelation zwischen "Anteil der in Großbetrieben Beschäftigten" und dem "Anteil der in Hauptverwaltungen Beschäftigten" sehr gering[382]. Dieses durchaus plausible Ergebnis

---

[381] Vgl. Anhang 8.A.1.3

[382] Vgl. die Korrelationsmatrizen 8.A.1.2. und 8.A.1.3.

weist darauf hin, daß in infrastrukturell gut ausgestatteten Regionen sowohl Hauptverwaltungen als auch Zweigbetriebe in vielen Fällen Großbetriebe sind. Für infrastrukturell schlecht ausgestattete Regionen kann hingegen davon ausgegangen werden, daß Großbetriebe Zweigbetriebe sind. Die Variable "Beschäftigte in Mehrbetriebsunternehmen" umfaßt also differierende Sachverhalte. Im Unterschied zur Betrachtung infrastrukturell gut ausgestatteter Arbeitsmarktregionen ist nicht primär der Sitz von Hauptverwaltungen Ursache der positiven Korrelation. Vielmehr sind hier vor allem Zweigbetriebe ansässig[383], in denen, wie auch in den Hauptverwaltungen, überdurchschnittliche Löhne gezahlt werden.

In Spezifikation (6.1) in Tabelle 12 sind alle Modellannahmen bei einem Signifikanzniveau von 5% erfüllt. Mit Ausnahme der Variablen "Mietpreisniveau", die in den Schätzungen (4.3) und (5.2) signifikante Erklärungsbeiträge liefert, hier allerdings aufgrund ihrer geringen Korrelation mit dem Regressanden keine Berücksichtigung findet, sind alle Einflußgrößen der Spezifikationen in den Kapiteln 8.2.1 und 8.2.2 enthalten. Auch hier erweist sich der Einfluß der räumlichen Arbeitsteilung nicht nur mit dem Regressanden, sondern auch mit dem Einfluß der Großbetriebe als hochkorreliert. Im Unterschied zur Schätzung (4.3) geht aufgrund höherer Korrelation mit dem Regressanden hier nicht die Variable "Anteil der in Einbetriebsunternehmen Beschäftigten", sondern die Variable "Anteil der in Mehrbetriebsunternehmen Beschäftigten" in die Analyse ein. Ein Vergleich der übrigen geschätzten Koeffizienten in Schätzung (4.3) und (6.1) zeigt, daß trotz dieser Veränderung sowie der Nichteinbeziehung des Mietpreisniveaus die wesentlichen Ergebnisse der Analyse unverändert bleiben. Alle Koeffizienten weisen die aufgrund theoretischer Überlegungen erwarteten Vorzeichen auf, die zudem den Angaben der Korrelationsmatrix entsprechen.

Der Wald-Test auf Strukturbruch führt zur Ablehnung der Nullhypothese eines über die Regionentypen konstanten Zusammenhangs zwischen Regressoren und Regressanden. Angesichts der Nichtsignifikanz von vier der sieben ökonomischen Variablen in Schätzung (6.2) ist dieses Ergebnis allerdings wenig überzeugend. Plausiblerweise bestätigen die Schätzungen der Dummyspezifikationen (6.4) und (6.5) das Ergebnis des Wald-Tests nicht.

---

383 Vgl. Anhang 8

Tabelle 12: KQ-Schätzung einer Step-forward-Regression für den Regionentyp II (in Klammern t-Werte)[384]

	RTYP II (6.1)	RTYP I (6.2)	GS (6.3)	GS (6.4)	GS (6.5)
Konst.	21245,361	18244,095	20261,713	23045,091	20435,792
	(15,509)	(3,966)	(15,236)	(21,945)	(15,982)
ABSDUM				-5967,873	
				(-3,056)	
ARND	16,002	16,459	19,035	15,079	18,419
	(3,637)	(3,445)	(7,439)	(5,148)	(7,304)
GW	70,089	54,337	73,223	74,016	60,527
	(4,524)	(1,402)	(5,462)	(5,185)	(4,455)
MBU	63,940	71,074	67,658	66,480	68,762
	(3,689)	(1,773)	(4,109)	(4,137)	(4,326)
(F)HQ	541,498	228,701	377,500	586,034	544,312
	(6,931)	(2,298)	(7,516)	(8,211)	(7,479)
ST(F)HQ				-325,603	-309,289
				(3,282)	(-3,122)
KAPMIN	-90,726	-114,049	-61,160	-99,865	-89,483
	(-2,843)	(-0,872)	(-2,080)	(3,312)	(-2,972)
BWS	0,035	0,144	0,055		0,048
	(2,184)	(3,250)	(3,723)		(3,304)
STBWS				0,142	0,043
				(4,271)	(2,902)
KONZ	85,507	9,235	87,561	82,4289	72,597
	(3,520)	(0,116)	(3,677)	(3,508)	(3,107)
Morans c (binär)	1,152	0,979	2,642	1,579	2,176
Morans c (stnd.)	0,891	0,807	2,448	1,504	1,926
White χ^2_{10}		11.976[385]			
White χ^2_{15}		19.062			
White χ^2_{36}	40.768		30.952		
White χ^2_{49}				47.977	
White χ^2_{51}					61.079
Bera-Jarque χ^2_2	0.855	1.337	1.358	1.807	1.776
Wald χ^2_8	13.021				
R^2	0,880	0,906	0,912	0,919	0,920
R^2 (adj.)	0,866	0,880	0,905	0,911	0,912
SSE	$3{,}8874 \cdot 10^7$	$2{,}0904 \cdot 10^7$	$6{,}9319 \cdot 10^7$	$6{,}3586 \cdot 10^7$	$6{,}2612 \cdot 10^7$
N	70	33	103	103	103

(Kritische Werte, α=0,05:

χ^2_2 =5,991; χ^2_8=15,507; χ^2_{10} =18,307; χ^2_{15} =24,996; χ^2_{36}=50,998; χ^2_{49} ≈66,339; χ^2_{51} ≈67,505)

Schätzung (6.4) führt bei Einhaltung der statistischen Modellannahmen zu einem ähnlichen Ergebnis wie Schätzung (4.4). Plausiblerweise liefern nur die Steigungs-

[384] Vgl. Fußnote 319

[385] Vgl. Fußnote 372. Der White-Test wird hier für 3 bzw. 4 Variablen (KAPMIN, BWS, KONZ und ARND, GW, MBU, (F)HQ) durchgeführt.

dummies der Koeffizienten, die die am stärksten differierenden Koeffizientenwerte aus den Schätzungen der Regionentypen aufweisen, signifikante Erklärungsbeiträge. Zur Interpretation des signifikanten negativen Absolutglieds und des signifikant positiven Steigungsdummies der regionalen Arbeitsproduktivität sind die gleichen Überlegungen relevant, wie sie bereits in Kapitel 8.2.1 angestellt wurden. Aufgrund des höheren Wertes für den Steigungskoeffizienten überwiegt der positive Erklärungsbeitrag des regionalen Arbeitsproduktivitätsniveaus den negativen Einfluß des Absolutglieddummies noch deutlicher als in Schätzung (4.4).

Schätzung (6.5) bestätigt in etwa das Ergebnis von Schätzung (4.5). Allerdings muß die Frage nach räumlicher Autokorrelation der Residuen in Abhängigkeit von der verwendeten Gewichtungsmatrix beantwortet werden. Die Steigungsdummies der Variablen "Arbeitsproduktivitäts-" und "Qualifikationsniveau" zeigen, daß beide Variablen signifikant regionentypisch differierende Beiträge zur Erklärung regionaler Lohnniveaus leisten. Während in gut ausgestatteten Arbeitsmarktregionen regionale Produktivitätsunterschiede in größerem Umfang an die beschäftigten Arbeitnehmer weitergegeben werden, sind regionale Lohnunterschiede aufgrund eines unterschiedlichen Anteils Hochqualifizierter geringer als in infrastrukturell schlecht ausgestatteten Regionen.

Die Schätzungen der Spezifikation für infrastrukturell schlecht ausgestattete Arbeitsmarktregionen bestätigen viele Aspekte der Ansätze in den Kapitel 8.2.1 und 8.2.2, sowie, beschränkt auf die Humankapitalvariable, für das Kapitel 8.1.1. Insbesondere die Abhängigkeit des Einflusses des regionalen Qualifikationsniveaus und der durchschnittlichen regionalen Arbeitsproduktivität auf das regionale Lohnniveau von dem analysierten Regionentyp zeigt sich auch hier. Die in fast allen Schätzungen der Tabelle 12 gegenüber der Tabelle 10 festzustellenden höheren Werte der Prüfgrößen auf räumliche Autokorrelation dürften maßgeblich auf das Fehlen der Variable "regionales Mietpreisniveau" zurückzuführen sein.

9 Fazit

Ziel dieser Untersuchung war eine Erklärung der Höhe durchschnittlicher regionaler Lohn- und Gehaltsniveaus in Süddeutschland auf Grundlage statistisch weitgehend gesicherter Schätzungen. Die hohen Erklärungswerte der Step-forward-Spezifikationen zeigen, daß die berücksichtigten Variablen die Höhe regionaler Lohn- und Gehaltsniveaus weitgehend erklären. Die Ergebnisse der empirischen Untersuchung weisen zudem darauf hin, daß sich Determinanten regionaler Lohn- und Gehaltsniveaus in Abhängigkeit von dem analysierten Regionentyp signifikant unterscheiden.

Regionentypisch variierende Zusammenhänge zeigen sich zum einen in regionentypisch abweichenden Korrelationen zwischen ökonomischen Größen und zum anderen in regionentypisch abweichenden Koeffizientenschätzwerten zur Erklärung regionaler Lohn- und Gehaltsniveaus.

Bereits den Korrelationsmatrizen ist zu entnehmen, daß es nicht ausreicht, in einer undifferenzierten Betrachtung aller Regionen zwischen mehr und weniger relevanten Einflußgrößen zu unterscheiden. Vielmehr kann die Stärke des Zusammenhangs variieren, wenn nur infrastrukturell gut oder schlecht ausgestattete Regionen betrachtet werden. Beschränkt auf den hier primär interessierenden Zusammenhang zwischen den Variablen und der zu erklärenden Größe "regionales Lohn- und Gehaltsniveau" sind folgende Typen zu unterscheiden:

- Die Variablen "Arbeitsmarktdichte", "allgemeines Qualifikationsniveau", "Kapitalintensität", "sektoral hochkonzentrierte Branchen" sowie die meisten betriebs- und unternehmensspezifischen Variablen sind mit der Variablen "regionales Lohn- und Gehaltsniveau" unabhängig vom betrachteten Regionentyp in theoretisch plausibler Weise hoch korreliert.
- Die Variablen "Teilzeitbeschäftigtenquote" und "sektoral überdurchschnittliches Wachstum" weisen unabhängig vom betrachteten Regionentyp nur geringe Korrelationen mit der Variablen "regionales Lohn- und Gehaltsniveau" auf.
- Hohe Korrelationen bei Analyse infrastrukturell gut ausgestatteter Regionen sowie geringe Korrelationen bei Betrachtung infrastrukturell schlecht ausgestatteter Regionen können für die Variablen "Angestelltenquote", "Arbeitsproduktivitäts-" und "Mietpreisniveau" festgestellt werden.
- Geringe oder theoretisch unplausible Korrelationen für infrastrukturell gut ausgestattete Regionen sowie hohe Korrelationen für infrastrukturell schlecht

ausgestattete Regionen sind hingegen für die Variablen "gewerkschaftlicher Organisationsgrad", "Anteil weiblicher Arbeitnehmer", "Erwerbslosen-" und "Facharbeiterquote" festzuhalten.

- Für die Variable "Gastarbeiterquote" lag über alle Regionenabgrenzungen hinweg ein unplausibler positiver Zusammenhang vor. Dieses unerwartete Ergebnis wurde durch eine nicht korrekt angenommenen Kausalität erklärt. Diese Variable blieb daher zur Erklärung regionaler Lohn- und Gehaltsniveaus im weiteren Verlauf der Untersuchung unberücksichtigt.

Regressionsschätzungen bieten neben Informationen über die Intensität von Zusammenhängen zwischen ökonomischen Variablen Informationen zu den durchschnittlichen Auswirkungen regional divergierender Variablenwerte auf die zu erklärende Größe. Zu besonders interessanten Ergebnissen führte die statistische Überprüfung der Hypothese vom analysierten Regionentyp unabhängiger konstanter Koeffizientenschätzungen. In mehreren Fällen ergaben Strukturbruchtests und Schätzungen von Dummyspezifikationen die Ablehnung der Nullhypothese. Mehrere Schätzungen von Dummyspezifikationen zeigten, daß insbesondere die Variablen "regionales Arbeitsproduktivitätsniveau" sowie "regionales Qualifikationsniveau" signifikant variierende Koeffizientenschätzungen zwischen den Regionentypen aufweisen.

Die Schätzungen unter Berücksichtigung der Variablen "regionales Arbeitsproduktivitätsniveau" ergaben für infrastrukturell gut ausgestattete Regionen signifikant höhere Koeffizientenwerte. Dieses Ergebnis wurde dahingehend interpretiert, daß auf großen, verdichteten Arbeitsmärkten aufgrund des intraregional besser funktionierenden Wettbewerbs das Produktivitätsniveau von größerer Bedeutung zur Erklärung regionaler Lohnniveaus ist als in infrastrukturell schlecht ausgestatteten Regionen. Diese Interpretation wird durch die bereits oben erwähnte sehr hohe Korrelation zwischen den Variablen "regionales Lohn-" und "regionales Arbeitsproduktivitätsniveau" in infrastrukturell gut ausgestatteten Regionen gestützt.

Als Erklärung der signifikant höheren geschätzten Koeffizienten für die Variable "regionales Qualifikationsniveau der Erwerbstätigen" in infrastrukturell schlecht ausgestatteten Regionen wurde unter anderen die Hypothese einer hohen interregionalen Mobilitätsbereitschaft hochqualifizierter Erwerbstätiger angeführt. Um Abwanderungen dieser Erwerbstätigen zu vermeiden oder um überhaupt über diese Arbeitskräfte verfügen zu können, wären Arbeitsnachfrager in infrastrukturell schlecht ausgestatteten Regionen trotz vergleichsweise geringer Produktivität gezwungen, sich bei der Entlohnung dieser Gruppe von Erwerbstätigen am höheren Lohnniveau infrastrukturell gut ausgestatteter Regionen zu orientieren.

Die Frage, inwieweit aus den hier analysierten nominalen Lohnunterschieden auf reale Unterschiede geschlossen werden darf, kann nicht beantwortet werden, da zuverlässige Preisniveauindizes für Arbeitsmarktregionen nicht verfügbar sind. Da aber eine Preisniveauvariable in die Analyse einbezogen werden sollte, wurde eine Variable "durchschnittliches regionales Mietpreisniveau" verwendet. Diese Variable überzeichnet allerdings die regionalen Preisunterschiede, die sich auf Grundlage eines Warenkorbs ergeben würden. Die Regressionsschätzungen unter Berücksichtigung dieser Variablen führten zu dem Schluß, daß zumindest in infrastrukturell gut ausgestatteten Regionen das regionale Mietpreisniveau eine wichtige Einflußgröße zur Erklärung regionaler Lohn- und Gehaltsniveaus darstellt. Die regionalen Unterschiede zwischen den Mietpreisniveaus waren allerdings größer als die regionalen Lohnniveauunterschiede. Würden also regionale Mietpreisniveauunterschiede den Preisniveauunterschieden entsprechen, die sich auf Grundlage eines ausgewogenen Warenkorbs ergäben, so würden in infrastrukturell gut ausgestatteten Regionen nominal höhere Lohnniveaus durch regionale Unterschiede der Preisniveaus überkompensiert.

In den Spezifikationen, in denen die Komplexität ökonomischer Zusammenhänge durch eine Vielzahl von Variablen erfaßt wurde, erwies sich das KQ-Verfahren als brauchbares Schätzverfahren. Durch die im Rahmen dieser Untersuchung angestellten Modifikationen von Spezifikationen gelang es aber nicht, auch für einfachere Spezifikationen statistisch befriedigende Schätzergebnisse zu erhalten. Für die Überprüfung einzelner Theorien mit einer beschränkten Zahl an Einflußgrößen kann die Wahl anderer Schätzverfahren daher unumgänglich sein, um unverzerrte Schätzungen realer ökonomischer Zusammenhänge zu gewährleisten.

Anhang 2: Tabellen zum regionalen gewerkschaftlichen Organisationsgrad

Tabelle 13: Streikaktivitäten nach Wirtschaftszweigen

Branche gemäß der Systematik der Wirtschaftszweige	Arbeitnehmer in Branche im Jahr 1987	In Arbeitskämpfen involvierte Arbeitnehmer in den Jahren 1982-1986	Spalte 3/ Spalte 2
10	220027	4816	2,2%
20	570004	83	0,01%
21	375362	2512	0,7%
22	307840	347	0,1%
23	630924	36954	5,9%
24	2458558	574494	23,4%
25	1624708	111990	6,9%
26	759055	90619	11,9%
27	552375	4019	0,7%
28/29	699550	376	0,1%
3	1661074	2078	0,1%
4	3326703	1126	0,03%
51	1241169	8310	0,7%
55	213480	212	0,1%
73	292731	89	0,03%
74	581053	588	0,1%
75	258024	18	0,01%
76	135549	16947	12,5%
8/9	4903923	9332	0,2%

Quellen:
-Statistisches Bundesamt (Hrsg.): Statistisches Jahrbuch 1984, Wiesbaden 1984, S. 112
-Statistisches Bundesamt (Hrsg.): Statistisches Jahrbuch 1986, Wiesbaden 1986, S. 113
-Statistisches Bundesamt (Hrsg.): Statistisches Jahrbuch 1988, Wiesbaden 1988, S. 113
-eigene Berechnungen

Tabelle 14: Organisationsgrad der Gewerkschaften[1]

Gewerkschaft	Branchen nach: Bayer u.a.	Organisationsgrad der Gewerkschaft in Branche (1975)
IG Chemie, Papier, Keramik (siehe S. 141ff.)	Chemische Industrie Gummi/Asbest (Teilbereiche)* Feinkeramische Industrie (Teilbereich)*	46,4% 51,9% 52,7%
IG Bau, Steine, Erden (siehe S. 31)	Baugewerbe Steine und Erden	26,9% 26,1%
AG Bergbau, Energie (siehe S. 8)	Bergbau, Elektrizitäts-, Gas-, Fernwärme- und Wasserversorgung	87,5%
Gewerkschaft der Eisenbahner Deutschlands (siehe S. 316)	Verkehr, Nachrichtenübermittlung (Teilbereich)*	76,4%
Handel, Banken, Versicherungen (siehe S. 364f.)	Handel Banken Versicherungen	6,8% 9,5% 13,4%
Metall (siehe S. 70ff.)	Eisenschaffende Industrie Maschinenbau Automobil (Teilbereich)* Elektrotechnik	88,4% 37,7% 68,7% 30,7%
Deutsche Postgewerkschaft (siehe S. 291)	Verkehr, Nachrichtenübermittlung (Teilbereich)*	72,7%
Öffentliche Dienste, Transport und Verkehr (siehe S. 252, S. 260)	Sozialversicherung, Gesundheitswesen, Energie, öffentliches Verkehrsgewerbe, privater Transport und Verkehr, Bund, Länder, Gemeinden	20,1% (unmittelbarer und mittelbarer öffentlicher Dienst)
Deutsche Angestelltengewerkschaft (siehe S. 402)	Bergbau Industrie Handel Banken und Versicherungen Öffentlicher Dienst	14,7% 4,6% 6,9% 12,4% 6,8%
Deutscher Beamtenbund (siehe S. E-25)		34,1%

*(Teilbereich): Die Branche umfaßt nur einen Teilbereich einer wirtschaftssystematisch zweistelligen Branche (eigene Zuordnung).

Quelle:

- Bayer, H./Streeck, W./Treu, E. (1981): Die westdeutsche Gewerkschaftsbewegung in Zahlen, Königstein/Taunus
- eigene Berechnungen

[1] Die Seitenangaben beziehen sich auf die angegebene Quelle.

Anhang 3: Korrelationsmatrizen der Spezifikation von Scully

3.A. Arbeitsmarktregionen
3.A.1. Untersuchungsraum gesamt sowie Regionentyp I und II

3.A.1.1. Untersuchungsraum, gesamt

	TZQ	HAQ	(F)HQ	KAP	KAPMIN	WBLQ	GSTQ	GW	LGA
TZQ	1.0000	-0.4766	0.4425	-0.0497	-0.1103	0.4485	0.3027	-0.1239	0.1365
HAQ	-0.4766	1.0000	-0.9001	-0.3152	0.1270	-0.1023	-0.5755	0.1114	-0.6463
(F)HQ	0.4425	-0.9001	1.0000	0.3675	-0.2334	0.1394	0.5962	-0.0834	0.7119
KAP	-0.0497	-0.3152	0.3675	1.0000	-0.0613	-0.3439	0.2504	-0.2567	0.4114
KAPMIN	-0.1103	0.1270	-0.2334	-0.0613	1.0000	0.2695	-0.2792	-0.5235	-0.5923
WBLQ	0.4485	-0.1023	0.1394	-0.3439	0.2695	1.0000	0.1803	-0.3722	-0.2557
GSTQ	0.3027	-0.5755	0.5962	0.2504	-0.2792	0.1803	1.0000	0.2334	0.7306
GW	-0.1239	0.1114	-0.0834	-0.2567	-0.5235	-0.3722	0.2334	1.0000	0.3667
LGA	0.1365	-0.6463	0.7119	0.4114	-0.5923	-0.2557	0.7306	0.3667	1.0000

3.A.1.2. Regionentyp I

	TZQ	HAQ	(F)HQ	KAP	KAPMIN	WBLQ	GSTQ	GW	LGA
TZQ	1.0000	-0.4545	0.5067	-0.0588	0.0087	0.4999	0.1703	-0.3577	-0.0654
HAQ	-0.4545	1.0000	-0.8992	-0.3009	0.2230	-0.2949	-0.5378	0.4371	-0.5953
(F)HQ	0.5067	-0.8992	1.0000	0.2984	-0.2467	0.4733	0.5223	-0.4709	0.5590
KAP	-0.0588	-0.3009	0.2984	1.0000	0.0833	-0.1616	0.0212	-0.5658	0.3845
KAPMIN	0.0087	0.2230	-0.2467	0.0833	1.0000	0.0588	-0.5498	-0.4062	-0.5643
WBLQ	0.4999	-0.2949	0.4733	-0.1616	0.0588	1.0000	0.2436	-0.2952	-0.0742
GSTQ	0.1703	-0.5378	0.5223	0.0212	-0.5498	0.2436	1.0000	0.2411	0.8033
GW	-0.3577	0.4371	-0.4709	-0.5658	-0.4062	-0.2952	0.2411	1.0000	0.0424
LGA	-0.0654	-0.5953	0.5590	0.3845	-0.5643	-0.0742	0.8033	0.0424	1.0000

3.A.1.3. Regionentyp II

	TZQ	HAQ	(F)HQ	KAP	KAPMIN	WBLQ	GSTQ	GW	LGA
TZQ	1.0000	-0.4294	0.3616	-0.1394	-0.0253	0.4667	0.2941	-0.0671	0.0335
HAQ	-0.4294	1.0000	-0.8328	-0.1815	-0.1857	-0.0995	-0.5278	0.0026	-0.4301
(F)HQ	0.3616	-0.8328	1.0000	0.2770	0.0801	0.0986	0.6261	0.0940	0.5822
KAP	-0.1394	-0.1815	0.2770	1.0000	0.0455	-0.3862	0.2574	-0.1967	0.3163
KAPMIN	-0.0253	-0.1857	0.0801	0.0455	1.0000	0.3068	-0.1435	-0.6054	-0.5383
WBLQ	0.4667	-0.0995	0.0986	-0.3862	0.3068	1.0000	0.1905	-0.3963	-0.3651
GSTQ	0.2941	-0.5278	0.6261	0.2574	-0.1435	0.1905	1.0000	0.2350	0.6767
GW	-0.0671	0.0026	0.0940	-0.1967	-0.6054	-0.3963	0.2350	1.0000	0.6204
LGA	0.0335	-0.4301	0.5822	0.3163	-0.5383	-0.3651	0.6767	0.6204	1.0000

3.A.2. Alternative Abgrenzungen der Regionentypen

3.A.2.1. Infrastrukturniveaus 1-2

	TZQ	HAQ	(F)HQ	KAP	KAPMIN	WBLQ	GSTQ	GW	LGA
TZQ	1.0000	-0.1053	0.0146	-0.1323	0.0309	0.3423	0.0553	-0.0328	-0.1283
HAQ	-0.1053	1.0000	-0.8894	-0.2835	0.3238	-0.1110	-0.5274	0.2530	-0.7333
(F)HQ	0.0146	-0.8894	1.0000	0.4350	-0.2565	0.2344	0.5295	-0.3145	0.7844
KAP	-0.1323	-0.2835	0.4350	1.0000	0.0804	-0.2482	0.0141	-0.5456	0.4652
KAPMIN	0.0309	0.3238	-0.2565	0.0804	1.0000	0.1259	-0.6012	-0.4465	-0.5869
WBLQ	0.3423	-0.1110	0.2344	-0.2482	0.1259	1.0000	0.2245	-0.0803	0.0033
GSTQ	0.0553	-0.5274	0.5295	0.0141	-0.6012	0.2245	1.0000	0.4260	0.7928
GW	-0.0328	0.2530	-0.3145	-0.5456	-0.4465	-0.0803	0.4260	1.0000	0.0140
LGA	-0.1283	-0.7333	0.7844	0.4652	-0.5869	0.0033	0.7928	0.0140	1.0000

3.A.2.2. Infrastrukturniveaus 3-5

	TZQ	HAQ	(F)HQ	KAP	KAPMIN	WBLQ	GSTQ	GW	LGA
TZQ	1.0000	-0.5332	0.4992	-0.0965	-0.0780	0.4748	0.3260	-0.1323	0.1152
HAQ	-0.5332	1.0000	-0.8709	-0.1898	-0.0493	-0.1706	-0.5250	0.0777	-0.4778
(F)HQ	0.4992	-0.8709	1.0000	0.2212	-0.0797	0.2160	0.5580	-0.0321	0.5578
KAP	-0.0965	-0.1898	0.2212	1.0000	0.0412	-0.3437	0.2149	-0.2170	0.2687
KAPMIN	-0.0780	-0.0493	-0.0797	0.0412	1.0000	0.2634	-0.1795	-0.5844	-0.5639
WBLQ	0.4748	-0.1706	0.2160	-0.3437	0.2634	1.0000	0.2212	-0.4157	-0.3031
GSTQ	0.3260	-0.5250	0.5580	0.2149	-0.1795	0.2212	1.0000	0.2127	0.6912
GW	-0.1323	0.0777	-0.0321	-0.2170	-0.5844	-0.4157	0.2127	1.0000	0.5804
LGA	0.1152	-0.4778	0.5578	0.2687	-0.5639	-0.3031	0.6912	0.5804	1.0000

3.A.2.3. Infrastrukturniveaus 1-4

	TZQ	HAQ	(F)HQ	KAP	KAPMIN	WBLQ	GSTQ	GW	LGA
TZQ	1.0000	-0.4067	0.4253	-0.1092	-0.1302	0.4921	0.2808	-0.2244	0.0097
HAQ	-0.4067	1.0000	-0.8960	-0.3690	0.2439	-0.1085	-0.4738	0.2647	-0.6113
(F)HQ	0.4253	-0.8960	1.0000	0.2965	-0.3112	0.2480	0.4887	-0.2404	0.6404
KAP	-0.1092	-0.3690	0.2965	1.0000	-0.0987	-0.3713	-0.0285	-0.3625	0.3564
KAPMIN	-0.1302	0.2439	-0.3112	-0.0987	1.0000	0.2748	-0.3328	-0.4306	-0.6157
WBLQ	0.4921	-0.1085	0.2480	-0.3713	0.2748	1.0000	0.2300	-0.3235	-0.2026
GSTQ	0.2808	-0.4738	0.4887	-0.0285	-0.3328	0.2300	1.0000	0.3400	0.7177
GW	-0.2244	0.2647	-0.2404	-0.3625	-0.4306	-0.3235	0.3400	1.0000	0.2738
LGA	0.0097	-0.6113	0.6404	0.3564	-0.6157	-0.2026	0.7177	0.2738	1.0000

3.A.2.4. Infrastrukturniveau 5

	TZQ	HAQ	(F)HQ	KAP	KAPMIN	WBLQ	GSTQ	GW	LGA
TZQ	1.0000	-0.4402	0.3783	-0.1361	-0.0014	0.4493	0.1863	-0.0935	-0.0164
HAQ	-0.4402	1.0000	-0.8408	-0.0982	-0.2236	-0.1541	-0.5073	0.0662	-0.3362
(F)HQ	0.3783	-0.8408	1.0000	0.3606	0.1386	0.0860	0.6002	-0.0216	0.4602
KAP	-0.1361	-0.0982	0.3606	1.0000	0.0515	-0.3428	0.4083	-0.2353	0.3657
KAPMIN	-0.0014	-0.2236	0.1386	0.0515	1.0000	0.2806	-0.1175	-0.5977	-0.5912
WBLQ	0.4493	-0.1541	0.0860	-0.3428	0.2806	1.0000	0.1657	-0.4185	-0.4341
GSTQ	0.1863	-0.5073	0.6002	0.4083	-0.1175	0.1657	1.0000	0.0627	0.5998
GW	-0.0935	0.0662	-0.0216	-0.2353	-0.5977	-0.4185	0.0627	1.0000	0.5621
LGA	-0.0164	-0.3362	0.4602	0.3657	-0.5912	-0.4341	0.5998	0.5621	1.0000

3.B. Kreisfreien Städte und Landkreis

3.B.1. Untersuchungsraum gesamt

	TZQ	HAQ	(F)HQ	KAP	KAPMIN	WBLQ	GSTQ	GW	LGA
TZQ	1.0000	-0.2249	0.2083	-0.1323	0.1942	0.4810	0.0391	-0.2013	-0.1793
HAQ	-0.2249	1.0000	-0.9030	-0.2927	0.1950	-0.1418	-0.2729	0.1361	-0.5927
(F)HQ	0.2083	-0.9030	1.0000	0.2836	-0.2680	0.1716	0.2448	-0.0899	0.6143
KAP	-0.1323	-0.2927	0.2836	1.0000	-0.1956	-0.2389	0.2265	-0.3200	0.4798
KAPMIN	0.1942	0.1950	-0.2680	-0.1956	1.0000	0.3574	-0.0626	-0.3954	-0.6370
WBLQ	0.4810	-0.1418	0.1716	-0.2389	0.3574	1.0000	0.0201	-0.3782	-0.2994
GSTQ	0.0391	-0.2729	0.2448	0.2265	-0.0626	0.0201	1.0000	0.0651	0.3550
GW	-0.2013	0.1361	-0.0899	-0.3200	-0.3954	-0.3782	0.0651	1.0000	0.1862
LGA	-0.1793	-0.5927	0.6143	0.4798	-0.6370	-0.2994	0.3550	0.1862	1.0000

3.B.2. Regionentyp I

	TZQ	HAQ	(F)HQ	KAP	KAPMIN	WBLQ	GSTQ	GW	LGA
TZQ	1.0000	-0.0685	0.0508	-0.2433	0.5510	0.5842	-0.0680	-0.3362	-0.4322
HAQ	-0.0685	1.0000	-0.9297	-0.2349	0.2549	-0.1787	-0.4082	0.2516	-0.5660
(F)HQ	0.0508	-0.9297	1.0000	0.2083	-0.2591	0.2488	0.3026	-0.2259	0.5193
KAP	-0.2433	-0.2349	0.2083	1.0000	-0.2887	-0.2294	0.0319	-0.4125	0.4923
KAPMIN	0.5510	0.2549	-0.2591	-0.2887	1.0000	0.3824	-0.4129	-0.3069	-0.7120
WBLQ	0.5842	-0.1787	0.2488	-0.2294	0.3824	1.0000	-0.0755	-0.3485	-0.3183
GSTQ	-0.0680	-0.4082	0.3026	0.0319	-0.4129	-0.0755	1.0000	0.1925	0.5863
GW	-0.3362	0.2516	-0.2259	-0.4125	-0.3069	-0.3485	0.1925	1.0000	0.0313
LGA	-0.4322	-0.5660	0.5193	0.4923	-0.7120	-0.3183	0.5863	0.0313	1.0000

3.B.3. Regionentyp II

	TZQ	HAQ	(F)HQ	KAP	KAPMIN	WBLQ	GSTQ	GW	LGA
TZQ	1.0000	-0.1892	0.1934	-0.1096	0.0224	0.4173	0.0761	-0.0714	-0.0750
HAQ	-0.1892	1.0000	-0.7780	-0.2515	-0.1469	-0.1923	-0.2130	0.1110	-0.3886
(F)HQ	0.1934	-0.7780	1.0000	0.3021	-0.0012	0.1729	0.2779	0.0437	0.6056
KAP	-0.1096	-0.2515	0.3021	1.0000	0.0171	-0.2453	0.4036	-0.2093	0.3538
KAPMIN	0.0224	-0.1469	-0.0012	0.0171	1.0000	0.3404	0.1374	-0.5070	-0.4991
WBLQ	0.4173	-0.1923	0.1729	-0.2453	0.3404	1.0000	0.0897	-0.4259	-0.2952
GSTQ	0.0761	-0.2130	0.2779	0.4036	0.1374	0.0897	1.0000	-0.0331	0.2616
GW	-0.0714	0.1110	0.0437	-0.2093	-0.5070	-0.4259	-0.0331	1.0000	0.5184
LGA	-0.0750	-0.3886	0.6056	0.3538	-0.4991	-0.2952	0.2616	0.5184	1.0000

3.C. Bundesländer

	TZQ	HAQ	(F)HQ	KAP	KAPMIN	WBLQ	GSTQ	GW	LGA
LGA	0.2110	-0.8387	0.9207	0.1204	-0.8533	-0.1025	0.7959	0.1789	1.0000

Anhang 4: Korrelationsmatrizen der Spezifikation nach Bellmann

4.A. Arbeitsmarktregionen
4.A.1. Untersuchungsraum gesamt sowie Regionentyp I und II
4.A.1.1. Untersuchungsraum gesamt

	AQ	ARND	BTSD	FAQ	LGA
AQ	1.0000	0.7056	0.0741	-0.7029	0.6420
ARND	0.7056	1.0000	0.3912	-0.4909	0.8358
BTSD	0.0741	0.3912	1.0000	0.1816	0.6076
FAQ	-0.7029	-0.4909	0.1816	1.0000	-0.3264
LGA	0.6420	0.8358	0.6076	-0.3264	1.0000

4.A.1.2. Regionentyp I

	AQ	ARND	BTSD	FAQ	LGA
AQ	1.0000	0.7672	0.1582	-0.7877	0.7934
ARND	0.7672	1.0000	0.4074	-0.5029	0.8948
BTSD	0.1582	0.4074	1.0000	0.0277	0.4748
FAQ	-0.7877	-0.5029	0.0277	1.0000	-0.4913
LGA	0.7934	0.8948	0.4748	-0.4913	1.0000

4.A.1.3. Regionentyp II

	AQ	ARND	BTSD	FAQ	LGA
AQ	1.0000	0.3559	-0.2559	-0.5253	0.2587
ARND	0.3559	1.0000	0.2460	-0.2077	0.6740
BTSD	-0.2559	0.2460	1.0000	0.4951	0.6030
FAQ	-0.5253	-0.2077	0.4951	1.0000	0.0971
LGA	0.2587	0.6740	0.6030	0.0971	1.0000

4.A.2. Alternative Abgrenzungen der Regionentypen
4.A.2.1. Infrastrukturniveaus 1-2

	AQ	ARND	BTSD	FAQ	LGA
AQ	1.0000	0.7702	0.3932	-0.7626	0.8461
ARND	0.7702	1.0000	0.5949	-0.5013	0.9330
BTSD	0.3932	0.5949	1.0000	-0.0820	0.6108
FAQ	-0.7626	-0.5013	-0.0820	1.0000	-0.5773
LGA	0.8461	0.9330	0.6108	-0.5773	1.0000

4.A.2.2. Infrastrukturniveaus 3-5

	AQ	ARND	BTSD	FAQ	LGA
AQ	1.0000	0.4462	-0.2375	-0.5953	0.3499
ARND	0.4462	1.0000	0.2048	-0.2934	0.6999
BTSD	-0.2375	0.2048	1.0000	0.4337	0.5530
FAQ	-0.5953	-0.2934	0.4337	1.0000	-0.0099
LGA	0.3499	0.6999	0.5530	-0.0099	1.0000

4.A.2.3. Infrastrukturniveaus 1-4

	AQ	ARND	BTSD	FAQ	LGA
AQ	1.0000	0.7178	0.1394	-0.7837	0.6687
ARND	0.7178	1.0000	0.4224	-0.5361	0.8638
BTSD	0.1394	0.4224	1.0000	-0.0599	0.6015
FAQ	-0.7837	-0.5361	-0.0599	1.0000	-0.4616
LGA	0.6687	0.8638	0.6015	-0.4616	1.0000

4.A.2.4. Infrastrukturniveau 5

	AQ	ARND	BTSD	FAQ	LGA
AQ	1.0000	0.0336	-0.3811	-0.4391	0.1321
ARND	0.0336	1.0000	0.2376	0.0634	0.6143
BTSD	-0.3811	0.2376	1.0000	0.6563	0.5814
FAQ	-0.4391	0.0634	0.6563	1.0000	0.3082
LGA	0.1321	0.6143	0.5814	0.3082	1.0000

4.B. Kreisfreie Städte und Landkreise

4.B.1. Untersuchungsraum gesamt

	AQ	ARND	BTSD	FAQ	LGA
AQ	1.0000	0.6087	0.1527	-0.7429	0.6875
ARND	0.6087	1.0000	0.4564	-0.4547	0.6675
BTSD	0.1527	0.4564	1.0000	0.0513	0.6361
FAQ	-0.7429	-0.4547	0.0513	1.0000	-0.4105
LGA	0.6875	0.6675	0.6361	-0.4105	1.0000

4.B.2. Regionentyp I

	AQ	ARND	BTSD	FAQ	LGA
AQ	1.0000	0.6084	0.1838	-0.7487	0.7094
ARND	0.6084	1.0000	0.5285	-0.4387	0.6848
BTSD	0.1838	0.5285	1.0000	-0.0021	0.6278
FAQ	-0.7487	-0.4387	-0.0021	1.0000	-0.4412
LGA	0.7094	0.6848	0.6278	-0.4412	1.0000

4.B.3. Regionentyp II

	AQ	ARND	BTSD	FAQ	LGA
AQ	1.0000	0.4884	-0.1797	-0.6453	0.4237
ARND	0.4884	1.0000	0.1360	-0.3922	0.4079
BTSD	-0.1797	0.1360	1.0000	0.3640	0.5857
FAQ	-0.6453	-0.3922	0.3640	1.0000	-0.0972
LGA	0.4237	0.4079	0.5857	-0.0972	1.0000

4.C. Bundesländer des Untersuchungsraums

	AQ	ARND	BTSD	FAQ	LGA
AQ	1.0000	-0.2027	-0.2971	-0.8585	0.6402
ARND	-0.2027	1.0000	0.8922	0.4830	0.5632
BTSD	-0.2971	0.8922	1.0000	0.6991	0.2809
FAQ	-0.8585	0.4830	0.6991	1.0000	-0.4468
LGA	0.6402	0.5632	0.2809	-0.4468	1.0000

Anhang 5. Korrelationsmatrizen der Spezifikation nach Kuh

5.A. Arbeitsmarktregionen
5.A.1. Untersuchungsraum gesamt sowie Regionentyp I und II
5.A.1.1. Untersuchungsraum, gesamt

	LN(1/EWLQ)	LNBWSB	LNLGA
LN(1/EWLQ)	1.0000	0.0314	-0.0224
LNBWSB	0.0314	1.0000	0.6330
LNLGA	-0.0224	0.6330	1.0000

5.A.1.2. Regionentyp I

	LN(1/EWLQ)	LNBWSB	LNLGA
LN(1/EWLQ)	1.0000	-0.0943	0.0257
LNBWSB	-0.0943	1.0000	0.7791
LNLGA	0.0257	0.7791	1.0000

5.A.1.3. Regionentyp II

	LN(1/EWLQ)	LNBWSB	LNLGA
LN(1/EWLQ)	1.0000	0.2911	0.3418
LNBWSB	0.2911	1.0000	0.4802
LNLGA	0.3418	0.4802	1.0000

5.A.2. Alternative Abgrenzungen der Regionentypen
5.A.2.1. Infrastrukturniveaus 1-2

	LN(1/EWLQ)	LNBWSB	LNLGA
LN(1/EWLQ)	1.0000	0.1238	0.1956
LNBWSB	0.1238	1.0000	0.8475
LNLGA	0.1956	0.8475	1.0000

5.A.2.2. Infrastrukturniveaus 1 - 4

	LN(1/EWLQ)	LNBWSB	LNLGA
LN(1/EWLQ)	1.0000	-0.1265	-0.0801
LNBWSB	-0.1265	1.0000	0.6532
LNLGA	-0.0801	0.6532	1.0000

5.A.2.3. Infrastrukturniveaus 3 - 5

	LN(1/EWLQ)	LNBWSB	LNLGA
LN(1/EWLQ)	1.0000	0.2573	0.2869
LNBWSB	0.2573	1.0000	0.4657
LNLGA	0.2869	0.4657	1.0000

5.A.2.4. Infrastrukturniveau 5

	LN(1/EWLQ)	LNBWSB	LNLGA
LN(1/EWLQ)	1.0000	0.3266	0.4293
LNBWSB	0.3266	1.0000	0.5529
LNLGA	0.4293	0.5529	1.0000

5.B. Kreisfreie Städte und Landkreise

5.B.1. Untersuchungsraum gesamt

	LN(1/EWLQ)	LNBWS	LNLGA
LN(1/EWLQ)	1.0000	-0.0526	-0.2371
LNBWS	-0.0526	1.0000	0.6210
LNLGA	-0.2371	0.6210	1.0000

5.B.2. Regionentyp I

	LN(1/EWLQ)	LNBWS	LNLGA
LN(1/EWLQ)	1.0000	-0.1374	-0.2475
LNBWS	-0.1374	1.0000	0.6689
LNLGA	-0.2475	0.6689	1.0000

5.B.3. Regionentyp II

	LN(1/EWLQ)	LNBWS	LNLGA
LN(1/EWLQ)	1.0000	0.2832-	0.0007
LNBWS	0.2832	1.0000	0.3761
LNLGA	0.0007	0.3761	1.0000

5.C. Bundesländer des Untersuchungsraums

	LN(1/EWLQ)	LNBWSB	LNLGA
LNBWSB	1.0000	0.2700	0.2218
LN(1/EWLQ)	0.2700	1.0000	0.5938
LNLGA	0.2218	0.5938	1.0000

Anhang 6: Korrelationsmatrizen der Step-forward-Regression für den gesamten Untersuchungsraum

6.A. Arbeitsmarktregionen

6.A.1. Korrelationsmatrizen der Regressionsschätzungen

6.A.1.1. Untersuchungsraum gesamt

	ARND	(F)HQ	AQ	BEINZ	MBU	BTSD	BWS	KAPMIN	QMJ	GW	KONZ	WACBR	LGA
ARND	1.0000	0.6867	0.7056	-0.4567	0.4341	0.3912	0.4922	-0.4459	0.5523	0.1303	0.2423	0.3513	0.8358
(F)HQ	0.6867	1.0000	0.8581	-0.4096	0.1732	0.2115	0.4467	-0.2334	0.7680	-0.0834	0.2740	0.1990	0.7119
AQ	0.7056	0.8581	1.0000	-0.2553	0.0279	0.0741	0.4787	-0.0699	0.8371	-0.2437	0.1956	0.3102	0.6420
BEINZ	-0.4567	-0.4096	-0.2553	1.0000	-0.8220	-0.6658	-0.3592	0.5558	-0.1198	-0.2348	-0.2150	0.1402	-0.6346
MBU	0.4341	0.1732	0.0279	-0.8220	1.0000	0.7444	0.3073	-0.5606	0.0025	0.4933	0.2271	-0.0168	0.6245
BTSD	0.3912	0.2115	0.0741	-0.6658	0.7444	1.0000	0.3021	-0.4652	0.0869	0.4846	0.2942	-0.0556	0.6076
BWS	0.4922	0.4467	0.4787	-0.3592	0.3073	0.3021	1.0000	-0.3186	0.3826	0.1375	0.2290	0.0641	0.6067
KAPMIN	-0.4459	-0.2334	-0.0699	0.5558	-0.5606	-0.4652	-0.3186	1.0000	0.1284	-0.5235	-0.0310	-0.0772	-0.5923
QMJ	0.5523	0.7680	0.8371	-0.1198	0.0025	0.0869	0.3826	0.1284	1.0000	-0.1868	0.2221	0.2208	0.5413
GW	0.1303	-0.0834	-0.2437	-0.2348	0.4933	0.4846	0.1375	-0.5235	-0.1868	1.0000	-0.2457	0.2454	0.3667
KONZ	0.2423	0.2740	0.1956	-0.2150	0.2271	0.2942	0.2290	-0.0310	0.2221	-0.2457	1.0000	-0.2281	0.3275
WACBR	0.3513	0.1990	0.3102	0.1402	-0.0168	-0.0556	0.0641	-0.0772	0.2208	0.2454	-0.2281	1.0000	0.2095
LGA	0.8358	0.7119	0.6420	-0.6346	0.6245	0.6076	0.6067	-0.5923	0.5413	0.3667	0.3275	0.2095	1.0000

6.A.1.2. Regionentyp I

	ARND	(F)HQ	AQ	BEINZ	MBU	BTSD	BWS	KAPMIN	QMJ	GW	KONZ	WACBR	LGA
ARND	1.0000	0.5493	0.7672	-0.3835	0.4726	0.4074	0.7457	-0.4911	0.6939	-0.0427	0.3905	0.4462	0.8948
(F)HQ	0.5493	1.0000	0.8290	-0.4087	-0.0568	-0.1416	0.5172	-0.2467	0.7838	-0.4709	0.2567	0.1574	0.5590
AQ	0.7672	0.8290	1.0000	-0.4716	0.2228	0.1582	0.7986	-0.2635	0.9079	-0.4411	0.3489	0.3666	0.7934
BEINZ	-0.3835	-0.4087	-0.4716	1.0000	-0.6370	-0.6090	-0.3169	0.3918	-0.3131	0.0841	-0.0968	0.1116	-0.4902
MBU	0.4726	-0.0568	0.2228	-0.6370	1.0000	0.8052	0.3509	-0.3991	0.0976	0.4706	0.0457	0.2674	0.5668
BTSD	0.4074	-0.1416	0.1582	-0.6090	0.8052	1.0000	0.1880	-0.3642	0.0819	0.3428	0.1753	-0.0005	0.4748
BWS	0.7457	0.5172	0.7986	-0.3169	0.3509	0.1880	1.0000	-0.3061	0.6915	-0.2896	0.4855	0.4174	0.7986
KAPMIN	-0.4911	-0.2467	-0.2635	0.3918	-0.3991	-0.3642	-0.3061	1.0000	-0.2377	-0.4062	0.0913	-0.1350	-0.5643
QMJ	0.6939	0.7838	0.9079	-0.3131	0.0976	0.0819	0.6915	-0.2377	1.0000	-0.3756	0.2922	0.2871	0.7368
GW	-0.0427	-0.4709	-0.4411	0.0841	0.4706	0.3428	-0.2896	-0.4062	-0.3756	1.0000	-0.5028	0.2223	0.0424
KONZ	0.3905	0.2567	0.3489	-0.0968	0.0457	0.1753	0.4855	0.0913	0.2922	-0.5028	1.0000	-0.0548	0.3109
WACBR	0.4462	0.1574	0.3666	0.1116	0.2674	-0.0005	0.4174	-0.1350	0.2871	0.2223	-0.0548	1.0000	0.4109
LGA	0.8948	0.5590	0.7934	-0.4902	0.5668	0.4748	0.7986	-0.5643	0.7368	0.0424	0.3109	0.4109	1.0000

6.A.1.3. Regionentyp II

	ARND	(F)HQ	AQ	BEINZ	MBU	BTSD	BWS	KAPMIN	QMJ	GW	KONZ	WACBR	LGA
ARND	1.0000	0.4844	0.3559	-0.1778	0.3297	0.2460	0.1430	-0.3678	0.2495	0.3442	0.1022	0.3227	0.6740
(F)HQ	0.4844	1.0000	0.7575	0.0046	0.0269	0.1295	0.2404	0.0801	0.7410	0.0940	0.2293	0.1640	0.5822
AQ	0.3559	0.7575	1.0000	0.2790	-0.3519	-0.2559	0.1645	0.3182	0.7716	-0.2489	0.0469	0.2583	0.2587
BEINZ	-0.1778	0.0046	0.2790	1.0000	-0.8733	-0.6254	-0.2256	0.4778	0.2330	-0.3688	-0.1621	0.2810	-0.5088
MBU	0.3297	0.0269	-0.3519	-0.8733	1.0000	0.6963	0.2040	-0.5415	-0.1954	0.5199	0.2210	-0.1592	0.6097
BTSD	0.2460	0.1295	-0.2559	-0.6254	0.6963	1.0000	0.2450	-0.4104	-0.0686	0.5522	0.2758	-0.1317	0.6030
BWS	0.1430	0.2404	0.1645	-0.2256	0.2040	0.2450	1.0000	-0.2289	0.1253	0.3025	0.1111	-0.1240	0.4244
KAPMIN	-0.3678	0.0801	0.3182	0.4778	-0.5415	-0.4104	-0.2289	1.0000	0.4431	-0.6054	0.0329	-0.0155	-0.5383
QMJ	0.2495	0.7410	0.7716	0.2330	-0.1954	-0.0686	0.1253	0.4431	1.0000	-0.1385	0.1441	0.1478	0.2625
GW	0.3442	0.0940	-0.2489	-0.3688	0.5199	0.5522	0.3025	-0.6054	-0.1385	1.0000	-0.1953	0.2521	0.6204
KONZ	0.1022	0.2293	0.0469	-0.1621	0.2210	0.2758	0.1111	0.0329	0.1441	-0.1953	1.0000	-0.3092	0.2895
WACBR	0.3227	0.1640	0.2583	0.2810	-0.1592	-0.1317	-0.1240	-0.0155	0.1478	0.2521	-0.3092	1.0000	0.0520
LGA	0.6740	0.5822	0.2587	-0.5088	0.6097	0.6030	0.4244	-0.5383	0.2625	0.6204	0.2895	0.0520	1.0000

6.A.2. Alternative Abgrenzungen der Regionentypen nach Infrastrukturniveaus

6.A.2.1. Infrastrukturniveaus 1-2

	ARND	(F)HQ	AQ	BEINZ	MBU	BTSD	BWS	KAPMIN	QMJ	GW	KONZ	WACBR	LGA
ARND	1.0000	0.7416	0.7702	-0.3778	0.6429	0.5949	0.7545	-0.5005	0.7132	0.0471	0.3319	0.5330	0.9330
(F)HQ	0.7416	1.0000	0.9428	-0.5711	0.5444	0.3486	0.8018	-0.2565	0.7888	-0.3145	0.2223	0.5321	0.7844
AQ	0.7702	0.9428	1.0000	-0.4946	0.4638	0.3932	0.8498	-0.2817	0.9045	-0.3617	0.2691	0.5058	0.8461
BEINZ	-0.3778	-0.5711	-0.4946	1.0000	-0.6552	-0.5294	-0.3761	0.3053	-0.3409	0.3266	-0.0749	-0.0882	-0.3867
MBU	0.6429	0.5444	0.4638	-0.6552	1.0000	0.6720	0.4933	-0.5400	0.3747	0.2817	0.1739	0.4349	0.6262
BTSD	0.5949	0.3486	0.3932	-0.5294	0.6720	1.0000	0.2760	-0.5333	0.4298	0.1462	0.2928	0.1670	0.6108
BWS	0.7545	0.8018	0.8498	-0.3761	0.4933	0.2760	1.0000	-0.4203	0.7395	-0.2478	0.4141	0.4528	0.8609
KAPMIN	-0.5005	-0.2565	-0.2817	0.3053	-0.5400	-0.5333	-0.4203	1.0000	-0.2293	-0.4465	0.0753	-0.4337	-0.5869
QMJ	0.7132	0.7888	0.9045	-0.3409	0.3747	0.4298	0.7395	-0.2293	1.0000	-0.2456	0.2088	0.3994	0.8115
GW	0.0471	-0.3145	-0.3617	0.3266	0.2817	0.1462	-0.2478	-0.4465	-0.2456	1.0000	-0.3942	0.4144	0.0140
KONZ	0.3319	0.2223	0.2691	-0.0749	0.1739	0.2928	0.4141	0.0753	0.2088	-0.3942	1.0000	-0.1854	0.3430
WACBR	0.5330	0.5321	0.5058	-0.0882	0.4349	0.1670	0.4528	-0.4337	0.3994	0.4144	-0.1854	1.0000	0.5521
LGA	0.9330	0.7844	0.8461	-0.3867	0.6262	0.6108	0.8609	-0.5869	0.8115	0.0140	0.3430	0.5521	1.0000

6.A.2.2. Infrastrukturniveaus 3-5

	ARND	(F)HQ	AQ	BEINZ	MBU	BTSD	BWS	KAPMIN	QMJ	GW	KONZ	WACBR	LGA
ARND	1.0000	0.5411	0.4462	-0.2378	0.2785	0.2048	0.1559	-0.4224	0.3178	0.2977	0.0884	0.2545	0.6999
(F)HQ	0.5411	1.0000	0.7756	-0.1682	-0.0611	0.0176	0.2078	-0.0797	0.7129	-0.0321	0.1852	0.0497	0.5578
AQ	0.4462	0.7756	1.0000	0.1149	-0.3223	-0.2375	0.1855	0.1877	0.7868	-0.2495	0.0528	0.1956	0.3499
BEINZ	-0.2378	-0.1682	0.1149	1.0000	-0.8232	-0.6232	-0.2023	0.5025	0.1461	-0.3711	-0.1290	0.3098	-0.5499
MBU	0.2785	-0.0611	-0.3223	-0.8232	1.0000	0.7203	0.1735	-0.5157	-0.2221	0.5664	0.1682	-0.1510	0.5789
BTSD	0.2048	0.0176	-0.2375	-0.6232	0.7203	1.0000	0.2024	-0.3993	-0.1165	0.5749	0.2339	-0.1592	0.5530
BWS	0.1559	0.2078	0.1855	-0.2023	0.1735	0.2024	1.0000	-0.2234	0.1487	0.2549	0.1182	-0.1088	0.4092
KAPMIN	-0.4224	-0.0797	0.1877	0.5025	-0.5157	-0.3993	-0.2234	1.0000	0.3465	-0.5844	0.0416	0.0099	-0.5639
QMJ	0.3178	0.7129	0.7868	0.1461	-0.2221	-0.1165	0.1487	0.3465	1.0000	-0.1760	0.1462	0.1161	0.3087
GW	0.2977	-0.0321	-0.2495	-0.3711	0.5664	0.5749	0.2549	-0.5844	-0.1760	1.0000	-0.2249	0.2245	0.5804
KONZ	0.0884	0.1852	0.0528	-0.1290	0.1682	0.2339	0.1182	0.0416	0.1462	-0.2249	1.0000	-0.2937	0.2388
WACBR	0.2545	0.0497	0.1956	0.3098	-0.1510	-0.1592	-0.1088	0.0099	0.1161	0.2245	-0.2937	1.0000	0.0281
LGA	0.6999	0.5578	0.3499	-0.5499	0.5789	0.5530	0.4092	-0.5639	0.3087	0.5804	0.2388	0.0281	1.0000

6.A.2.3. Infrastrukturniveaus 1-4

	ARND	(F)HQ	AQ	BEINZ	MBU	BTSD	BWS	KAPMIN	QMJ	GW	KONZ	WACBR	LGA
ARND	1.0000	0.5982	0.7178	-0.3722	0.4281	0.4224	0.6418	-0.5302	0.5769	0.1208	0.2238	0.4235	0.8638
(F)HQ	0.5982	1.0000	0.8343	-0.3833	0.0866	0.1379	0.4622	-0.3112	0.7480	-0.2404	0.2081	0.1120	0.6404
AQ	0.7178	0.8343	1.0000	-0.2660	0.0830	0.1394	0.6323	-0.1886	0.8554	-0.3252	0.1640	0.3099	0.6687
BEINZ	-0.3722	-0.3833	-0.2660	1.0000	-0.7646	-0.7213	-0.3374	0.6174	-0.0959	-0.1143	-0.1254	0.0610	-0.5509
MBU	0.4281	0.0866	0.0830	-0.7646	1.0000	0.8123	0.3480	-0.5145	0.0146	0.5184	0.0667	0.1795	0.6065
BTSD	0.4224	0.1379	0.1394	-0.7213	0.8123	1.0000	0.2416	-0.5559	0.0762	0.3915	0.1370	-0.0640	0.6015
BWS	0.6418	0.4622	0.6323	-0.3374	0.3480	0.2416	1.0000	-0.2207	0.5279	-0.1224	0.3605	0.2655	0.6789
KAPMIN	-0.5302	-0.3112	-0.1886	0.6174	-0.5145	-0.5559	-0.2207	1.0000	-0.0179	-0.4306	-0.0362	-0.1201	-0.6157
QMJ	0.5769	0.7480	0.8554	-0.0959	0.0146	0.0762	0.5279	-0.0179	1.0000	-0.2839	0.1938	0.1795	0.5930
GW	0.1208	-0.2404	-0.3252	-0.1143	0.5184	0.3915	-0.1224	-0.4306	-0.2839	1.0000	-0.3291	0.3093	0.2738
KONZ	0.2238	0.2081	0.1640	-0.1254	0.0667	0.1370	0.3605	-0.0362	0.1938	-0.3291	1.0000	-0.2880	0.2472
WACBR	0.4235	0.1120	0.3099	0.0610	0.1795	-0.0640	0.2655	-0.1201	0.1795	0.3093	-0.2880	1.0000	0.2984
LGA	0.8638	0.6404	0.6687	-0.5509	0.6065	0.6015	0.6789	-0.6157	0.5930	0.2738	0.2472	0.2984	1.0000

6.A.2.4. Infrastrukturniveau 5

	ARND	(F)HQ	AQ	BEINZ	MBU	BTSD	BWS	KAPMIN	QMJ	GW	KONZ	WACBR	LGA
ARND	1.0000	0.1686	0.0336	-0.3190	0.4370	0.2376	0.2172	-0.5213	0.0271	0.1469	0.3289	-0.0152	0.6143
(F)HQ	0.1686	1.0000	0.7034	0.0881	-0.1307	-0.0232	0.3425	0.1386	0.7392	-0.0216	0.3284	0.0687	0.4602
AQ	0.0336	0.7034	1.0000	0.3136	-0.4905	-0.3811	0.1945	0.3652	0.7294	-0.3871	0.1032	0.1397	0.1321
BEINZ	-0.3190	0.0881	0.3136	1.0000	-0.8656	-0.5599	-0.2535	0.4662	0.2379	-0.3507	-0.2087	0.4676	-0.5589
MBU	0.4370	-0.1307	-0.4905	-0.8656	1.0000	0.6535	0.1823	-0.5485	-0.2786	0.4682	0.2785	-0.3193	0.5941
BTSD	0.2376	-0.0232	-0.3811	-0.5599	0.6535	1.0000	0.2587	-0.3568	-0.1196	0.5624	0.3457	-0.1651	0.5814
BWS	0.2172	0.3425	0.1945	-0.2535	0.1823	0.2587	1.0000	-0.3023	0.1157	0.3196	0.0975	-0.1957	0.4969
KAPMIN	-0.5213	0.1386	0.3652	0.4662	-0.5485	-0.3568	-0.3023	1.0000	0.5006	-0.5977	0.0336	0.0371	-0.5912
QMJ	0.0271	0.7392	0.7294	0.2379	-0.2786	-0.1196	0.1157	0.5006	1.0000	-0.1860	0.1644	0.1188	0.1334
GW	0.1469	-0.0216	-0.3871	-0.3507	0.4682	0.5624	0.3196	-0.5977	-0.1860	1.0000	-0.2214	0.1631	0.5621
KONZ	0.3289	0.3284	0.1032	-0.2087	0.2785	0.3457	0.0975	0.0336	0.1644	-0.2214	1.0000	-0.2695	0.3686
WACBR	-0.0152	0.0687	0.1397	0.4676	-0.3193	-0.1651	-0.1957	0.0371	0.1188	0.1631	-0.2695	1.0000	-0.1392
LGA	0.6143	0.4602	0.1321	-0.5589	0.5941	0.5814	0.4969	-0.5912	0.1334	0.5621	0.3686	-0.1392	1.0000

6.B. Kreisfreie Städte und Landkreise

6.B.1. Untersuchungsraum gesamt

	ARND	(F)HQ	AQ	BEINZ	MBU	BTSD	BWS	KAPMIN	QMJ	KONZ	GW	WACBR	LGA
ARND	1.0000	0.4591	0.6087	-0.6824	0.5838	0.4564	0.4556	-0.4193	0.3523	0.3307	-0.0647	0.3441	0.6675
(F)HQ	0.4591	1.0000	0.8306	-0.3932	0.2075	0.2236	0.4038	-0.2680	0.7543	0.1899	-0.0899	0.3806	0.6143
AQ	0.6087	0.8306	1.0000	-0.4059	0.2193	0.1527	0.4903	-0.1983	0.7909	0.2483	-0.2324	0.4325	0.6875
BEINZ	-0.6824	-0.3932	-0.4059	1.0000	-0.8341	-0.6589	-0.3532	0.6105	-0.1366	-0.3144	-0.0856	-0.1053	-0.6830
MBU	0.5838	0.2075	0.2193	-0.8341	1.0000	0.7455	0.3629	-0.6298	0.0842	0.3238	0.3207	0.1741	0.6921
BTSD	0.4564	0.2236	0.1527	-0.6589	0.7455	1.0000	0.3567	-0.5978	0.1497	0.3093	0.3803	0.0451	0.6361
BWS	0.4556	0.4038	0.4903	-0.3532	0.3629	0.3567	1.0000	-0.3445	0.4414	0.3562	0.0055	0.1458	0.6320
KAPMIN	-0.4193	-0.2680	-0.1983	0.6105	-0.6298	-0.5978	-0.3445	1.0000	-0.0355	-0.1746	-0.3954	-0.2425	-0.6370
QMJ	0.3523	0.7543	0.7909	-0.1366	0.0842	0.1497	0.4414	-0.0355	1.0000	0.1755	-0.1040	0.3011	0.5560
KONZ	0.3307	0.1899	0.2483	-0.3144	0.3238	0.3093	0.3562	-0.1746	0.1755	1.0000	-0.2848	-0.1319	0.4183
GW	-0.0647	-0.0899	-0.2324	-0.0856	0.3207	0.3803	0.0055	-0.3954	-0.1040	-0.2848	1.0000	0.2276	0.1862
WACBR	0.3441	0.3806	0.4325	-0.1053	0.1741	0.0451	0.1458	-0.2425	0.3011	-0.1319	0.2276	1.0000	0.3499
LGA	0.6675	0.6143	0.6875	-0.6830	0.6921	0.6361	0.6320	-0.6370	0.5560	0.4183	0.1862	0.3499	1.0000

6.B.2. Regionentyp I

	ARND	(F)HQ	AQ	BEINZ	MBU	BTSD	BWS	KAPMIN	QMJ	KONZ	GW	WACBR	LGA
ARND	1.0000	0.3687	0.6084	-0.7249	0.6517	0.5285	0.5271	-0.5141	0.2956	0.3874	-0.1273	0.3385	0.6848
(F)HQ	0.3687	1.0000	0.8142	-0.3682	0.1603	0.1234	0.3937	-0.2591	0.7212	0.1337	-0.2259	0.3737	0.5193
AQ	0.6084	0.8142	1.0000	-0.4807	0.3205	0.1838	0.5862	-0.2927	0.7654	0.2656	-0.3427	0.4726	0.7094
BEINZ	-0.7249	-0.3682	-0.4807	1.0000	-0.8312	-0.7216	-0.4371	0.7157	-0.1434	-0.3717	0.0121	-0.1122	-0.7234
MBU	0.6517	0.1603	0.3205	-0.8312	1.0000	0.8197	0.4746	-0.7409	0.1020	0.3717	0.2407	0.2126	0.7529
BTSD	0.5285	0.1234	0.1838	-0.7216	0.8197	1.0000	0.3856	-0.6887	0.0990	0.3395	0.2441	-0.0200	0.6278
BWS	0.5271	0.3937	0.5862	-0.4371	0.4746	0.3856	1.0000	-0.4252	0.5041	0.4498	-0.1439	0.2145	0.6899
KAPMIN	-0.5141	-0.2591	-0.2927	0.7157	-0.7409	-0.6887	-0.4252	1.0000	-0.1302	-0.2612	-0.3069	-0.2698	-0.7120
QMJ	0.2956	0.7212	0.7654	-0.1434	0.1020	0.0990	0.5041	-0.1302	1.0000	0.1271	-0.2077	0.3192	0.5302
KONZ	0.3874	0.1337	0.2656	-0.3717	0.3717	0.3395	0.4498	-0.2612	0.1271	1.0000	-0.3530	-0.1102	0.4473
GW	-0.1273	-0.2259	-0.3427	0.0121	0.2407	0.2441	-0.1439	-0.3069	-0.2077	-0.3530	1.0000	0.1474	0.0313
WACBR	0.3385	0.3737	0.4726	-0.1122	0.2126	-0.0200	0.2145	-0.2698	0.3192	-0.1102	0.1474	1.0000	0.3711
LGA	0.6848	0.5193	0.7094	-0.7234	0.7529	0.6278	0.6899	-0.7120	0.5302	0.4473	0.0313	0.3711	1.0000

6.B.3. Regionentyp II

	ARND	(F)HQ	AQ	BEINZ	MBU	BTSD	BWS	KAPMIN	QMJ	KONZ	GW	WACBR	LGA
ARND	1.0000	0.5446	0.4884	-0.5717	0.4364	0.1360	0.0058	-0.1801	0.2607	0.0570	0.0121	0.2645	0.4079
(F)HQ	0.5446	1.0000	0.7589	-0.3574	0.1922	0.1399	0.1317	-0.0012	0.6802	0.1975	0.0437	0.2294	0.6056
AQ	0.4884	0.7589	1.0000	-0.1449	-0.0825	-0.1797	0.0893	0.1747	0.7181	0.1100	-0.2127	0.2306	0.4237
BEINZ	-0.5717	-0.3574	-0.1449	1.0000	-0.8341	-0.5141	-0.0808	0.4736	0.0579	-0.1498	-0.2396	0.0003	-0.5726
MBU	0.4364	0.1922	-0.0825	-0.8341	1.0000	0.6178	0.0928	-0.5049	-0.0885	0.2039	0.4419	0.0497	0.6053
BTSD	0.1360	0.1399	-0.1797	-0.5141	0.6178	1.0000	0.1724	-0.4434	-0.0257	0.1988	0.5927	0.0095	0.5857
BWS	0.0058	0.1317	0.0893	-0.0808	0.0928	0.1724	1.0000	-0.1248	0.1225	0.0955	0.2349	-0.1318	0.3371
KAPMIN	-0.1801	-0.0012	0.1747	0.4736	-0.5049	-0.4434	-0.1248	1.0000	0.3756	-0.0012	-0.5070	-0.1117	-0.4991
QMJ	0.2607	0.6802	0.7181	0.0579	-0.0885	-0.0257	0.1225	0.3756	1.0000	0.1510	-0.0720	0.1059	0.3572
KONZ	0.0570	0.1975	0.1100	-0.1498	0.2039	0.1988	0.0955	-0.0012	0.1510	1.0000	-0.1981	-0.2632	0.2918
GW	0.0121	0.0437	-0.2127	-0.2396	0.4419	0.5927	0.2349	-0.5070	-0.0720	-0.1981	1.0000	0.3294	0.5184
WACBR	0.2645	0.2294	0.2306	0.0003	0.0497	0.0095	-0.1318	-0.1117	0.1059	-0.2632	0.3294	1.0000	0.1413
LGA	0.4079	0.6056	0.4237	-0.5726	0.6053	0.5857	0.3371	-0.4991	0.3572	0.2918	0.5184	0.1413	1.0000

6.C. Bundesländer

	ARND	(F)HQ	AQ	BEINZ	MBU	BTSD	BWS	KAPMIN	QMJ	KONZ	GW	WACBR	LGA
LGA	0.5632	0.9207	0.6402	-0.2640	0.4903	0.2809	0.6310	-0.8533	0.5023	0.1505	0.1789	0.5224	1.0000

Anhang 7: Korrelationsmatrizen der Step-wise-Regression für den Regionentyp I

7.A. Arbeitsmarktregionen

7.A.1. Korrelationsmatrizen der Regressionsschätzungen

7.A.1.1. Untersuchungsraum gesamt

	ARND	BWS	AQ	QMJ	HAQ	(F)HQ	MBU	BEINZ	KAPMIN	LGA
ARND	1.0000	0.4922	0.7056	0.5523	-0.5994	0.6867	0.4341	-0.4567	-0.4459	0.8358
BWS	0.4922	1.0000	0.4787	0.3826	-0.4310	0.4467	0.3073	-0.3592	-0.3186	0.6067
AQ	0.7056	0.4787	1.0000	0.8371	-0.8451	0.8581	0.0279	-0.2553	-0.0699	0.6420
QMJ	0.5523	0.3826	0.8371	1.0000	-0.7718	0.7680	0.0025	-0.1198	0.1284	0.5413
HAQ	-0.5994	-0.4310	-0.8451	-0.7718	1.0000	-0.9001	-0.0378	0.2657	0.1270	-0.6463
(F)HQ	0.6867	0.4467	0.8581	0.7680	-0.9001	1.0000	0.1732	-0.4096	-0.2334	0.7119
MBU	0.4341	0.3073	0.0279	0.0025	-0.0378	0.1732	1.0000	-0.8220	-0.5606	0.6245
BEINZ	-0.4567	-0.3592	-0.2553	-0.1198	0.2657	-0.4096	-0.8220	1.0000	0.5558	-0.6346
KAPMIN	-0.4459	-0.3186	-0.0699	0.1284	0.1270	-0.2334	-0.5606	0.5558	1.0000	-0.5923
LGA	0.8358	0.6067	0.6420	0.5413	-0.6463	0.7119	0.6245	-0.6346	-0.5923	1.0000

7.A.1.2. Regionentyp I

	ARND	BWS	AQ	QMJ	HAQ	(F)HQ	MBU	BEINZ	KAPMIN	LGA
ARND	1.0000	0.7457	0.7672	0.6939	-0.5441	0.5493	0.4726	-0.3835	-0.4911	0.8948
BWS	0.7457	1.0000	0.7986	0.6915	-0.5886	0.5172	0.3509	-0.3169	-0.3061	0.7986
AQ	0.7672	0.7986	1.0000	0.9079	-0.8159	0.8290	0.2228	-0.4716	-0.2635	0.7934
QMJ	0.6939	0.6915	0.9079	1.0000	-0.8112	0.7838	0.0976	-0.3131	-0.2377	0.7368
HAQ	-0.5441	-0.5886	-0.8159	-0.8112	1.0000	-0.8992	0.0249	0.3238	0.2230	-0.5953
(F)HQ	0.5493	0.5172	0.8290	0.7838	-0.8992	1.0000	-0.0568	-0.4087	-0.2467	0.5590
MBU	0.4726	0.3509	0.2228	0.0976	0.0249	-0.0568	1.0000	-0.6370	-0.3991	0.5668
BEINZ	-0.3835	-0.3169	-0.4716	-0.3131	0.3238	-0.4087	-0.6370	1.0000	0.3918	-0.4902
KAPMIN	-0.4911	-0.3061	-0.2635	-0.2377	0.2230	-0.2467	-0.3991	0.3918	1.0000	-0.5643
LGA	0.8948	0.7986	0.7934	0.7368	-0.5953	0.5590	0.5668	-0.4902	-0.5643	1.0000

7.A.1.3. Regionentyp II

	ARND	BWS	AQ	QMJ	HAQ	(F)HQ	MBU	BEINZ	KAPMIN	LGA
ARND	1.0000	0.1430	0.3559	0.2495	-0.3125	0.4844	0.3297	-0.1778	-0.3678	0.6740
BWS	0.1430	1.0000	0.1645	0.1253	-0.1952	0.2404	0.2040	-0.2256	-0.2289	0.4244
AQ	0.3559	0.1645	1.0000	0.7716	-0.7532	0.7575	-0.3519	0.2790	0.3182	0.2587
QMJ	0.2495	0.1253	0.7716	1.0000	-0.6908	0.7410	-0.1954	0.2330	0.4431	0.2625
HAQ	-0.3125	-0.1952	-0.7532	-0.6908	1.0000	-0.8328	0.1991	-0.1598	-0.1857	-0.4301
(F)HQ	0.4844	0.2404	0.7575	0.7410	-0.8328	1.0000	0.0269	0.0046	0.0801	0.5822
MBU	0.3297	0.2040	-0.3519	-0.1954	0.1991	0.0269	1.0000	-0.8733	-0.5415	0.6097
BEINZ	-0.1778	-0.2256	0.2790	0.2330	-0.1598	0.0046	-0.8733	1.0000	0.4778	-0.5088
KAPMIN	-0.3678	-0.2289	0.3182	0.4431	-0.1857	0.0801	-0.5415	0.4778	1.0000	-0.5383
LGA	0.6740	0.4244	0.2587	0.2625	-0.4301	0.5822	0.6097	-0.5088	-0.5383	1.0000

7.A.2. Alternative Abgrenzungen der Regionentypen nach Infrastrukturniveaus

7.A.2.1. Infrastrukturniveaus1-2

	ARND	BWS	AQ	QMJ	HAQ	(F)HQ	MBU	BEINZ	KAPMIN	LGA
ARND	1.0000	0.7545	0.7702	0.7132	-0.6443	0.7416	0.6429	-0.3778	-0.5005	0.9330
BWS	0.7545	1.0000	0.8498	0.7395	-0.7325	0.8018	0.4933	-0.3761	-0.4203	0.8609
AQ	0.7702	0.8498	1.0000	0.9045	-0.8603	0.9428	0.4638	-0.4946	-0.2817	0.8461
QMJ	0.7132	0.7395	0.9045	1.0000	-0.7908	0.7888	0.3747	-0.3409	-0.2293	0.8115
HAQ	-0.6443	-0.7325	-0.8603	-0.7908	1.0000	-0.8894	-0.4000	0.4224	0.3238	-0.7333
(F)HQ	0.7416	0.8018	0.9428	0.7888	-0.8894	1.0000	0.5444	-0.5711	-0.2565	0.7844
MBU	0.6429	0.4933	0.4638	0.3747	-0.4000	0.5444	1.0000	-0.6552	-0.5400	0.6262
BEINZ	-0.3778	-0.3761	-0.4946	-0.3409	0.4224	-0.5711	-0.6552	1.0000	0.3053	-0.3867
KAPMIN	-0.5005	-0.4203	-0.2817	-0.2293	0.3238	-0.2565	-0.5400	0.3053	1.0000	-0.5869
LGA	0.9330	0.8609	0.8461	0.8115	-0.7333	0.7844	0.6262	-0.3867	-0.5869	1.0000

7.A.2.2. Infrastrukturniveaus 3-5

	ARND	BWS	AQ	QMJ	HAQ	(F)HQ	MBU	BEINZ	KAPMIN	LGA
ARND	1.0000	0.1559	0.4462	0.3178	-0.4134	0.5411	0.2785	-0.2378	-0.4224	0.6999
BWS	0.1559	1.0000	0.1855	0.1487	-0.2071	0.2078	0.1735	-0.2023	-0.2234	0.4092
AQ	0.4462	0.1855	1.0000	0.7868	-0.7885	0.7756	-0.3223	0.1149	0.1877	0.3499
QMJ	0.3178	0.1487	0.7868	1.0000	-0.7140	0.7129	-0.2221	0.1461	0.3465	0.3087
HAQ	-0.4134	-0.2071	-0.7885	-0.7140	1.0000	-0.8709	0.2087	0.0060	-0.0493	-0.4778
(F)HQ	0.5411	0.2078	0.7756	0.7129	-0.8709	1.0000	-0.0611	-0.1682	-0.0797	0.5578
MBU	0.2785	0.1735	-0.3223	-0.2221	0.2087	-0.0611	1.0000	-0.8232	-0.5157	0.5789
BEINZ	-0.2378	-0.2023	0.1149	0.1461	0.0060	-0.1682	-0.8232	1.0000	0.5025	-0.5499
KAPMIN	-0.4224	-0.2234	0.1877	0.3465	-0.0493	-0.0797	-0.5157	0.5025	1.0000	-0.5639
LGA	0.6999	0.4092	0.3499	0.3087	-0.4778	0.5578	0.5789	-0.5499	-0.5639	1.0000

7.A.2.3. Infrastrukturniveaus1-4

	ARND	BWS	AQ	QMJ	HAQ	(F)HQ	MBU	BEINZ	KAPMIN	LGA
ARND	1.0000	0.6418	0.7178	0.5769	-0.5681	0.5982	0.4281	-0.3722	-0.5302	0.8638
BWS	0.6418	1.0000	0.6323	0.5279	-0.4960	0.4622	0.3480	-0.3374	-0.2207	0.6789
AQ	0.7178	0.6323	1.0000	0.8554	-0.8032	0.8343	0.0830	-0.2660	-0.1886	0.6687
QMJ	0.5769	0.5279	0.8554	1.0000	-0.7291	0.7480	0.0146	-0.0959	-0.0179	0.5930
HAQ	-0.5681	-0.4960	-0.8032	-0.7291	1.0000	-0.8960	-0.0114	0.2547	0.2439	-0.6113
(F)HQ	0.5982	0.4622	0.8343	0.7480	-0.8960	1.0000	0.0866	-0.3833	-0.3112	0.6404
MBU	0.4281	0.3480	0.0830	0.0146	-0.0114	0.0866	1.0000	-0.7646	-0.5145	0.6065
BEINZ	-0.3722	-0.3374	-0.2660	-0.0959	0.2547	-0.3833	-0.7646	1.0000	0.6174	-0.5509
KAPMIN	-0.5302	-0.2207	-0.1886	-0.0179	0.2439	-0.3112	-0.5145	0.6174	1.0000	-0.6157
LGA	0.8638	0.6789	0.6687	0.5930	-0.6113	0.6404	0.6065	-0.5509	-0.6157	1.0000

7.A.2.4. Infrastrukturniveau 5

	ARND	BWS	AQ	QMJ	HAQ	(F)HQ	MBU	BEINZ	KAPMIN	LGA
ARND	1.0000	0.2172	0.0336	0.0271	-0.0350	0.1686	0.4370	-0.3190	-0.5213	0.6143
BWS	0.2172	1.0000	0.1945	0.1157	-0.2312	0.3425	0.1823	-0.2535	-0.3023	0.4969
AQ	0.0336	0.1945	1.0000	0.7294	-0.7523	0.7034	-0.4905	0.3136	0.3652	0.1321
QMJ	0.0271	0.1157	0.7294	1.0000	-0.7102	0.7392	-0.2786	0.2379	0.5006	0.1334
HAQ	-0.0350	-0.2312	-0.7523	-0.7102	1.0000	-0.8408	0.3035	-0.1884	-0.2236	-0.3362
(F)HQ	0.1686	0.3425	0.7034	0.7392	-0.8408	1.0000	-0.1307	0.0881	0.1386	0.4602
MBU	0.4370	0.1823	-0.4905	-0.2786	0.3035	-0.1307	1.0000	-0.8656	-0.5485	0.5941
BEINZ	-0.3190	-0.2535	0.3136	0.2379	-0.1884	0.0881	-0.8656	1.0000	0.4662	-0.5589
KAPMIN	-0.5213	-0.3023	0.3652	0.5006	-0.2236	0.1386	-0.5485	0.4662	1.0000	-0.5912
LGA	0.6143	0.4969	0.1321	0.1334	-0.3362	0.4602	0.5941	-0.5589	-0.5912	1.0000

7.B. Kreisfreie Städte und Landkreise

7.B.1. Untersuchungsraum gesamt

	ARND	BWS	AQ	QMJ	HAQ	(F)HQ	MBU	BEINZ	KAPMIN	LGA
ARND	1.0000	0.4556	0.6087	0.3523	-0.4630	0.4591	0.5838	-0.6824	-0.4193	0.6675
BWS	0.4556	1.0000	0.4903	0.4414	-0.4141	0.4038	0.3629	-0.3532	-0.3445	0.6320
AQ	0.6087	0.4903	1.0000	0.7909	-0.8323	0.8306	0.2193	-0.4059	-0.1983	0.6875
QMJ	0.3523	0.4414	0.7909	1.0000	-0.7591	0.7543	0.0842	-0.1366	-0.0355	0.5560
HAQ	-0.4630	-0.4141	-0.8323	-0.7591	1.0000	-0.9030	-0.1560	0.3440	0.1950	-0.5927
(F)HQ	0.4591	0.4038	0.8306	0.7543	-0.9030	1.0000	0.2075	-0.3932	-0.2680	0.6143
MBU	0.5838	0.3629	0.2193	0.0842	-0.1560	0.2075	1.0000	-0.8341	-0.6298	0.6921
BEINZ	-0.6824	-0.3532	-0.4059	-0.1366	0.3440	-0.3932	-0.8341	1.0000	0.6105	-0.6830
KAPMIN	-0.4193	-0.3445	-0.1983	-0.0355	0.1950	-0.2680	-0.6298	0.6105	1.0000	-0.6370
LGA	0.6675	0.6320	0.6875	0.5560	-0.5927	0.6143	0.6921	-0.6830	-0.6370	1.0000

7.B.2. Regionentyp I

	ARND	BWSB	AQ	QMJ	HAQ	(F)HQ	MBU	BEINZ	KAPMIN	LGA
ARND	1.0000	0.5271	0.6084	0.2956	-0.4141	0.3687	0.6517	-0.7249	-0.5141	0.6848
BWS	0.5271	1.0000	0.5862	0.5041	-0.4514	0.3937	0.4746	-0.4371	-0.4252	0.6899
AQ	0.6084	0.5862	1.0000	0.7654	-0.8406	0.8142	0.3205	-0.4807	-0.2927	0.7094
QMJ	0.2956	0.5041	0.7654	1.0000	-0.7541	0.7212	0.1020	-0.1434	-0.1302	0.5302
HAQ	-0.4141	-0.4514	-0.8406	-0.7541	1.0000	-0.9297	-0.1954	0.3751	0.2549	-0.5660
(F)HQ	0.3687	0.3937	0.8142	0.7212	-0.9297	1.0000	0.1603	-0.3682	-0.2591	0.5193
MBU	0.6517	0.4746	0.3205	0.1020	-0.1954	0.1603	1.0000	-0.8312	-0.7409	0.7529
BEINZ	-0.7249	-0.4371	-0.4807	-0.1434	0.3751	-0.3682	-0.8312	1.0000	0.7157	-0.7234
KAPMIN	-0.5141	-0.4252	-0.2927	-0.1302	0.2549	-0.2591	-0.7409	0.7157	1.0000	-0.7120
LGA	0.6848	0.6899	0.7094	0.5302	-0.5660	0.5193	0.7529	-0.7234	-0.7120	1.0000

7.B.3. Regionentyp II

	ARND	BWS	AQ	QMJ	HAQ	(F)HQ	MBU	BEINZ	KAPMIN	LGA
ARND	1.0000	0.0058	0.4884	0.2607	-0.4143	0.5446	0.4364	-0.5717	-0.1801	0.4079
BWSB	0.0058	1.0000	0.0893	0.1225	-0.1102	0.1317	0.0928	-0.0808	-0.1248	0.3371
AQ	0.4884	0.0893	1.0000	0.7181	-0.7031	0.7589	-0.0825	-0.1449	0.1747	0.4237
QMJ	0.2607	0.1225	0.7181	1.0000	-0.6133	0.6802	-0.0885	0.0579	0.3756	0.3572
HAQ	-0.4143	-0.1102	-0.7031	-0.6133	1.0000	-0.7780	0.0479	0.1633	-0.1469	-0.3886
(F)HQ	0.5446	0.1317	0.7589	0.6802	-0.7780	1.0000	0.1922	-0.3574	-0.0012	0.6056
MBU	0.4364	0.0928	-0.0825	-0.0885	0.0479	0.1922	1.0000	-0.8341	-0.5049	0.6053
BEINZ	-0.5717	-0.0808	-0.1449	0.0579	0.1633	-0.3574	-0.8341	1.0000	0.4736	-0.5726
KAPMIN	-0.1801	-0.1248	0.1747	0.3756	-0.1469	-0.0012	-0.5049	0.4736	1.0000	-0.4991
LGA	0.4079	0.3371	0.4237	0.3572	-0.3886	0.6056	0.6053	-0.5726	-0.4991	1.0000

7.C. Bundesländer

	ARND	BWS	AQ	QMJ	HAQ	(F)HQ	MBU	BEINZ	KAPMIN
LGA	0.5632	0.6310	0.6402	0.5023	-0.8387	0.9207	0.4903	-0.2640	-0.8533

Anhang 8: Korrelationsmatrizen der Step-wise-Regression für den Regionentyp II

8.A. Arbeitsmarktregionen

8.A.1. Korrelationsmatrizen der Regressionsschätzungen

8.A.1.1. Untersuchungsraum gesamt

	ARND	GW	MBU	BTSD	BHV	BZW	BEINZ	HAQ	(F)HQ	KAPMIN	BWS	KONZ	LGA
ARND	1.0000	0.1303	0.4341	0.3912	0.3504	0.2368	-0.4567	-0.5994	0.6867	-0.4459	0.4922	0.2423	0.8358
GW	0.1303	1.0000	0.4933	0.4846	0.3991	0.2684	-0.2348	0.1114	-0.0834	-0.5235	0.1375	-0.2457	0.3667
MBU	0.4341	0.4933	1.0000	0.7444	0.4843	0.7775	-0.8220	-0.0378	0.1732	-0.5606	0.3073	0.2271	0.6245
BTSD	0.3912	0.4846	0.7444	1.0000	0.2336	0.6700	-0.6658	-0.1330	0.2115	-0.4652	0.3021	0.2942	0.6076
BHV	0.3504	0.3991	0.4843	0.2336	1.0000	-0.1737	-0.3350	-0.0919	0.1537	-0.4210	0.1203	-0.1723	0.4221
BZW	0.2368	0.2684	0.7775	0.6700	-0.1737	1.0000	-0.6845	0.0236	0.0844	-0.3283	0.2594	0.3795	0.3996
BEINZ	-0.4567	-0.2348	-0.8220	-0.6658	-0.3350	-0.6845	1.0000	0.2657	-0.4096	0.5558	-0.3592	-0.2150	-0.6346
HAQ	-0.5994	0.1114	-0.0378	-0.1330	-0.0919	0.0236	0.2657	1.0000	-0.9001	0.1270	-0.4310	-0.2392	-0.6463
(F)HQ	0.6867	-0.0834	0.1732	0.2115	0.1537	0.0844	-0.4096	-0.9001	1.0000	-0.2334	0.4467	0.2740	0.7119
KAPMIN	-0.4459	-0.5235	-0.5606	-0.4652	-0.4210	-0.3283	0.5558	0.1270	-0.2334	1.0000	-0.3186	-0.0310	-0.5923
BWS	0.4922	0.1375	0.3073	0.3021	0.1203	0.2594	-0.3592	-0.4310	0.4467	-0.3186	1.0000	0.2290	0.6067
KONZ	0.2423	-0.2457	0.2271	0.2942	-0.1723	0.3795	-0.2150	-0.2392	0.2740	-0.0310	0.2290	1.0000	0.3275
LGA	0.8358	0.3667	0.6245	0.6076	0.4221	0.3996	-0.6346	-0.6463	0.7119	-0.5923	0.6067	0.3275	1.0000

8.A.1.2. Regionentyp I

	ARND	GW	MBU	BTSD	BHV	BZW	BEINZ	HAQ	(F)HQ	KAPMIN	BWS	KONZ	LGA
ARND	1.0000	-0.0427	0.4726	0.4074	0.2950	0.3421	-0.3835	-0.5441	0.5493	-0.4911	0.7457	0.3905	0.8948
GW	-0.0427	1.0000	0.4706	0.3428	0.5749	0.0933	0.0841	0.4371	-0.4709	-0.4062	-0.2896	-0.5028	0.0424
MBU	0.4726	0.4706	1.0000	0.8052	0.6226	0.7252	-0.6370	0.0249	-0.0568	-0.3991	0.3509	0.0457	0.5668
BTSD	0.4074	0.3428	0.8052	1.0000	0.5505	0.5406	-0.6090	0.0521	-0.1416	-0.3642	0.1880	0.1753	0.4748
BHV	0.2950	0.5749	0.6226	0.5505	1.0000	-0.0872	-0.2057	-0.0375	-0.0301	-0.3166	0.1366	-0.1068	0.4253
BZW	0.3421	0.0933	0.7252	0.5406	-0.0872	1.0000	-0.6299	0.0647	-0.0458	-0.2295	0.3266	0.1521	0.3473
BEINZ	-0.3835	0.0841	-0.6370	-0.6090	-0.2057	-0.6299	1.0000	0.3238	-0.4087	0.3918	-0.3169	-0.0968	-0.4902
HAQ	-0.5441	0.4371	0.0249	0.0521	-0.0375	0.0647	0.3238	1.0000	-0.8992	0.2230	-0.5886	-0.2818	-0.5953
(F)HQ	0.5493	-0.4709	-0.0568	-0.1416	-0.0301	-0.0458	-0.4087	-0.8992	1.0000	-0.2467	0.5172	0.2567	0.5590
KAPMIN	-0.4911	-0.4062	-0.3991	-0.3642	-0.3166	-0.2295	0.3918	0.2230	-0.2467	1.0000	-0.3061	0.0913	-0.5643
BWS	0.7457	-0.2896	0.3509	0.1880	0.1366	0.3266	-0.3169	-0.5886	0.5172	-0.3061	1.0000	0.4855	0.7986
KONZ	0.3905	-0.5028	0.0457	0.1753	-0.1068	0.1521	-0.0968	-0.2818	0.2567	0.0913	0.4855	1.0000	0.3109
LGA	0.8948	0.0424	0.5668	0.4748	0.4253	0.3473	-0.4902	-0.5953	0.5590	-0.5643	0.7986	0.3109	1.0000

8.A.1.3. Regionentyp II

	ARND	GW	MBU	BTSD	BHV	BZW	BEINZ	HAQ	(F)HQ	KAPMIN	BWS	KONZ	LGA
ARND	1.0000	0.3442	0.3297	0.2460	0.3556	0.1078	-0.1778	-0.3125	0.4844	-0.3678	0.1430	0.1022	0.6740
GW	0.3442	1.0000	0.5199	0.5522	0.3426	0.3176	-0.3688	0.0026	0.0940	-0.6054	0.3025	-0.1953	0.6204
MBU	0.3297	0.5199	1.0000	0.6963	0.4019	0.7848	-0.8733	0.1991	0.0269	-0.5415	0.2040	0.2210	0.6097
BTSD	0.2460	0.5522	0.6963	1.0000	0.0724	0.6868	-0.6254	0.0345	0.1295	-0.4104	0.2450	0.2758	0.6030
BHV	0.3556	0.3426	0.4019	0.0724	1.0000	-0.2521	-0.2956	0.0503	0.0804	-0.4040	0.0340	-0.2443	0.3644
BZW	0.1078	0.3176	0.7848	0.6868	-0.2521	1.0000	-0.7229	0.1764	-0.0260	-0.2989	0.1926	0.3989	0.3977
BEINZ	-0.1778	-0.3688	-0.8733	-0.6254	-0.2956	-0.7229	1.0000	-0.1598	0.0046	0.4778	-0.2256	-0.1621	-0.5088
HAQ	-0.3125	0.0026	0.1991	0.0345	0.0503	0.1764	-0.1598	1.0000	-0.8328	-0.1857	-0.1952	-0.1503	-0.4301
(F)HQ	0.4844	0.0940	0.0269	0.1295	0.0804	-0.0260	0.0046	-0.8328	1.0000	0.0801	0.2404	0.2293	0.5822
KAPMIN	-0.3678	-0.6054	-0.5415	-0.4104	-0.4040	-0.2989	0.4778	-0.1857	0.0801	1.0000	-0.2289	0.0329	-0.5383
BWS	0.1430	0.3025	0.2040	0.2450	0.0340	0.1926	-0.2256	-0.1952	0.2404	-0.2289	1.0000	0.1111	0.4244
KONZ	0.1022	-0.1953	0.2210	0.2758	-0.2443	0.3989	-0.1621	-0.1503	0.2293	0.0329	0.1111	1.0000	0.2895
LGA	0.6740	0.6204	0.6097	0.6030	0.3644	0.3977	-0.5088	-0.4301	0.5822	-0.5383	0.4244	0.2895	1.0000

8.A.2. Alternative Abgrenzungen der Regionentypen nach Infrastrukturniveaus

8.A.2.1. Infrastrukturniveaus 1-2

	ARND	GW	MBU	BTSD	BHV	BZW	BEINZ	HAQ	(F)HQ	KAPMIN	BWS	KONZ	LGA
ARND	1.0000	0.0471	0.6429	0.5949	0.5493	0.2692	-0.3778	-0.6443	0.7416	-0.5005	0.7545	0.3319	0.9330
GW	0.0471	1.0000	0.2817	0.1462	0.4002	-0.0248	0.3266	0.2530	-0.3145	-0.4465	-0.2478	-0.3942	0.0140
MBU	0.6429	0.2817	1.0000	0.6720	0.5670	0.6758	-0.6552	-0.4000	0.5444	-0.5400	0.4933	0.1739	0.6262
BTSD	0.5949	0.1462	0.6720	1.0000	0.3556	0.4769	-0.5294	-0.3268	0.3486	-0.5333	0.2760	0.2928	0.6108
BHV	0.5493	0.4002	0.5670	0.3556	1.0000	-0.2239	0.0078	-0.4320	0.4702	-0.3185	0.4248	0.1409	0.5979
BZW	0.2692	-0.0248	0.6758	0.4769	-0.2239	1.0000	-0.7822	-0.0868	0.2233	-0.3540	0.2035	0.0796	0.2059
BEINZ	-0.3778	0.3266	-0.6552	-0.5294	0.0078	-0.7822	1.0000	0.4224	-0.5711	0.3053	-0.3761	-0.0749	-0.3867
HAQ	-0.6443	0.2530	-0.4000	-0.3268	-0.4320	-0.0868	0.4224	1.0000	-0.8894	0.3238	-0.7325	-0.1407	-0.7333
(F)HQ	0.7416	-0.3145	0.5444	0.3486	0.4702	0.2233	-0.5711	-0.8894	1.0000	-0.2565	0.8018	0.2223	0.7844
KAPMIN	-0.5005	-0.4465	-0.5400	-0.5333	-0.3185	-0.3540	0.3053	0.3238	-0.2565	1.0000	-0.4203	0.0753	-0.5869
BWS	0.7545	-0.2478	0.4933	0.2760	0.4248	0.2035	-0.3761	-0.7325	0.8018	-0.4203	1.0000	0.4141	0.8609
KONZ	0.3319	-0.3942	0.1739	0.2928	0.1409	0.0796	-0.0749	-0.1407	0.2223	0.0753	0.4141	1.0000	0.3430
LGA	0.9330	0.0140	0.6262	0.6108	0.5979	0.2059	-0.3867	-0.7333	0.7844	-0.5869	0.8609	0.3430	1.0000

8.A.2.2. Infrastrukturniveaus 3-5

	ARND	GW	MBU	BTSD	BHV	BZW	BEINZ	HAQ	(F)HQ	KAPMIN	BWS	KONZ	LGA
ARND	1.0000	0.2977	0.2785	0.2048	0.3287	0.0692	-0.2378	-0.4134	0.5411	-0.4224	0.1559	0.0884	0.6999
GW	0.2977	1.0000	0.5664	0.5749	0.4082	0.3284	-0.3711	0.0777	-0.0321	-0.5844	0.2549	-0.2249	0.5804
MBU	0.2785	0.5664	1.0000	0.7203	0.4601	0.7678	-0.8232	0.2087	-0.0611	-0.5157	0.1735	0.1682	0.5789
BTSD	0.2048	0.5749	0.7203	1.0000	0.1880	0.6566	-0.6232	0.0672	0.0176	-0.3993	0.2024	0.2339	0.5530
BHV	0.3287	0.4082	0.4601	0.1880	1.0000	-0.2155	-0.3549	0.0372	0.0401	-0.4171	0.0090	-0.2529	0.3917
BZW	0.0692	0.3284	0.7678	0.6566	-0.2155	1.0000	-0.6493	0.2028	-0.0962	-0.2662	0.1843	0.3675	0.3541
BEINZ	-0.2378	-0.3711	-0.8232	-0.6232	-0.3549	-0.6493	1.0000	0.0060	-0.1682	0.5025	-0.2023	-0.1290	-0.5499
HAQ	-0.4134	0.0777	0.2087	0.0672	0.0372	0.2028	0.0060	1.0000	-0.8709	-0.0493	-0.2071	-0.1631	-0.4778
(F)HQ	0.5411	-0.0321	-0.0611	0.0176	0.0401	-0.0962	-0.1682	-0.8709	1.0000	-0.0797	0.2078	0.1852	0.5578
KAPMIN	-0.4224	-0.5844	-0.5157	-0.3993	-0.4171	-0.2662	0.5025	-0.0493	-0.0797	1.0000	-0.2234	0.0416	-0.5639
BWS	0.1559	0.2549	0.1735	0.2024	0.0090	0.1843	-0.2023	-0.2071	0.2078	-0.2234	1.0000	0.1182	0.4092
KONZ	0.0884	-0.2249	0.1682	0.2339	-0.2529	0.3675	-0.1290	-0.1631	0.1852	0.0416	0.1182	1.0000	0.2388
LGA	0.6999	0.5804	0.5789	0.5530	0.3917	0.3541	-0.5499	-0.4778	0.5578	-0.5639	0.4092	0.2388	1.0000

8.A.2.3. Infrastrukturniveaus 1-4

	ARND	GW	MBU	BTSD	BHV	BZW	BEINZ	HAQ	(F)HQ	KAPMIN	BWS	KONZ	LGA
ARND	1.0000	0.1208	0.4281	0.4224	0.3391	0.2553	-0.3722	-0.5681	0.5982	-0.5302	0.6418	0.2238	0.8638
GW	0.1208	1.0000	0.5184	0.3915	0.6056	0.1312	-0.1143	0.2647	-0.2404	-0.4306	-0.1224	-0.3291	0.2738
MBU	0.4281	0.5184	1.0000	0.8123	0.6533	0.7230	-0.7646	-0.0114	0.0866	-0.5145	0.3480	0.0667	0.6065
BTSD	0.4224	0.3915	0.8123	1.0000	0.5863	0.5365	-0.7213	-0.1149	0.1379	-0.5559	0.2416	0.1370	0.6015
BHV	0.3391	0.6056	0.6533	0.5863	1.0000	-0.0508	-0.3869	-0.0418	0.0994	-0.4215	0.2245	-0.2430	0.4844
BZW	0.2553	0.1312	0.7230	0.5365	-0.0508	1.0000	-0.6556	0.0232	0.0235	-0.2940	0.2542	0.3098	0.3581
BEINZ	-0.3722	-0.1143	-0.7646	-0.7213	-0.3869	-0.6556	1.0000	0.2547	-0.3833	0.6174	-0.3374	-0.1254	-0.5509
HAQ	-0.5681	0.2647	-0.0114	-0.1149	-0.0418	0.0232	0.2547	1.0000	-0.8960	0.2439	-0.4960	-0.3149	-0.6113
(F)HQ	0.5982	-0.2404	0.0866	0.1379	0.0994	0.0235	-0.3833	-0.8960	1.0000	-0.3112	0.4622	0.2081	0.6404
KAPMIN	-0.5302	-0.4306	-0.5145	-0.5559	-0.4215	-0.2940	0.6174	0.2439	-0.3112	1.0000	-0.2207	-0.0362	-0.6157
BWS	0.6418	-0.1224	0.3480	0.2416	0.2245	0.2542	-0.3374	-0.4960	0.4622	-0.2207	1.0000	0.3605	0.6789
KONZ	0.2238	-0.3291	0.0667	0.1370	-0.2430	0.3098	-0.1254	-0.3149	0.2081	-0.0362	0.3605	1.0000	0.2472
LGA	0.8638	0.2738	0.6065	0.6015	0.4844	0.3581	-0.5509	-0.6113	0.6404	-0.6157	0.6789	0.2472	1.0000

8.A.2.4. Infrastrukturniveau 5

	ARND	GW	MBU	BTSD	BHV	BZW	BEINZ	HAQ	(F)HQ	KAPMIN	BWS	KONZ	LGA
ARND	1.0000	0.1469	0.4370	0.2376	0.4415	0.1607	-0.3190	-0.0350	0.1686	-0.5213	0.2172	0.3289	0.6143
GW	0.1469	1.0000	0.4682	0.5624	0.1710	0.3540	-0.3507	0.0662	-0.0216	-0.5977	0.3196	-0.2214	0.5621
MBU	0.4370	0.4682	1.0000	0.6535	0.2683	0.8145	-0.8656	0.3035	-0.1307	-0.5485	0.1823	0.2785	0.5941
BTSD	0.2376	0.5624	0.6535	1.0000	-0.1628	0.7359	-0.5599	0.1364	-0.0232	-0.3568	0.2587	0.3457	0.5814
BHV	0.4415	0.1710	0.2683	-0.1628	1.0000	-0.3403	-0.1736	0.0644	-0.0251	-0.3905	-0.0496	-0.1897	0.2534
BZW	0.1607	0.3540	0.8145	0.7359	-0.3403	1.0000	-0.7403	0.2575	-0.1124	-0.3002	0.2078	0.3861	0.4273
BEINZ	-0.3190	-0.3507	-0.8656	-0.5599	-0.1736	-0.7403	1.0000	-0.1884	0.0881	0.4662	-0.2535	-0.2087	-0.5589
HAQ	-0.0350	0.0662	0.3035	0.1364	0.0644	0.2575	-0.1884	1.0000	-0.8408	-0.2236	-0.2312	-0.0694	-0.3362
(F)HQ	0.1686	-0.0216	-0.1307	-0.0232	-0.0251	-0.1124	0.0881	-0.8408	1.0000	0.1386	0.3425	0.3284	0.4602
KAPMIN	-0.5213	-0.5977	-0.5485	-0.3568	-0.3905	-0.3002	0.4662	-0.2236	0.1386	1.0000	-0.3023	0.0336	-0.5912
BWS	0.2172	0.3196	0.1823	0.2587	-0.0496	0.2078	-0.2535	-0.2312	0.3425	-0.3023	1.0000	0.0975	0.4969
KONZ	0.3289	-0.2214	0.2785	0.3457	-0.1897	0.3861	-0.2087	-0.0694	0.3284	0.0336	0.0975	1.0000	0.3686
LGA	0.6143	0.5621	0.5941	0.5814	0.2534	0.4273	-0.5589	-0.3362	0.4602	-0.5912	0.4969	0.3686	1.0000

8.B. Kreisfreie Städte und Landkreise

8.B.1. Untersuchungsraum gesamt

	ARND	GW	MBU	BTSD	BHV	BZW	BEINZ	HAQ	(F)HQ	KAPMIN	BWS	KONZ	LGA
ARND	1.0000	-0.0647	0.5838	0.4564	0.3875	0.4067	-0.6824	-0.4630	0.4591	-0.4193	0.4556	0.3307	0.6675
GW	-0.0647	1.0000	0.3207	0.3803	0.2008	0.2342	-0.0856	0.1361	-0.0899	-0.3954	0.0055	-0.2848	0.1862
MBU	0.5838	0.3207	1.0000	0.7455	0.6345	0.7228	-0.8341	-0.1560	0.2075	-0.6298	0.3629	0.3238	0.6921
BTSD	0.4564	0.3803	0.7455	1.0000	0.4473	0.5618	-0.6589	-0.1561	0.2236	-0.5978	0.3567	0.3093	0.6361
BHV	0.3875	0.2008	0.6345	0.4473	1.0000	-0.0756	-0.4607	-0.0957	0.1002	-0.4460	0.2188	0.2491	0.4682
BZW	0.4067	0.2342	0.7228	0.5618	-0.0756	1.0000	-0.6641	-0.1157	0.1781	-0.4138	0.2725	0.1950	0.4742
BEINZ	-0.6824	-0.0856	-0.8341	-0.6589	-0.4607	-0.6641	1.0000	0.3440	-0.3932	0.6105	-0.3532	-0.3144	-0.6830
HAQ	-0.4630	0.1361	-0.1560	-0.1561	-0.0957	-0.1157	0.3440	1.0000	-0.9030	0.1950	-0.4141	-0.2064	-0.5927
(F)HQ	0.4591	-0.0899	0.2075	0.2236	0.1002	0.1781	-0.3932	-0.9030	1.0000	-0.2680	0.4038	0.1899	0.6143
KAPMIN	-0.4193	-0.3954	-0.6298	-0.5978	-0.4460	-0.4138	0.6105	0.1950	-0.2680	1.0000	-0.3445	-0.1746	-0.6370
BWS	0.4556	0.0055	0.3629	0.3567	0.2188	0.2725	-0.3532	-0.4141	0.4038	-0.3445	1.0000	0.3562	0.6320
KONZ	0.3307	-0.2848	0.3238	0.3093	0.2491	0.1950	-0.3144	-0.2064	0.1899	-0.1746	0.3562	1.0000	0.4183
LGA	0.6675	0.1862	0.6921	0.6361	0.4682	0.4742	-0.6830	-0.5927	0.6143	-0.6370	0.6320	0.4183	1.0000

8.B.2. Regionentyp I

	ARND	GW	MBU	BTSD	BHV	BZW	BEINZ	HAQ	(F)HQ	KAPMIN	BWS	KONZ	LGA
ARND	1.0000	-0.1273	0.6517	0.5285	0.4164	0.4712	-0.7249	-0.4141	0.3687	-0.5141	0.5271	0.3874	0.6848
GW	-0.1273	1.0000	0.2407	0.2441	0.1232	0.2040	0.0121	0.2516	-0.2259	-0.3069	-0.1439	-0.3530	0.0313
MBU	0.6517	0.2407	1.0000	0.8197	0.6732	0.6895	-0.8312	-0.1954	0.1603	-0.7409	0.4746	0.3717	0.7529
BTSD	0.5285	0.2441	0.8197	1.0000	0.5541	0.5629	-0.7216	-0.1295	0.1234	-0.6887	0.3856	0.3395	0.6278
BHV	0.4164	0.1232	0.6732	0.5541	1.0000	-0.0714	-0.4570	-0.1083	0.0372	-0.4921	0.3086	0.4433	0.4964
BZW	0.4712	0.2040	0.6895	0.5629	-0.0714	1.0000	-0.6737	-0.1575	0.1798	-0.5175	0.3380	0.0672	0.5294
BEINZ	-0.7249	0.0121	-0.8312	-0.7216	-0.4570	-0.6737	1.0000	0.3751	-0.3682	0.7157	-0.4371	-0.3717	-0.7234
HAQ	-0.4141	0.2516	-0.1954	-0.1295	-0.1083	-0.1575	0.3751	1.0000	-0.9297	0.2549	-0.4514	-0.1624	-0.5660
(F)HQ	0.3687	-0.2259	0.1603	0.1234	0.0372	0.1798	-0.3682	-0.9297	1.0000	-0.2591	0.3937	0.1337	0.5193
KAPMIN	-0.5141	-0.3069	-0.7409	-0.6887	-0.4921	-0.5175	0.7157	0.2549	-0.2591	1.0000	-0.4252	-0.2612	-0.7120
BWS	0.5271	-0.1439	0.4746	0.3856	0.3086	0.3380	-0.4371	-0.4514	0.3937	-0.4252	1.0000	0.4498	0.6899
KONZ	0.3874	-0.3530	0.3717	0.3395	0.4433	0.0672	-0.3717	-0.1624	0.1337	-0.2612	0.4498	1.0000	0.4473
LGA	0.6848	0.0313	0.7529	0.6278	0.4964	0.5294	-0.7234	-0.5660	0.5193	-0.7120	0.6899	0.4473	1.0000

8.B.3. Regionentyp II

	ARND	GW	MBU	BTSD	BHV	BZW	BEINZ	HAQ	(F)HQ	KAPMIN	BWS	KONZ	LGA
ARND	1.0000	0.0121	0.4364	0.1360	0.3067	0.2850	-0.5717	-0.4143	0.5446	-0.1801	0.0058	0.0570	0.4079
GW	0.0121	1.0000	0.4419	0.5927	0.3394	0.2662	-0.2396	0.1110	0.0437	-0.5070	0.2349	-0.1981	0.5184
MBU	0.4364	0.4419	1.0000	0.6178	0.5571	0.7658	-0.8341	0.0479	0.1922	-0.5049	0.0928	0.2039	0.6053
BTSD	0.1360	0.5927	0.6178	1.0000	0.2440	0.5506	-0.5141	0.0883	0.1399	-0.4434	0.1724	0.1988	0.5857
BHV	0.3067	0.3394	0.5571	0.2440	1.0000	-0.1074	-0.4506	0.0186	0.1724	-0.4038	-0.0166	-0.1727	0.4243
BZW	0.2850	0.2662	0.7658	0.5506	-0.1074	1.0000	-0.6497	0.0430	0.0966	-0.2917	0.1239	0.3779	0.3961
BEINZ	-0.5717	-0.2396	-0.8341	-0.5141	-0.4506	-0.6497	1.0000	0.1633	-0.3574	0.4736	-0.0808	-0.1498	-0.5726
HAQ	-0.4143	0.1110	0.0479	0.0883	0.0186	0.0430	0.1633	1.0000	-0.7780	-0.1469	-0.1102	-0.1774	-0.3886
(F)HQ	0.5446	0.0437	0.1922	0.1399	0.1724	0.0966	-0.3574	-0.7780	1.0000	-0.0012	0.1317	0.1975	0.6056
KAPMIN	-0.1801	-0.5070	-0.5049	-0.4434	-0.4038	-0.2917	0.4736	-0.1469	-0.0012	1.0000	-0.1248	-0.0012	-0.4991
BWS	0.0058	0.2349	0.0928	0.1724	-0.0166	0.1239	-0.0808	-0.1102	0.1317	-0.1248	1.0000	0.0955	0.3371
KONZ	0.0570	-0.1981	0.2039	0.1988	-0.1727	0.3779	-0.1498	-0.1774	0.1975	-0.0012	0.0955	1.0000	0.2918
LGA	0.4079	0.5184	0.6053	0.5857	0.4243	0.3961	-0.5726	-0.3886	0.6056	-0.4991	0.3371	0.2918	1.0000

8.C. Bundesländer

	ARND	GW	MBU	BTSD	BHV	BZW	BEINZ	HAQ	(F)HQ	KAPMIN	BWS	KONZ
LGA	0.5632	0.1789	0.4903	0.2809	0.6525	0.0275	-0.2640	-0.8387	0.9207	-0.8533	0.6070	0.1505

Anhang 9: Richtwerte zur Beurteilung der Signifikanz von Korrelationen

Zur Beurteilung der Signifikanz des Zusammenhangs zweier Variablen können auf Grundlage von (29) folgende Größen als Richtwerte gelten[1]:

- 0,194 für N=103
- 0,235 für N=70
- 0,344 für N=33.

Sind Korrelationen zwischen dem regionalen Lohn- und Gehaltsniveau und einer anderen analysierten Variable geringer als die angegebenen Werte, so wird davon ausgegangen, daß zwischen beiden Variablen kein signifikanter Zusammenhang besteht.

---

1 $\alpha=0{,}05$, zweiseitiger Test

LITERATUR- UND QUELLENVERZEICHNIS

Adam, H.: Die Einkommensverteilung in der Bundesrepublik Deutschland, Köln (1979)

Akerlof, G. A.: Labor contracts as partial gift exchange, in: Quarterly journal of economics, Vol. 9 (1982), S. 543-569

Albach, H.: Dienstleistungen in der modernen Industriegesellschaft, München (1989)

Anselin, L./Griffith, D. A.: Do spatial effects really matter in regression analysis?, in: Papers of the regional science association, Vol. 65 (1988), S. 11-34

Anselin, L.: Spatial econometrics: Methods and models; Dordrecht usw. (1988)

Aschauer, D. A.: Why is infrastructure important?, in: Munnell, A. H. (ed.): Is there a shortfall in public capital investment?, Conference Series No. 34 (1990), Federal reserve bank of Boston, S. 21-50

Bade, F-J.: Funktionale Aspekte der regionalen Wirtschaftsstruktur, in: Raumforschung und Raumordnung, Heft 6 (1979), S. 253-268

Bade, F.-J.: Die Standortstruktur großer Industrieunternehmen, in: Jahrbücher für Nationalökonomie und Statistik, Bd. 196 (1981), S. 341-366

Bade, F.-J.: Funktionale Arbeitsteilung und regionale Beschäftigungsentwicklung, in: Informationen zur Raumentwicklung, Heft 9/10 (1986), S. 695-713

Bade, F.-J. Die Beschäftigungsentwicklung bis zum Jahr 2000 in den Regionen der Bundesrepublik Deutschland, in: Mitteilungen aus der Arbeitsmarkt- und Berufsforschung, Vol. 27 (1994), S. 137-151

Bartels, C. P. A./Bertens, A. M.: A factor and regression analysis of regional differences in income-level and -concentration in the Netherlands, in: Applied economics, Vol. 8 (1976), S. 179-192

Bayer, H./Streeck, W./Treu, E.: Die westdeutsche Gewerkschaftsbewegung in Zahlen, Königstein/Taunus (1981)

Bayerisches Landesamt für Statistik und Datenverarbeitung (Hrsg.): Bayerische Kreisstatistik 1987, Band 1, Bevölkerung und Erwerbstätigkeit, Ergebnisse der Volkszählung am 25. Mai 1987, Heft 446, München (1990)

Bayerisches Landesamt für Statistik und Datenverarbeitung (Hrsg.): Bayerische Kreisstatistik 1987, Band 2, Gebäude und Wohnungen, Ergebnisse der Volkszählung am 25. Mai 1987, Heft 447, München (1990)

Bayerisches Landesamt für Statistik und Datenverarbeitung (Hrsg.): Arbeitsstätten in den Regierungsbezirken, kreisfreien Städten und Landkreisen Bayerns, Ergebnisse der Volkszählung am 25. Mai 1987, Heft 449, München (1990)

Bellmann, L.: Regionale Lohnstruktur in der Bundesrepublik Deutschland, in: Raumforschung und Raumordnung, Vol. 40 (1982), S. 111-120

Bergsman, J. P. u. a.: The agglomeration process in urban growth, in: Urban studies, Vol. 9 (1972), S. 263-288

Biehl, D./ Hußmann, E./Rautenberg, K./Schnyder, S./Südmeyer, V.: Bestimmungsgründe des regionalen Entwicklungspotentials. Infrastruktur, Agglomeration und sektorale Wirtschaftsstruktur, Kieler Studien 133, Tübingen (1975)

Bivand, R. S.: Regression modelling with spatial dependence: An application of some class selection and estimation methods, in: Geographical analysis, Vol. 16 (1984), S. 15-27

Blien, U.: Unternehmensverhalten und Arbeitsmarktstruktur - eine Systematik und Kritik wichtiger Beiträge zur Arbeitsmarkttheorie, Nürnberg (zugleich Diss. München) (1986)

Blien, U.: Arbeitsmarktprobleme als Folge industrieller Monostrukturen, in: Raumforschung und Raumordnung, 51. Jg. (1993), S. 347-356

Blien, U.: Die Lohnkurve von 1989, in: Mitteilungen aus der Arbeitsmarkt- und Berufsforschung, Vol. 28 (1995), S. 155-170

Blinder, A. S.: On dogmatism in human capital theory, in: Journal of human resources, Vol. 11 (1976), S. 8-22

Bodson, P./ Peeters, D.: Estimation of the coefficients of a linear regression in the presence of spatial autocorrelation. An application to a Belgian labour-demand function, in: Environment and planning A 7 (1975), S. 455-472

Bremicker, B./Klemmer, P./Ortmeyer, A.: Analyse der regionalen Produktionsgesetzmäßigkeiten in der Bundesrepublik Deutschland, Bonn (1982)

Bundesforschungsanstalt für Landeskunde und Raumordnung (Hrsg.): Regionalstatistische Informationen aus der laufenden Raumbeobachtung, in: Informationen zur Raumentwicklung, Heft 11/12 (1991), Bonn, S. 779-795

Buttler, F./Gerlach, K.: Die regionalwirtschaftliche Bedeutung interner Arbeitsmärkte, in: Raumforschung und Raumordnung, 36. Jg. (1978), S. 219-225

Buttler, F./Tessaring, M.: Humankapital als Standortfaktor, in: Mitteilungen aus der Arbeitsmarkt- und Berufsforschung, 26. Jg. (1993), S. 467-476

Campbell III, C. M.: Wage change and the quit behaviour of workers: Implications for efficiency wage theory, in: Southern economic journal, Vol. 61 (1994), S. 133-148

Carmichael, H. L.: Efficiency wage models of unemployment - one view, in: Economic inquiry, Vol. 28 (1990), S. 269-295

Case, A. C.: Spatial patterns in household demand, in: Econometrica, Vol. 59 (1991), S. 953-965

Chow, G. C.: Tests of equality between sets of coefficients in two linear regressions, in: Econometrica, Vol. 28 (1960), S. 591-605

Christaller, W.: Die zentralen Orte in Süddeutschland, 2. unveränderte Auflage, Darmstadt (1968)

Clark, C.: The conditions of economic progress, 3rd ed., London (1957)

Cliff, A. D./Ord, J. K.: Spatial autocorrelation, London (1973)

Cliff, A. D./Ord, J. K.: Spatial processes. Models & applications, London (1981)

Consigliere, I.: The Chow-Test with serially correlated errors, in: Rivista Internationale di scienze sociali, 89 (1981), S. 125-137

Diekmann, A./Engelhardt, H./Hartmann, P.: Einkommensungleichheit in der Bundesrepublik Deutschland: Diskriminierung von Frauen und Ausländern?, in: Mitteilungen aus der Arbeitsmarkt- und Berufsforschung, 26. Jg. (1993), S. 386-398

Dougherty, C.: Introduction to econometrics, New York Oxfort (1992)

Eberts, R. W./Stone, J. A.: Wage and employment adjustment in local labor markets, Kalamazoo Michigan (1992)

Eckey, H.-F./Klemmer, P.: Neuabgrenzung von Arbeitsmarktregionen für die Zwecke der regionalen Wirtschaftspolitik, in: Informationen zur Raumentwicklung, Heft 9/10 (1991), S. 569-577

Eisner, R.: Infrastructure and regional economic performance: comment, in: New England economic review, Sept/Okt. (1991), S. 47-58

Elkmann, R./Klostermann, A./Lieder, K. : Zur intertemporalen Konstanz der Struktur regionaler Lohn- und Gehaltsniveaus in der Bundesrepublik Deutschland, Mainz: Universität, Institut für Statistik und Ökonometrie, Arbeitspapier Nr. 9 (1995)

Fisher, A. G. B.: Production, primary, secondary and tertiary, in: The economic record, Vol. 15 (1939), S. 24-38

Fourastié, J.: Le grand Espoir du XXiéme Siècle, Édition définitive, Paris (1963), deutsche Übersetzung: Die große Hoffnung des 20. Jahrhunderts, 2. Aufl., Köln (1969)

Franz, W.: Arbeitsmarktökonomik, Heidelberg (1991)

Frey, R. L.: Die Infrastruktur als Mittel der Regionalpolitik, Bern Stuttgart (1979)

Gahlen, B./Licht, G.: The efficiency wage theories and inter-industry wage differentials. An empirical investigation for the manufacturing sector of the Federal Republic of Germany, in: König, H. (ed.): Economics of wage determination, Berlin Heidelberg (1990), S. 129-149

Gatzweiler, H.-P./Irmen, E./Janich, H.: Regionalpolitik als Infrastrukturpolitik, in: Informationen zur Raumentwicklung, Heft 9/10 (1991), S. 599-610

Gemeinschaftsveröffentlichung der Statistischen Landesämter (Hrsg.): Volkswirtschaftliche Gesamtrechnungen der Länder: Heft 18, Bruttowertschöpfung der kreisfreien Städte und Landkreise in der Bundesrepublik Deutschland 1980 und 1986, Stuttgart (1991)

Gerlach, K./Lippmann, P.: Konjunkturelle Aspekte der Industrialisierung peripherer Regionen - dargestellt am Beispiel des ostbayerischen Regierungsbezirks Oberpfalz, in: Jahrbücher für Nationalökonomie und Statistik, Bd. 187 (1972), S. 1-21

Gerlach, K./Schmidt, E. M.: Unternehmensgröße und Entlohnung, in: Mitteilungen aus der Arbeitsmarkt- und Berufsforschung, 22. Jg. (1989), S. 355-373

Geroski, P./Hamlin, A./Knight, K.: Wages, strikes and market structure, in: Oxford economic papers, Vol. 34 (1982), S. 276-291

Goldfarb, R./Yezer, A.: Evaluating alternative theories of intercity and interregional wage differentials, in: Journal of regional science, Vol. 16 (1976), S. 345-363

Görzig, B.: Zeitreihen des Anlagevermögens in Industriezweigen nach Beschäftigtengrößenklassen, in: Deutsches Institut für Wirtschaftsforschung, Beiträge zur Strukturforschung, Heft 123 (1991)

Götzinger, H. J. H.: Die Bedeutung von Preisniveauunterschieden für die regionale Wirtschaftspolitik, in: Raumforschung und Raumordnung, 39. Jg. (1981), S. 109-116

Griffith, D. A.: Spatial autocorrelation: a primer, Washington D.C. (1987)

Gujarati, D.: Use of dummy variables in testing for equality between sets of coefficients in two linear regressions: A note, in: The American Statistican, Vol. 24 (1970), S. 50-52

Gujarati, D.: Basic econometrics, New York (1978)

Gundlach, E.: Gibt es in der Bundesrepublik genügend Lohndifferenzierung?, in: Die Weltwirtschaft, H. 1 (1986), S. 74-88

Haining, R. P.: Spatial data analysis in the social and environmental sciences, Cambridge (1990)

Haworth, C. T./Reuther, C. J.: Industrial concentration and interindustry wage determination, in: The review of economics and statistics, Vol. 60 (1978), S. 85-95

Hessisches Statistisches Landesamt (Hrsg.): Beiträge zur Statistik Hessens, Nr. 224 Neue Folge Heft 1, Arbeitsstättenzählung 1987, Arbeitsstätten und Beschäftigte, Wiesbaden (1989)

Hessisches Statistisches Landesamt (Hrsg.): Beiträge zur Statistik Hessens, Nr. 247 Neue Folge Heft 2, Gebäude und Wohnungszählung 1987, Wohnraumversorgung und Mieten, Wiesbaden (1991)

Hessisches Statistisches Landesamt (Hrsg.): Hessische Gemeindestatistik, Sonderausgabe zur Volkszählung 1987, Heft 1, Bevölkerung und Erwerbstätigkeit am 25.5.1987, Wiesbaden (1990)

Hessisches Statistisches Landesamt (Hrsg.): Beiträge zur Statistik Hessens, Nr. 251 Neue Folge Heft 2, Volks- und Berufszählung 1987, Erwerbstätigkeit und berufliche Gliederung, Wiesbaden (1991)

Hessisches Statistisches Landesamt (Hrsg.): Beiträge zur Statistik Hessens, Nr. 251 Neue Folge Heft 3, Volks- und Berufszählung 1987, Schul- und Berufsausbildung, Wiesbaden (1992)

Hood, W./Rees, R. D.: Inter-industry wage levels in United Kingdom manufacturing, in: The Manchester school of economic and social studies, Vol. 42 (1974), S. 171-185

Honda, Y.: On tests of equality between sets of coefficients in two linear regressions when disturbance variances are unequal, in: The Manchester school of economic and social studies, Vol. 50 (1982), S. 116-125

Hordijk, L.: Spatial correlation in the disturbances of a linear interregional model, in: Regional and urban economics, Vol. 4, (1974), S. 117-140

Hordijk, L.: Problems in estimating econometric relations in space, in: Papers of the regional science association, Vol. 42 (1979), S. 99-115

Hübler, O. /Gerlach, K.: Sectoral wage patterns, individual earnings and the efficiency wage hypothesis, in: König, H. (ed.): Economics of wage determination, Berlin Heidelberg (1990), S. 105-124

Hübler, O.: Ökonometrie, Stuttgart/New York (1989)

Hummel, M.: Kultur als Standortfaktor, in: Ifo-Schnelldienst, 43. Jg. (1990), Heft 10/11, S. 3-10

Ifo-Institut für Wirtschaftsforschung (Hrsg.): Bild der Woche: Regionale Standortnachteile und -vorteile, in: Ifo-Schnelldienst, 43. Jg. (1990), Heft 10/11, S.1

Imiela, U./Krieger, H./Löhrlein, K.: Mitgliederzahlen: Struktur und Entwicklung bei den Angestellten - Perspektiven gewerkschaftlicher Angestelltenpolitik, in: Kittner, M. (Hrsg.): Gewerkschaftsjahrbuch 1987, Daten-Fakten-Analysen, Köln (1987), S. 47-68

Infas-Institut für angewandte Sozialpolitik: Mitgliederzahlen: Struktur und Entwicklung der weiblichen Gewerkschaftsmitglieder, in: Kittner, M. (Hrsg.): Gewerkschaftsjahrbuch 1986, Daten-Fakten-Analysen, Köln (1986), S. 45-70

Isard, W.: Location and space economy, Cambridge London (1972)

Jakoby, H.: Regionale Lohnstrukturen, Frankfurt/Main New York (1990)

Jöhrens, E.: Analyse regionaler Lohn- und Gehaltsunterschiede in der Bundesrepublik Deutschland, in: Vierteljahreshefte zur Wirtschaftsforschung, Heft 4 (1973), S. 256-268

Jost, P.: Die räumliche Ordnung auf dem Weg in die Dienstleistungsgesellschaft, in: Raumforschung und Raumordnung, 49. Jg. (1991), S. 237-246

Jung, H.-U.: Branchenstrukturen als Erklärungsfaktoren für regionalwirtschaftliche Entwicklungsdisparitäten, in: Informationen zur Raumentwicklung, Heft 11/12 (1986), S. 859-871

Kahnemann, D./Knetsch, J. L./Thaler, R.: Fairness as a constraint on profit seeking: Entitlements in the market, in: The American economic review, Vol. 76 (1986), S. 728-741

Kampmann, R./Köppel, M.: Das wirtschaftliche Süd-Nord-Gefälle, in: Wirtschaftsdienst, 64. Jg. (1984), S. 568-572

Kertels, W.: Das verfügbare Einkommen der privaten Haushalte in den kreisfreien Städten und Landkreisen 1989, in: Statistische Monatshefte Rheinland-Pfalz, 48. Jg. (1995), S. 15-19

Klemmer, P.: Zur qualitativen Differenzierung regionaler Arbeitsmärkte, in: Raumforschung und Raumordnung, 36. Jg. (1978), S. 225-229

Kmenta, J.: Elements of econometrics, 2nd ed. New York London (1986)

Koller, M.: Regionale Lohnstrukturen, in: Mitteilungen aus der Arbeitsmarkt- und Berufsforschung, 20. Jg. (1987), S. 30-44

Koller, M.: Regionale Arbeitsmärkte im Umbruch: Welche Veränderungen zeigen sich und welche Auswirkungen ergeben sich für die räumliche Entwicklung in der Regionalpolitik?, in: IHK für München und Oberbayern (Hrsg.): Regionale Arbeitsmärkte im Umbruch, München (1992), S. 10-30

Koutsoyannis, A.: Theory of econometrics, 2nd ed., London Basingstoke (1977)

Krämer, W./Sonnberger, H.: The linear regression model under test, Heidelberg, Wien (1986)

Krämer, W.: Modellspezifikationstests in der Ökonometrie, in: RWI-Mitteilungen, Jg. 42 (1991), S. 285-302

Krueger, A. B./Summers, L. H.: Efficiency wages and the inter-industry wage structure, in: Econometrica, Vol. 56 (1988), S. 259-293

Kuh, E.: A productivity theory of wage levels - an alternative to the Phillips curve, in: Review of economic studies, Vol. 34 (1967), S. 333-360

Kunz, V.: Infrastruktur, Betriebsgröße und höherwertige Tertiärisierung als Bestimmungsfaktoren der regionalen Wirtschaftskraft, in: Informationen zur Raumentwicklung, Heft 9/10 (1991), S. 579-598

Lindbeck, A./Snower, D. J.: Efficiency wages versus Insiders and Outsiders, in: European economic review, Vol. 31 (1987), S. 407-416

Lindbeck, A.: Unemployment and macroeconomics, Cambridge usw. (1993)

Lorenz, W./Wagner, J.: Gibt es kompensierende Lohndifferentiale in der Bundesrepublik Deutschland?, in: Zeitschrift für Wirtschafts- und Sozialwissenschaften, Vol. 108 (1988), S. 371-381

Luski, I./Weinblatt, J.: Concentration and the inter-industry wage structure: the Israeli manufacturing sector, in: Applied economics, Vol. 26 (1994), S. 121-127

Maddala, G.: Introduction to econometrics, 2nd ed., New York usw. (1992)

Martin, R. L.: On autocorrelation, bias and the use of first spatial differences in regression analysis, in: Area, 6 (1974), S. 185-194

Masters, S. H.: An interindustry analysis of wages and plant size, in: The review of economics and statistics, Vol. 51 (1969), S. 341-345

Mellow, W.: Employer size and wages, in: The review of economics and statistics, Vol. 64 (1982), S. 495-501

Mieth, W.: Zur Bedeutung regionaler Arbeitsmärkte für die Raumordnungspolitik, in: Raumforschung und Raumordnung, 36. Jg. (1978), S. 215-219

Mincer, J.: Schooling, experience and earnings, New York (1974)

Moran, P. A. P.: Notes on continuous stochastic phenomena, in: Biometrika, Vol. 37 (1950), S. 17-23

Müller, K.: Regionale Auswirkungen allgemeiner Unternehmenskonzentration, in: Schweizer Nationalfond, Nationales Forschungsprogramm "Regionalprobleme", Informationsbulletin der Programmleitung Nr.7, Bern (1980)

Myrdal, G.: Ökonomische Theorie und unterentwickelte Regionen, Stuttgart 1959

Neumann, H.: Einkommenssituation und Einkommensentwicklung in den strukturschwachen Verdichtungsgebieten Nordrhein-Westfalens - ein inner- und interregionaler Vergleich, Opladen (1979)

Neumann, M./Böbel, I./Haid, A.: Marktmacht, Gewerkschaften und Lohnhöhe in der Industrie der Bundesrepublik Deutschland, in: Kyklos, Band 33 (1980), S. 230-245

Olbrich, J.: Regionale Strukturpolitik mit Büroarbeitsplätzen? Zum Standortwahlverhalten von Hauptverwaltungen der Industrie, in: Raumforschung und Raumordnung, 42. Jg. (1984), S. 225-238

Parikh, A./Bailey, D.: Techniques of economic analysis with applications, New York London usw. (1990)

Pesaran, M. H./Smith, R. P./Yeo, J. S.: Testing for structural stability and predictive failure, in: The Manchester school of economic and social studies, Vol. 53 (1985), S. 280-295

Phillips, A. W.: The relation between unemployment and the change of money wage rates in the United Kingdom 1862-1957, in: Economica, Vol. 25 (1958), S. 283-299

Pfriem, H.: Die Grundstruktur der neoklassischen Arbeitsmarkttheorie, in: Sengenberger, W. (Hsrg.): Der gespaltene Arbeitsmarkt, Frankfurt New York (1978), S. 43-53

Quinn, J./McCormick, K.: Wage rates and city size, in: Industrial relations, Vol. 20 (1981), S. 193-199

Ratkowsky, D. A.: Handbook of nonlinear regression models, Basel (1990)

Richardson, H. W.: Regional economics, London (1969)

Richardson, H. W.: The economics of urban size, Westmead (1973)

Ritter, W.: Allgemeine Wirtschaftsgeographie, München (1991)

Robst, J.: Post-school investment and wage differentials: Some further evidence, in: Southern economic journal, Vol. 61 (1994), S. 121-132

Rudolf, H.: Die Problematik makro-ökonomischer Produktionsfunktionen - dargestellt am Beispiel der westdeutschen Industrie, (Diss. Würzburg) Bonn (1973)

Scheuer, M.: Die Effizienzlohntheorien - ein Beitrag zur mikroökonomischen Fundierung der Erklärung unfreiwilliger Arbeitslosigkeit, in: RWI-Mitteilungen, Jg. 37/38 (1986/87), S. 407-431

Schmidt, K.-D.: Lohnstruktur und Arbeitsmärkte - internationale Erfahrungen: Kann eine größere regionale und sektorale Lohndifferenzierung Arbeitslosigkeit abbauen?, in: IHK für München und Oberbayern (Hrsg.): Regionale Arbeitsmärkte im Umbruch, München (1992), S. 38-49

Schulze, P. M.: Region und Informationssystem, München (1980)

Schulze, P. M.: Zur Messung räumlicher Autokorrelation, in: Jahrbuch für Regionalwissenschaft, 14./15. Jg. (1993/1994), S. 59-78

Schulze, P. M.: Deskriptive Statistik, 2. Auflage, München Wien (1994)

Scully G. W.: Interstate wage differentials: A cross section analysis, in: The American economic review, Vol. 59 (1969), S. 757-773

Seibert, O.: Regionale Einkommensdisparitäten in der Bundesrepublik Deutschland, Frankfurt (1982)

Sengenberger, W.: Einführung: Die Segmentation des Arbeitsmarkts als politisches und wissenschaftliches Problem, in: Sengenberger, W. (Hrsg.): Der gespaltene Arbeitsmarkt, Frankfurt New York (1978), S. 15-42

Shapiro, C./Stiglitz, J. E.: Equilibrium unemployment as a worker discipline device, in: American economic review, Vol. 74 (1984), S. 433-444

Slichter, S.: Notes on the structure of wages, in: The review of economics and statistics, Vol. 32 (1950), S. 80-91

Soltwedel, R.: Employment problems in West Germany - The role of institutions, labor law, and government intervention, in: Brunner, K., Meltzer, A. H. (eds.): Stabilization policies and labor markets, Amsterdam (1988), S. 153-219

Spahn, H.-P.: Sind "effiziente" Löhne zu hoch für die Vollbeschäftigung?, in: Jahrbücher für Nationalökonomie und Statistik, Bd. 203 (1987), S. 205-243

Spitzer, H.: Raumnutzungslehre, Stuttgart (1991)

Spöri, D.: Ursachen der regionalen Verdienstunterschiede in der Industrie, in: Ifo-Schnelldienst, Heft 18, Jg. 25 (1972), S. 11-16

Statistisches Bundesamt (Hrsg.): Systematik der Wirtschaftszweige mit Erläuterungen, Wiesbaden (1979)

Statistisches Bundesamt (Hrsg.): Statistisches Jahrbuch 1984 für die Bundesrepublik Deutschland, Wiesbaden (1984)

Statistisches Bundesamt (Hrsg.): Statistisches Jahrbuch 1986 für die Bundesrepublik Deutschland, Wiesbaden (1986)

Statistisches Bundesamt (Hrsg.): Statistisches Jahrbuch 1988 für die Bundesrepublik Deutschland, Wiesbaden (1988)

Statistisches Bundesamt (Hrsg.): Unternehmen und Arbeitsstätten. Arbeitsstättenzählung vom 25. Mai 1987, Fachserie 2, Heft 1: Einführung in die methodischen und systematischen Grundlagen der nichtlandwirtschaftlichen Arbeitsstättenzählung, Wiesbaden (1989a)

Statistisches Bundesamt (Hrsg.): Unternehmen und Arbeitsstätten. Arbeitsstättenzählung vom 25. Mai 1987, Fachserie 2, Heft 4: Beschäftigte in Arbeitsstätten nach Stellung im Betrieb, Wiesbaden (1989b)

Statistisches Bundesamt (Hrsg.): Bautätigkeit und Wohnungen. Gebäude- und Wohnungszählung vom 25. Mai 1987, Fachserie 5, Heft 1: Ausgewählte Strukturdaten für Bund und Länder, Wiesbaden (1989c)

Statistisches Bundesamt (Hrsg.): Unternehmen und Arbeitsstätten. Arbeitsstättenzählung vom 25. Mai 1987, Fachserie 2, Heft 6: Arbeitsstätten und Beschäftigung nach Kreisen, Wiesbaden (1990a)

Statistisches Bundesamt (Hrsg.): Bevölkerung und Erwerbstätigkeit. Volkszählung am 25. Mai 1987, Fachserie 1, Heft 10: Erwerbstätige: Teil I: Sozio-ökonomische und berufliche Gliederung, Schulausbildung, Wiesbaden (1990b)

Statistisches Bundesamt (Hrsg.): Bevölkerung und Erwerbstätigkeit. Volkszählung vom 25. Mai 1987, Fachserie 1, Heft 8: Ergebnisse für nichtadministrative Gebietsgliederungen, Teil 1: Ausgewählte Strukturdaten, Wiesbaden (1990c)

Statistisches Bundesamt (Hrsg.): Bautätigkeit und Wohnungen. Gebäude- und Wohnungszählung vom 25. Mai 1987, Fachserie 5, Heft 5: Ergebnisse für nichtadministrative Gebietsgliederungen, Teil I: Ausgewählte Strukturdaten, Wiesbaden (1990d)

Statistisches Bundesamt (Hrsg.): Unternehmen und Arbeitsstätten. Arbeitsstättenzählung vom 25. Mai 1987, Fachserie 2, Heft 12: Konzentration und Beschäftigte der Unternehmen, Wiesbaden (1991a)

Statistisches Bundesamt (Hrsg.): Unternehmen und Arbeitsstätten Arbeitsstättenzählung vom 25. Mai 1987, Fachserie 2, Heft 14: Unternehmen, ihre Niederlassungen und deren Beschäftigung nach Unternehmens- und Niederlassungssitz, Wiesbaden (1991b)

Statistisches Bundesamt (Hrsg.): Volkswirtschaftliche Gesamtrechnungen, Fachserie 18, Reihe S. 17, Wiesbaden (1992)

Statistisches Bundesamt (Hrsg.): Statistisches Jahrbuch 1993 für die Bundesrepublik Deutschland, Wiesbaden (1993)

Statistisches Landesamt Baden-Württemberg (Hrsg.): Statistik von Baden-Württemberg, Band 402, Heft 1, Volks-, Berufs-, Gebäude-, Wohnungs- und Arbeitsstättenzählung 1987, Regionalergebnisse der Volks- und Berufszählung, Strukturdaten zur Bevölkerung und Erwerbstätigkeit, Kreis- und Gemeindeergebnisse, Stuttgart (1989)

Statistisches Landesamt Baden-Württemberg (Hrsg.): Statistik von Baden-Württemberg, Band 403, Heft 2, Volks-, Berufs-, Gebäude-, Wohnungs- und Arbeitsstättenzählung 1987, Regionalergebnisse der Gebäude- und Wohnungszählung, Wohnverhältnisse der Haushalte und Wohnungsmieten, Kreis- und Gemeindeergebnisse, Stuttgart (1989)

Statistisches Landesamt Baden-Württemberg (Hrsg.): Statistik von Baden-Württemberg, Band 404, Heft 6, Volks-, Berufs-, Gebäude-, Wohnungs- und Arbeitsstättenzählung 1987, Regionalergebnisse der Arbeitsstättenzählung, Beschäftigte in Arbeitsstätten im Regierungsbezirk Stuttgart nach Stellung im Betrieb, Regierungsbezirks-, Kreis- und Gemeindeergebnisse, Stuttgart (1989)

Statistisches Landesamt Baden-Württemberg (Hrsg.): Statistik von Baden-Württemberg, Band 404, Heft 7, Volks-, Berufs-, Gebäude-, Wohnungs- und Arbeitsstättenzählung 1987, Regionalergebnisse der Arbeitsstättenzählung, Beschäftigte in Arbeitsstätten im Regierungsbezirk Karlsruhe nach Stellung im Betrieb, Regierungsbezirks-, Kreis- und Gemeindeergebnisse, Stuttgart (1989)

Statistisches Landesamt Baden-Württemberg (Hrsg.): Statistik von Baden-Württemberg, Band 404, Heft 8, Volks-, Berufs-, Gebäude-, Wohnungs- und Arbeitsstättenzählung 1987, Regionalergebnisse der Arbeitsstättenzählung, Beschäftigte in Arbeitsstätten im Regierungsbezirk Freiburg nach Stellung im Betrieb, Regierungsbezirks-, Kreis- und Gemeindeergebnisse, Stuttgart (1989)

Statistisches Landesamt Baden-Württemberg (Hrsg.): Statistik von Baden-Württemberg, Band 404, Heft 9, Volks-, Berufs-, Gebäude-, Wohnungs- und Arbeitsstättenzählung 1987, Regionalergebnisse der Arbeitsstättenzählung, Beschäftigte in Arbeitsstätten im Regierungsbezirk Tübingen nach Stellung im Betrieb, Regierungsbezirks-, Kreis- und Gemeindeergebnisse, Stuttgart (1989)

Statistisches Landesamt Baden-Württemberg (Hrsg.): Statistik von Baden-Württemberg, Band 404, Heft 10: Volks-, Berufs-, Gebäude-, Wohnungs- und Arbeitsstättenzählung 1987, Regionalergebnisse der Arbeitsstättenzählung: Arbeitsstätten und Beschäftigte im Regierungsbezirk Stuttgart nach ausgewählten Strukturmerkmalen, Regierungsbezirks- und Kreisergebnisse, Stuttgart (1990)

Statistisches Landesamt Baden-Württemberg (Hrsg.): Statistik von Baden-Württemberg, Band 404, Heft 11: Volks-, Berufs-, Gebäude-, Wohnungs- und Arbeitsstättenzählung 1987, Regionalergebnisse der Arbeitsstättenzählung: Arbeitsstätten und Beschäftigte im Regierungsbezirk Karlsruhe nach ausgewählten Strukturmerkmalen, Regierungsbezirks- und Kreisergebnisse, Stuttgart (1990)

Statistisches Landesamt Baden-Württemberg (Hrsg.): Statistik von Baden-Württemberg, Band 404, Heft 12: Volks-, Berufs-, Gebäude-, Wohnungs- und Arbeitsstättenzählung 1987, Regionalergebnisse der Arbeitsstättenzählung: Arbeitsstätten und Beschäftigte im Regierungsbezirk Freiburg nach ausgewählten Strukturmerkmalen, Regierungsbezirks- und Kreisergebnisse, Stuttgart (1990)

Statistisches Landesamt Baden-Württemberg (Hrsg.): Statistik von Baden-Württemberg, Band 404, Heft 13: Volks-, Berufs-, Gebäude-, Wohnungs- und Arbeitsstättenzählung 1987, Regionalergebnisse der Arbeitsstättenzählung: Arbeitsstätten und Beschäftigte im Regierungsbezirk Tübingen nach ausgewählten Strukturmerkmalen, Regierungsbezirks- und Kreisergebnisse, Stuttgart (1990)

Statistisches Landesamt Rheinland-Pfalz (Hrsg.): Kreisstatistik Rheinland-Pfalz, Volks- und Berufszählung 1987, Band 331, Bad Ems (1989)

Statistisches Landesamt Rheinland-Pfalz (Hrsg.): Gebäude und Wohnungen 1987, Gebäude und Wohnungszählung 1987, Band 335, Bad Ems (1990)

Statistisches Landesamt Rheinland-Pfalz (Hrsg.): Arbeitsstätten 1987, Arbeitsstättenzählung 1987, Band 336, Bad Ems (1990)

Statistisches Landesamt Saarland (Hrsg.): Einzelschriften zur Statistik des Saarlandes Nr. 82, Kreisstatistik 1987, Ergebnisse der Volks- und Berufszählung am 25. Mai 1987, Saarbrücken (1990)

Statistisches Landesamt Saarland (Hrsg.): Einzelschriften zur Statistik des Saarlandes Nr. 85, Kreisstatistik 1987, "Gebäude und Wohnungen", Ergebnisse der Gebäude- und Wohnungszählung am 25. Mai 1987, Saarbrücken (1991)

Statistisches Landesamt Saarland (Hrsg.): Einzelschriften zur Statistik des Saarlandes Nr. 87, Arbeitsstättenzählung 1987, Saarbrücken (1991)

Stiglitz, J. E.: The causes and consequences of the dependence of quality on price, in: Journal of economic literature, Vol. 25 (1987), S. 1-48

Struff, R./von Wilamowitz-Moellendorf, U.: Räumliche Einkommens-, Preis- und Verbrauchsunterschiede in der Bundesrepublik Deutschland, Bonn (1983)

Struller, M./Herrenknecht, A.: Für eine neue Solidarität mit der Provinz-Überlegungen zur einer Neubestimmung ländlicher Gewerkschaftsarbeit, in: Gewerkschaftliche Monatshefte, 39. Jg. (1988), S. 684-691

Thaler, R.: Interindustry wage differentials, in: Journal of economic perspectives, Vol. 3 (1989), S. 181-193

Theil, H.: Principles of econometrics, Amsterdam (1971)

Thurow, L.: Generating inequality, New York (1976)

Thursby, J. G./Schmidt, P.: Some properties of tests for specification error in a linear regression model, in: The Journal of the American Statistical association, Vol. 72 (1977), S. 635-641

Treek, H. J.: Materialgrundlagen, Berechnungsverfahren und Fehlerquellen bei der Ermittlung des Bruttoinlandsproduktes der Kreise und kreisfreien Städte, in: Statistische Rundschau für das Land Nordrhein-Westfalen, 31. Jg. (1979), S. 177-186

Wachter, M. L.: Das Konzept des dualen Arbeitsmarktes aus neoklassischer Sicht, in: Sengenberger, W. (Hrsg.): Der gespaltene Arbeitsmarkt, Frankfurt New York (1978), S. 139-184

Wagner, J.: Sektorlohndifferentiale in der Bundesrepublik Deutschland -Empirische Befunde und ökonometrische Analysen zu theoretischen Erklärungen, in: Jahrbuch für Sozialwissenschaft, Bd. 42 (1991), S. 70-102

Wangenheim, J. von: Volkswirtschaftliche Gesamtrechung und regionale Produktivitätsmessung, Thun Frankfurt/M. (1984)

Watt, P. A.: Tests of equality between sets of coefficients in two linear regressions when disturbance variances are unequal: Some small sample properties, in: The Manchester school of economic and social studies, Vol. 47 (1979), S. 391-396

Weiss, L.: Concentration and labor earnings, in: The American economic review, Vol. 56 (1966), S. 96-117

White, H.: A heteroskedasticity-consistent covariance matrix estimator and a direct test for heteroskedasticity, in: Econometrica, Vol. 48 (1980), S. 817-838

Patrick Lorer

Empirische Untersuchung über Einflußfaktoren der Lohnhöhe und Entlohnungszufriedenheit in der industriellen Fertigung

Frankfurt/M., Berlin, Bern, New York, Paris, Wien, 1995. 271 S., 98 Abb., 47 Tab.
Arbeitswissenschaft in der betrieblichen Praxis.
Herausgegeben von Peter Knauth. Bd. 3
ISBN 3-631-48292-2 br. DM 79.--*

Ziel dieser Untersuchung ist es, neue Erkenntnisse über die Einflußfaktoren der Lohnhöhe und Entlohnungszufriedenheit in der industriellen Fertigung zu gewinnen, um daraus Hinweise für die Gestaltung möglichst effizienter Entlohnungsmethoden zu erhalten. Es wurden insgesamt 568 Personen aus 122 Firmen zur Entlohnung befragt. Darunter befanden sich 297 gewerbliche Fertigungsmitarbeiter (Ungelernte und Facharbeiter), 97 Mitarbeiter der mittleren Führungsebene (Meister, Techniker und Ingenieure), 63 Mitglieder von Betriebsräten und 111 Personalleiter. Durch den gezielten Einsatz von Entlohnungsmethoden kann in Zukunft ein beträchtlicher Beitrag zur Effizienzsteigerung der Fertigung geleistet werden, damit sich die bundesdeutschen Fertigungsbetriebe im internationalen Wettbewerb auf Dauer behaupten können.

Aus dem Inhalt: Einflußfaktoren der Lohnhöhe und der Entlohnungszufriedenheit · Entlohnungsmethoden in der industriellen Fertigung

Peter Lang Europäischer Verlag der Wissenschaften
Frankfurt a.M. • Berlin • Bern • New York • Paris • Wien
Auslieferung: Verlag Peter Lang AG, Jupiterstr. 15, CH-3000 Bern 15
Telefon (004131) 9402121, Telefax (004131) 9402131
- Preisänderungen vorbehalten - *inklusive Mehrwertsteuer